新疆师范大学"丝绸之路文献研究中心"资助

新疆维吾尔自治区文科基地"西域文史研究中心"项目资助

国家民委民族问题研究项目优秀成果

新疆师范大学丝绸之路文献研究中心系列丛书

历代正史"经营西域人物事迹"撰述资鉴

马晓娟 著

社会科学文献出版社
SOCIAL SCIENCES ACADEMIC PRESS (CHINA)

自 序

2002 年笔者本科毕业于新疆师范大学地理系。依据自己内心的人生寻"道"意识与对历史人文学科的喜爱，2003 年跨专业考入北京师范大学史学研究所，成为一名史学理论及史学史专业，中国史学史方向的硕士研究生。2005 年有幸获硕博连读资格。自此以博士学位论文选题为契机，开始以中国历史与中国史学史双线并行为视角，贯通性地来考察中国历代正史（即二十四史与《新元史》《清史稿》）"西域撰述"。2008 年博士毕业后，进入新疆师范大学工作。2011 年在前期研究基础上申报并获准国家社科基金项目："中国统一多民族发展中的历代正史'西域撰述'研究"（编号：11CZS001）。在此项目研究过程中，笔者发现历代正史中不仅记述了历朝历代对西域地区经营的过程与重大事件，而且记载了各朝各代不少人物经营西域的微观事迹。因受制于此项目研究整体框架与内容所限，故在项目研究报告撰写过程中，只对一些经营西域人物事迹做了附带性考察。但笔者认为其完全可以单独做一个贯通性的考察，故 2015 年笔者结合国家民委民族问题研究课题相关指南，申报并获准立项："从历代正史'经营西域人物事迹'撰述到中国历史上处理西域民族问题得与失研究"（编号：2015-GM-044）。功夫不负有心人，项目最终研究成果被鉴定为"优秀"。此书便是本项目的一个直接成果。除此之外，笔者在考察历代经营西域人物事迹时发现，西行记是不少人士经营西域的一个重要成果，故对此也做了考察，并在此基础上申报并获准立项了新疆维吾尔自治区文科基地西域文史研究中心重点项目："中国中世纪西域行记研究"（编号：XJEDU040215B01）。故本书也包含了此项目的研究成果。此书的出版承蒙新疆师范大学历史学院与丝绸之路文献研究中心各位同仁，以及天山学者暨上海外国语大学马丽蓉教授等鼎力支持，这里特此感谢。本书出版后将作为历史学院硕士研究生"中国（民族）史文献研读"课程配套教材。

还需要说明的是，限于笔者水平所限，书中难免存在一些缺点与错误，还请学人不吝指教。

马晓娟

2017 年 3 月 1 日

目　录

前　言 …………………………………………………………………… 001

第一章　两汉：正史"经营西域人物事迹"撰述形成期 ………… 001
　　第一节　《史记》对经营西域人物事迹的撰述 ……………… 001
　　第二节　《汉书》于西汉经营西域人物事迹之反映 ………… 012

第二章　魏晋至隋唐：正史"经营西域人物事迹"撰述发展期 … 040
　　第一节　《后汉书》对东汉经营西域人物活动的记述 ……… 040
　　第二节　《三国志》就曹魏经营西域贸易人物史事的反映 … 058
　　第三节　《魏书》所载北魏时期经营西域人物活动 ………… 059
　　第四节　《隋书》经营西域人物事迹的描述 ………………… 068

第三章　五代宋元：正史"经营西域人物事迹"撰述繁荣期 …… 077
　　第一节　两《唐书》中经营西域人物事迹展现 ……………… 077
　　第二节　《新五代史》对经营西域人物事迹之记载 ………… 133
　　第三节　元修三史对宋、辽、金经营西域人物事迹的撰述 … 141

第四章　明清民国：正史"经营西域人物事迹"撰述嬗变期 …… 154
　　第一节　《元史》对蒙、元时期经营西域人物事迹的描述 … 154
　　第二节　《明史》所记经营西域人物事迹 …………………… 165
　　第三节　《清史稿》对经营西域——新疆人物事迹之撰述 … 173

结语　正史"经营西域人物事迹"总的启示 …………………… 193

前　言

新疆古称西域，从地理环境看，它虽是一个相对独立的区域，但这并不意味着它是一个完全封闭的地理单元，与之相连的蒙古高原、河西走廊及青海等地区在历史上对新疆政治、经济、文化及民族成分都有过直接影响。在这些区域曾经叱咤风云的塞人、羌人、月氏、乌孙、匈奴、鲜卑、柔然、高车、吐谷浑、突厥、回纥、契丹、蒙古等民族及政权都在新疆历史舞台上扮演过重要角色，影响至今。新疆古代与今日的民族都有他们的身影或印迹。换言之，他们是今日新疆诸多民族的先祖来源。作为客观历史的反映者，史学撰述也体现了这点。反之，历代史书"西域"所指无统一标准，又折射出这些相连地域人文变迁，政权更迭与势力范围的伸缩。故本书所言"西域"大致包含了从《史记》到《清史稿》的历代正史①]所指范围。核心区域基本不出新疆范围。总之，此书本着尊重历史原则，为避免"一刀切"，围绕新疆为核心的上述所含区域来展开论述。

一　相关研究现状述评

中国自古以来就是一个多民族国家。故处理民族问题，经营边疆与域外是历代王朝面临的重要课题，史书多有记载。历代正史"经营西域人物事迹"撰述就是一个典型代表。它们尤其受到近现代西域学者所关注。最重要的体现是各种通史著述对其相关史料的吸纳与引用，综合性史书，如曾问吾的《中国经营西域史》②、余太山主编的《西域通史》③、苗普生、田

---

① 为贯通性探讨，本书正史包括二十四史与《清史稿》。参引均为中华书局点校本，下引只标书名、卷次与篇名。
② 曾问吾：《中国经营西域史》，商务印书馆，1936。
③ 余太山主编《西域通史》，中州古籍出版社，2003。

卫疆主编的《新疆史纲》①、马大正主编的《中国边疆经略史》②、杨建新主编的多卷本《中国西北少数民族通史》③、翁独建主编的《中国民族关系史纲要》④ 等；单独涉及经营西域人物事迹的，如谷苞的《新疆历史人物》⑤；断代性考察之书在论述中对相关时代"人物事迹"也多有"借用"，如余太山的《两汉魏晋南北朝与西域关系史研究》⑥、魏良弢的《西辽史纲》⑦ 等。但凡关涉西域诸文多寡都会对正史相关"事迹"有所考察。

　　总之，相关研究已取得丰硕成果。综合来看，明显有几个特点。一是注重宏观研究，即大多数人物事迹都是在中央王朝经营政策视野下来展现，单独对其具体活动的微观考察比较薄弱。二是对人物事迹考察绝大多数都是正面"报道"，经营中的失误与错误言及不多，而对反面性人物不良作风更是极少谈到。这种视角，不利于全面体现出以史为鉴。得可资，失亦可资，后者对于现实经营边疆、友邦，特别是处理民族问题借鉴，有时显得更为重要。三是大多数成果都是对典范人物事迹进行考察。最多反映的是集中性专门研究处于历史两端。一端是两汉时的张骞、班超等成为热门话题；另一端是清末经营新疆的林则徐、左宗棠等成为热点。而对正史所载其他时段及正面或侧面经营西域人物事迹考察明显不足。四是直接从文本记载来探讨"经营事迹"的经验与教训很少。目前，贯通性地从历代正史为着眼点，来反映与总结中国历史上经营西域人物事迹研究，就笔者所见，既无专文也无专著。基于此，笔者旨在前人基础上，拾遗补阙，以历史与史学发展史双线并行为视角，对历代正史"经营西域人物事迹"撰述做一个较全面的梳理与探讨，主要从微观具体层面所反映的内在经营理念来考察各代经营人物活动的得与失。

　　史书是人们对历史的记载与总结者，也是历史的传播者，是后人认识前人历史最基础与核心的媒介。以史为鉴是中国史学的最终归宿，也是其绵延千年的生命力所在，本书作为史评类著述也旨在于此。

---

① 苗普生、田卫疆主编《新疆史纲》，新疆人民出版社，2004。
② 马大正主编《中国边疆经略史》，中州古籍出版社，2000。
③ 杨建新主编《中国西北少数民族通史》，民族出版社，2009
④ 翁独建主编《中国民族关系史纲要》，中国社会科学出版社，1990。
⑤ 谷苞：《新疆历史人物》，新疆人民出版社，2006。
⑥ 余太山：《两汉魏晋南北朝与西域关系史研究》，中国社会科学出版社，1995。
⑦ 魏良弢：《西辽史纲》，人民出版社，1991。

二　关于本书几点说明

（1）任何历史记录都有其产生背景，正史"经营事迹"撰述也不例外。千年来中国内地与西域人文关系发展是其产生的历史前提，中国多民族史学编纂传统则是催生其产生的学术动因。对此笔者相关著作①已有详论，本书不再赘述。

（2）因各代区域人文关系发展差异与各史撰述详略不同，历代正史"事迹"撰述也呈现出厚薄不一。故笔者在考察各代"事迹"时，不拘一格，既有多人的总体性"事迹"论述，也有单独突出个性事迹探讨；既有围绕人文关系史来展开讨论事迹的，也有按事件性质类别来谈论的；既有得失结合同时考察的，也有分别探究的。不管哪种模式都以突出人物微观事迹为主线，得失事迹无论多寡均有述评。

（3）一般历史研究将正史"事迹"作为史料来用，本书则将其作为直接考察对象，即对其反映的经营理念、策略得失作以梳理与述评时，无意于脱离文本自身。

（4）限于篇幅所限，上文对前期相关研究已做了综述，故正文论述时对大部分前人某些观点的认同或商榷均融入行文中，不再做过多述评。

---

① 参见拙著《历代正史"西域撰述"探略·导论》，学苑出版社，2014，第7~33页。

第一章 两汉：正史"经营西域 人物事迹"撰述形成期

现存先秦典籍对远古西域多少有所涉及。这些记载与考古发现都说明秦汉之前，西域与内地已有不少交流。官方正式交往且有明确记载的则始于司马迁《史记·大宛列传》。在中国史学史上，它是西域记载真正的先行者，无疑，也是正史"经营西域人物事迹"撰述的开山鼻祖。班固继之，在《汉书》中立相关人物传，成为后史撰述之宗。因而，这时期可称得上是正史"事迹"撰述形成期。

第一节 《史记》对经营西域人物事迹的撰述

西汉司马迁撰《史记》之宗旨是"究天人之际、通古今之变"即探索天道和人事之间的关系，研究历史发展和变化，而"成一家之言"。① 这在《大宛列传》② 所载中心人物经营西域事迹得失中有具体展现。

汉武帝经营西域伊始，即为"断匈奴右臂"。此正是《大宛列传》产生的前提。该传是现存西汉首次经营西域历史最早记录者，核心内容记载了武帝为抗击匈奴，派遣张骞两次出使西域及对西域最大一次动武，即大宛之役。透过历代正史看，此传所记武帝时经营西域之得失对后世产生了深远影响。张骞通西域，特别是对内地与西域关系发展之贡献是学界一个热门话题③；关于武帝初期经营西域也多有宏观性探讨，且

---

① 参见中华书局点校本出版说明与《史记》卷 130《太史公自序》。
② 本小节引文凡出自《史记》卷 123《大宛列传》者，不再出注。
③ 参见向红《〈史记〉中的张骞——读〈史记·大宛列传〉》，《新疆师范大学学报》1996 年第3 期；洪涛《张骞"凿空"与东西经济文化交流》，《西域研究》1998 年第 1 期；白庆红《张骞通西域及通西域"凿空"的内涵及意义》，《德州师专学报》1999 年第 1 期；等等。

多为正面性评价。① 而对两者经营西域具体微观层面的得与失，特别是后者少有论及；对大宛之役中一个核心人物李广利经营西域得失则更是鲜有论及，所涉也基本是谈到此役的积极与消极影响，而非其本人。故以下笔者意在透过司马迁视野对这三个中心人物经营西域微观层面得失进行梳理与探析。

一 汉武帝在经营西域方面的得失体现

审视此传，最核心的展现是司马迁对武帝在经营西域方面得失的描述。

1. 用人当与否

在经营微观层面，司马迁尤为注重的是武帝在用人方面的当否记载与总结。透过史文，可以看出武帝在经营西域最成功与失败处均表现于用人方面。

（1）慧眼识英雄

从列传看，武帝经营西域伊始在用人方面很认真，也很有眼力。这就是他对张骞与堂邑父的使用。司马迁对武帝初次选派使者出使西域，并无过多描述，但从侧面记载可反映出他的伯乐之眼。

从西汉伊始到武帝初期，匈奴与汉可说是敌对关系，出使西域不仅路途艰苦遥远，且"道必更匈奴中"。不难想象，出使西域意味着生死两茫茫，贪生怕死之辈是不可能主动去应征的。传言：

> 天子……乃募能使者。骞以郎应募，使月氏，与堂邑氏（故）胡奴甘父俱出陇西。经匈奴，匈奴得之……留骞十余岁……然骞持汉节不失。居匈奴中，益宽，骞因与其属亡乡月氏……留岁余，还，并南山，欲从羌中归，复为匈奴所得。留岁余，单于死……国内乱，骞与胡妻及堂邑父俱亡归汉。汉拜骞为太中大夫，堂邑父为奉使君……堂邑父故胡人，善射，穷急射禽兽给食。初，骞行时百余人，去十三岁，唯二人得还。

此段主要讲的是张骞首次出使西域事迹，但从中却可以反衬出汉武帝使

---

① 参见张安福《汉武帝经略西域的策略研究》，《史林》2009 年第 6 期；苏北海《论汉武帝征大宛》，《新疆师范大学学报》（社科版）1983 年第 1 期；高荣《论汉武帝"图制匈奴"战略与征伐大宛》，《西域研究》2009 年第 2 期；等等。

用张骞是不错之举，特殊表现是张骞在匈奴中多年"持汉节不失"，终不忘自己的身份与使命，并见机行事"居匈奴中，益宽"，便"与其属亡乡月氏"。"骞行时百余人，去十三岁，唯二人得还"。从往返时间与人数差异中看到的不仅是张骞英勇的一面，也从侧面反映出武帝的慧眼识英雄。除此之外，本段还特意点到了一个人物，胡人"堂邑父"。在出使西域过程中，他一直忠于职守，并借着"善射"的本领，时至"穷急射禽兽给食"，使得他与张骞"二人得还"。虽寥寥数语，也足以表现出他善始善终、持之以恒和英勇忠诚精神，换个角度来看，他的被任用又间接体现出汉武帝的用人得当。尤其是此人乃胡人之后，即匈奴人，武帝派他随从张骞出使西域，可见考虑之周全。当然，他也不辱使命，故而，后来被武帝封为"奉使君"。

　　虽然张骞两次出使西域均没有达到联合大月氏或乌孙夹击匈奴的目的，但他却打开了西域诸国与西汉官方关系封闭的局面，特别是为人文交流奠定了良好基础，这远远超出了武帝最初的设想。张骞出使也使汉朝官方获悉了出使西域的路况及诸国面貌，他本人因途中居匈奴多年使其熟悉匈奴环境，因此后来"骞以校尉从大将军击匈奴，知水草处，军得以不乏"。故武帝在经营西域伊始，用人方面是成功的。司马迁通过史文也给予肯定。但随着两地关系发展，武帝在后期用人方面就不如初期。势必也得到司马迁犀利的讽刺与笔伐。

　　（2）滥竽充数

　　优秀使者能推动良好的人文交流，张骞即是这方面最典型的例子，如传言："骞为人强力，宽大信人，蛮夷爱之"，逝世后"岁余，骞所遣使通大夏之属者皆颇与其人俱来，于是西北国始通于汉矣。然张骞凿空……以为质（诚信也）于外国，外国由此信之"。相反，则会阻碍人文关系的发展，甚者会造成二者间兵戎相见。张骞之后由于武帝在使者人选上的滥用，破坏了张骞所树立的西汉良好形象，也严重影响了人文关系交流，传载：

　　　　自博望侯（张骞）开外国道以尊贵，其后从吏卒皆争上书言外国奇怪利害，求使。天子为其绝远，非人所乐往，听其言，予节，募吏民毋问所从来，为具备人众遣之，以广其道。来还不能毋侵盗币物，及使失指，天子为其习之，辄覆案致重罪，以激怒令赎，复求使。使端无穷，而轻犯法。其吏卒亦辄复盛推外国所有，言大者予节，言小者为副，故妄言无行之徒皆争效之。其使皆贫人子，私县官赍物，欲贱市以私其利外国。外国亦厌汉使人人有言轻重，度汉兵远不能至，而禁其食物以苦汉使。汉使乏绝积怨，至相攻击。而楼兰、姑师小国耳，当空道，攻劫汉使王恢等尤甚。而匈奴奇兵时时遮击使西国者。使者争遍言外国灾害，皆有城邑，兵弱易击。于是天子以故遣从骠侯破奴将属国骑及郡兵数万，至匈河水，欲以击胡，胡皆去。其明年，击姑师……虏楼兰王，遂破姑师。因举兵威以困乌孙、大宛之属……王恢数使，为楼兰所苦，言天子，天子发兵令恢佐破奴击破之……

由上文看，汉首次对西域动武——姑师、楼兰之役，初缘于"外国亦厌汉使人人有言轻重"所造成的一系列不良连锁反应之结果。汉伐大宛也有类似性，大宛不予汉使马，"汉使怒，妄言，椎金马而去。宛贵人怒曰：'汉使至轻我！'遣汉使去，令其东边郁成遮攻杀汉使，取其财物。于是天子大怒"。一个"妄言"，一句"汉使至轻我！"司马迁客观真实地再现了大宛与西汉矛盾激化的导火索，首先是缘于汉使"无礼"。班固对此有追述与评论："先是时，汉数使西域，多辱命不称，或贪污，为外国所苦。"①

西域诸国对前使者张骞与后之使者态度有着鲜明的不同。司马迁通过反差极大地描述，说明道德礼仪在人文关系中所起的重要作用，影响度有时甚至超过经济、政治、地域等因素；同时，他也意在针砭时弊，抨击武帝继张骞后，在经营人选方面滥竽充数，使用一些唯利是图者，进而造成西汉与西域诸国关系的恶化。

2. 大宛之役中的得失

此役是武帝时对西域最大一次动武，意义深远，在人文关系发展史上起到了承上启下作用。历代世人多有探讨，是非各有说法。② 兹以本传所载此役全过程为底本，通过行文分析来看司马迁对此役，特别是对武帝在此役中的得失总结。

就司马迁本人而言，一些学者认为他对此役持完全否定的态度。③ 客观

---

① 《汉书》卷79《冯奉世传》。
② 马晓娟：《〈史记·大宛列传〉与大宛之役》，《西域史林》（第一辑），三秦出版社，2013。
③ 苏诚鉴：《谈〈史记·大宛列传〉叙大宛之役》，《历史研究》1979年第2期。

地说，笔者认为他对西汉伐宛既有否定又有肯定。从道德评价来说，他基本上持否定态度，特别是武帝首次伐宛。如上文言，汉与大宛关系恶化首先缘于汉使"无礼"，但武帝对此并未做深入调查，他愤怒之余听信谗言，如传云："诸尝使宛姚定汉等言宛兵弱，诚以汉兵不过三千人，强弩射之，即尽虏破宛矣。天子……以定汉等言为然，而欲侯宠姬李氏，拜李广利为贰师将军……伐宛……取善马。"汉使的妄言轻举，武帝的轻信谗言，轻率选将，以及对对方的各种轻视态度等最终酿成了战祸。这与传文前半部分所记张骞二次出使西域之况形成了鲜明的对比：当时，张骞携带财物，欲联合乌孙，虽遭拒绝，但却无任何轻视对方的举动，而是带其使者一同归汉地，这为汉以后联合乌孙奠定了良好的基础。特别是后来乌孙还主动请婚于汉，愿与之结为昆弟。张骞与后之出使大宛之臣，均身为汉使且为君请命，前者求婚求联盟，后者求马，前后二者虽都遭到对方拒绝，但由于二者持不同的态度及采取相异的处理方式，使其结果及影响截然相反。司马迁通过前后对比记载，不仅意在强调使者人选道德修养与能力的重要性，也反映了他对首次伐宛的基本看法。这在《史记》诸多篇章中都有反映，如《万石张叔列传》言："是时汉方南诛两越……北逐匈奴，西伐大宛，中国多事。"[①]《封禅书》曰："是岁，西伐大宛。蝗大起。"[②]《天官书》说："越之亡，荧惑守斗……兵征大宛，星茀招摇：此其荦荦大者。"[③]

针对二次伐宛，从历史角度评价来说，司马迁并未完全否定。其中有对武帝肯定的一面。虽二次伐宛缘于首次，但当时形势及出发点与首次有所不同，传云："其夏，汉亡浞野之兵二万余于匈奴。公卿及议者皆愿罢击宛军，专力攻胡。天子已业诛宛，宛小国而不能下，则大夏之属轻汉，而宛善马绝不来，乌孙、仑头易苦汉使矣，为外国笑。"很明显，二次不可与首次只为求马同日而语。司马迁对武帝所言部分原由是赞同的，而且对后来伐宛胜利后的影响与所采取的"逆取而顺守"措施也是认可的。如传言："贰师将军之东，诸所过小国闻宛破，皆使其子弟从军入献，见天子，因以为质焉。"这实际上远远超过了武帝所想要达到的目的。再者，传曰："汉

---

① 《史记》卷 103《万石张叔列传》。

② 《史记》卷 28《封禅书》。

③ 《史记》卷 27《天官书》。

已伐宛，立昧蔡为宛王而去……遣其子入质于汉。汉因使使赂赐以镇抚之。"接着"敦煌置酒泉都尉；西至盐水，往往有亭。而仑头有田卒数百人，因置使者护田积粟，以给使外国者"。对二次伐宛的作用及武帝这些举措，司马迁从历史角度出发，显然是给予肯定的。

当然，司马迁对二次伐宛某些方面也不乏驳斥，其中有两点值得注意：一是武帝用人不当，仍然使用李广利，兴师动众，使得战备远超战争本身所需。传载：武帝"乃案言伐宛尤不便者邓光等，赦囚徒材官，益发恶少年及边骑，岁余而出敦煌者六万人，负私从者不与。牛十万，马三万余匹，驴骡橐佗以万数。多赍粮，兵弩甚设，天下骚动，传相奉伐宛，凡五十余校尉……发戍甲卒十八万酒泉、张掖北，置居延、休屠以卫酒泉，而发天下七科適，及载糒给贰师。转车人徒相连属至敦煌"。二是揭露了西汉将领的腐败现象，即"一将功成万骨枯"。传云"贰师后行，军非乏食，战死不能多，而将吏贪，多不爱士卒，侵牟之，以此物故众。天子为万里而伐宛，不录过，封广利为海西侯"，而且其他将领也相应受封。这说明，由于将领贪污腐败使得战争所耗远超战争本身所失；形成鲜明对比的是，司马迁描述道：大宛一方却能齐心协力抗击来侵，后之虽降，却能力斩叛"国"之人——昧蔡。可见，司马迁对大宛之战，主要意在批评"自己"汉方，特别是武帝在选将与治军方面的腐败。

二 张骞凿空

张骞是西汉与西域官方关系的开拓者。故司马迁将其开通西域称为"凿空"。这只是字面之意，其中也蕴含着前者对后者经营西域之概括与得失总结。

1. 以义属之

以实录精神著称的司马迁，通过笔墨全景式展现了张骞出使与经营西域全过程。其中也包含了张骞对西域诸国情况的了解，及向武帝提出经营的总方针。传云："天子既闻大宛……之属皆大国……兵弱，贵汉财物；其北有大月氏……之属，兵强，可以赂遗设利朝也。且诚得而以义属之……致殊俗，威德遍于四海。"这里点到了诸国两种国情：兵弱与兵强。西汉经济均对二者有吸引力，汉可通过经济为先导、纽带与之建立关系，继而达到"利朝"目的，实际而言，二者是平等、互惠互利的。后来事实证明，张骞此说是非常有建设性的。同时，他也提出一个富有传统又有远瞻性的经营理念"以义属之"。换言之，诚信建交，以德施治。他本人在经营中也始终坚持这一原则。

（1）尊重有礼

这是张骞经营西域的一个成功点，如上所指，他二次出使西域，携带重财物，欲联合乌孙，虽遭拒绝，但却没有任何轻视对方的举动，而是带其使者一同归汉地，"乌孙使既见汉人众富厚，归报其国，其国乃益重汉"，这为汉以后联合乌孙奠定了良好基础。特别是后来乌孙还主动请婚于汉，愿与之结为昆弟。与此相反，张骞之后武帝派去西域唯利是图、无德行的使者，在遇到相似情况时，表现得是不守诚信与无礼，进而引发矛盾，兵戎相见。上有详论，此不赘述。

（2）真诚守信

张骞经营西域的又一亮点是他的诚信。他首次抵达大宛时，"大宛闻汉之饶财，欲通不得，见骞，喜，问曰：'若欲何之？'骞曰：'为汉使月氏，而为匈奴所闭道。今亡，唯王使人导送我。诚得至，反汉，汉之赂遗王财物不可胜言。'"大宛王相信张骞承诺，故成功地将其送往大月氏。反之，张骞也遵守诺言，二次出使乌孙时，携带财物"分遣副使使大宛"等诸国。如前引司马迁给予他很高评价："宽大信人，蛮夷爱之……以为质（诚信也）于外国，外国由此信之。"

由上观之，"以义属之"是他的成功所在，也为汉朝经营西域初期树立了良好形象，并拉开了两地友好交往的序幕。

2. 了解风土民情

张骞在经营方面还有一点颇可称道，即他注意了解西域风土人情，并且回汉地后，还将这些信息告诉了汉武帝。这使西汉官方首次对西使路况和西域诸国风土人情有了正面了解，为前者正式经营后者做了基础准备。正如此传的总体性描述："大宛及大夏、安息之属皆大国，多奇物，土著，颇与中国同业，而兵弱，贵汉财物；其北有大月氏、康居之属，兵强。"

特别是当时汉朝对匈奴作战，急需优良马匹，他则向武帝提供了西域盛产良马的信息，如其云：大宛"多善马，马汗血，其先天马子也"。本传还说到了西域之马对两地的交流促进："初，天子发书《易》，云'神马当从西北来'。得乌孙马好，名曰'天马'。及得大宛汗血马，益壮，更名乌孙马曰'西极'，名大宛马曰'天马'云。而汉始筑令居以西，初置酒泉郡以通西北国……天子好宛马，使者相望于道。"表面上看是因"天子好宛马，使者相望于道"。但从当时历史背景看，武帝的喜爱马与对匈奴作战有着直接关系。西域马匹东来，无疑增加了西汉对匈奴的作战能力。张骞也对西域诸国经济、民生状况、政治实力，它们内部之间以及与匈奴地理、政治关系做了深入了解，如其言大宛、乌孙与康居：

> 大宛在匈奴西南，在汉正西，去汉可万里。其俗土著，耕田，田稻麦。有蒲陶酒。多善马，马汗血，其先天马子也。有城郭屋室。其属邑大小七十余城，众可数十万。其兵弓矛骑射。其北则康居，西则大月氏，西南则大夏，东北则乌孙，东则……于寘。于寘之西，则水皆西流，注西海；其东水东流，注盐泽。盐泽潜行地下，其南则河源出焉。多玉石，河注中国。而楼兰、姑师邑有城郭，临盐泽……去长安可五千里。匈奴右方居盐泽以东，至陇西长城，南接羌，鬲汉道焉。
>
> 乌孙在大宛东北可二千里，行国，随畜，与匈奴同俗。控弦者数万，敢战。故服匈奴，及盛，取其羁属，不肯往朝会焉。
>
> 康居在大宛西北可二千里，行国，与月氏大同俗。控弦者八九万人。与大宛邻国。国小，南羁事月氏，东羁事匈奴。

这些信息，无疑为西汉如何发展与西域诸国关系，平衡外交提供了可资借鉴之基础。如上，这些在本传对两地友好往来与矛盾冲突事件记载中都有反映。可见，了解区情是张骞成功的很重要一点，也是武帝时经营西域成败得失的一个关节点。

3. "不得其要领"

上文已言，世人谈及张骞多为宏观正面性评价；反之，对其经营中的失误涉及甚少。然而，以信史著称的《史记》在述其成功时，对此却没有放过。司马迁对他两次出使西域未达到联合对方目的后，均用"不得要领"概括了他所失之处。传云：张骞首次到大夏时，"大月氏王已为胡所杀，立其太子为王。既臣大夏而居，地肥饶，少寇，志安乐，又自以远汉，殊无报胡之心。骞从月氏至大夏，竟不能得月氏要领"。不难看出，司马迁认为张骞"不能得月氏要领"是因为他没有认清和把握月氏发展的形势转变。这时臣大夏而居的大月氏，并非是最初与匈奴比邻而居的月氏。传记："故时强，轻匈奴，及冒顿立，攻破月氏，至匈奴老上单于，杀月氏王，以其头为饮器。始月氏居敦煌、祁连间，及为匈奴所败，乃远去，过宛，西击大夏而臣之，遂都妫水北，为王庭。"结合前引，可见月氏主要群体的时空迁移，高层统治人物的新旧转换，政治形势变迁，张骞在大夏见到的大月氏及其王已"今非昔比"。是故，起初武帝欲结盟的原来那个与匈奴有不共戴天之仇的月氏已不复存在。故司马迁言："骞从月氏至大夏，竟不能得月氏要领。"即是指张骞并未洞察到，从原有河西走廊的月氏到大夏的大月氏前后主客观形势的变化。这意味着，张骞按原有既定情况或方式联合现在大月氏与汉夹击匈奴的计划必然流产。

同样性质的失误也出现于张骞二次出使西域联合乌孙中。乌孙原有状况是"在大宛东北可二千里，行国，随畜，与匈奴同俗。控弦者数万，敢战。故服匈奴，及盛，取其羁属，不肯往朝会焉"。据此，张骞向武帝提出了结盟乌孙夹击匈奴的计划，其言："今单于新困于汉，而故浑邪地空无人。蛮夷俗贪汉财物，今诚以此时而厚币赂乌孙，招以益东，居故浑邪之地，与汉结昆弟，其势宜听，听则是断匈奴右臂也。既连乌孙，自其西大夏之属皆可招来而为外臣。"但事与愿违，他二次出使西域仍然未达到联合西部势力乌孙夹击匈奴的目的。其原因司马迁也作了交代："乌孙国分，王老，而远汉，未知其大小，素服属匈奴日久矣，且又近之，其大臣皆畏胡，不欲移徙，王不能专制。骞不得其要领。"首先，张骞原预想联合的乌孙是一个国力强大的统一实体，而现在面对的是一个"国分，王老"的乌孙；其次，乌孙虽与匈奴有隙，但二者地域相连，且关系久远，张骞只注意到二者矛盾，并未关注到二者联系。再次，张骞未认识到，对于乌孙，汉是个陌生体，实力如何也没有认知，势必会使乌孙对汉产生不信任，会觉得与之联合祸福难料。这些当是司马迁所言的张骞在联合乌孙中失败的真正原因，即"不得其要领"。此可由司马迁对后来乌孙与汉关系的转折与发展作以证明，如传言：

乌孙发导译送骞还，骞与乌孙遣使数十人，马数十匹报谢，因令窥汉，知其广大……乌孙使既见汉人众富厚，归报其国，其国乃益重汉。其后岁余，骞所遣使通大夏之属者皆颇与其人俱来，于是西北国始通于汉矣……自博望侯骞死后，匈奴闻汉通乌孙，怒，欲击之。及汉使乌孙，若出其南,抵大宛、大月氏相属,乌孙乃恐,使使献马,愿得尚汉女翁主为昆弟。天子问群臣议计,皆曰"必先纳聘,然后乃遣女"。

不难看出,乌孙与汉关系发展中,双方的主动与被动地位发生了极大转变。这缘于乌孙对汉认知程度的变化,匈奴与乌孙矛盾的升级,汉与乌孙周边诸国关系的发展。这些势必使乌孙在与汉的关系中转向主动联合。

由上可见,司马迁对张骞两次"不得其要领"之认识与其"通古今之变","原始察终"思想互为表里。给予我们的启示是,在人文交流中,注意使双方知己知彼产生互信,政策的实施要因时、因人而变,在动态认识中把握二者关系,还要注意对方与第三方关系的发展。

三 李广利伐宛

由上可知,与大宛之役成败有着直接关系的一个关键人物是李广利。透过史文看,司马迁对其着墨不多,甚至没有正面性评价,但在字里行间,司马迁对此人描述意在针砭武帝。世人对李广利评价"非"① 远大于"是"②,甚至司马迁在寓论断于序事当中,对此人也是贬大于褒。但作为武帝时对西域动武最大战役的领军人物,此处有必要尽可能客观地来谈一谈他经营的得失。李氏直接参与经营西域就是大宛之役,兹就其此役中的表现说起。

1. 统军不利

李广利的身份,司马迁用颇有讽刺的口吻言道:天子"欲侯宠姬李氏,拜李广利为贰师将军……伐宛"。他的出场就遭到司马迁与时人的非议。不言而喻,此人并非靠真才实学而获得贰师将军位置,是被武帝搞裙带关系而特别提拔的,故大宛之役整个过程中,他的统军才能都没有太让人可称道的。上文言及武帝在大宛之役中的得失时多有言及,此不赘述。

2. 治军腐败

他统军不力也许缘于能力所限,但治军腐败,就是他个人品性问题。

---

① 云帆:《贰师将军李广利》,《丝绸之路》1993 年第 6 期。
② 肯定的评价,也基本是针对汉武帝所发动的大宛之役在民族关系史中的地位,而非李广利本人在经营中所表现出的才能或策略。参见郝树声《浅论李广利伐大宛的功过是非》,《甘肃社会科学》2002 年第 4 期;赵汝清《浅谈李广利伐大宛在中西交通史上的作用——读〈史记·大宛列传〉》,《宁夏大学学报》(社科版) 1985 年第 2 期。

传言："贰师后行，军非乏食，战死不能多，而将吏贪，多不爱士卒，侵牟之，以此物故众。"可以想见，军队将领既然能侵牟自己士兵，所克西域诸国也必受其害。治军是否清廉关系到军队战斗力，也关切到大军所到之处百姓的民生。更具体的是，治军腐败也使战争中人、物、财力所耗远大于实际损耗，无疑增加了经营成本。对此后人颇有诟病，如刘向言："贰师将军李广利捐五万之师，靡亿万之费，经四年之劳，而仅获骏马三十匹，虽斩宛王毋鼓之首，犹不足以复费，其私罪恶甚多。"①

3. 顺势行事

虽然李广利在此役中有很多可非议处，但也有值得肯定的地方。这主要是他在二次伐宛中的顺势行事，不恋兵事。当时大宛贵人迫于形势，便欲与汉军达成和解，传言："宛贵人……共杀其王毋寡，持其头遣贵人使贰师，约曰：'汉毋攻我。我尽出善马，恣所取，而给汉军食。即不听，我尽杀善马，而康居之救且至。至，我居内，康居居外，与汉军战。汉军熟计之，何从？'"这时李广利并未孤注一掷，贪恋战功，而是顺应时事发展，见机行事。一如传曰：

> 是时康居候视汉兵，汉兵尚盛，不敢进。贰师与赵始成、李哆等计："闻宛城中新得秦人，知穿井，而其内食尚多。所为来，诛首恶者毋寡。毋寡头已至，如此而不许解兵，则坚守，而康居候汉罢而来救宛，破汉军必矣。"军吏皆以为然，许宛之约。宛乃出其善马，令汉自择之，而多出食食给汉军。汉军取其善马……

李广利与同僚在关键时刻，抓住时机见好就收，在一定程度上减少了战争损耗，也完成了武帝派给的任务，并且因俗施治"立宛贵人之故待遇汉使善者名昧蔡以为宛王"，并"与盟而罢兵"，逆取而顺守。这一点是值得认可的。

要之，通过《大宛列传》司马迁的记录与评述，展示了西汉经营西域初期，高层人物在经营方面的成败。前车之鉴，后事之师。三位中心人物事迹中所折射出的得与失，对今日处理相关问题仍有可资借鉴之处。

---

① 《汉书》卷70《陈汤传》。

第二节 《汉书》于西汉经营西域人物事迹之反映

东汉初与西汉所面临最大边患基本一致,即北方匈奴。相似的外部形势又使包括班固在内的许多东汉初期人士不得不重新审视这个问题。在此形势下,班固在《汉书》中为"经营西域人物事迹"留下了浓重一笔。兹主要谈谈官吏层面人物事迹的个性反映。其中有出谋划策者,有参与实践者,也有二者兼得者。

一 萧望之的审时度势与长远之策

1. 审时度势

经营西域方面,萧望之是个出谋划策者。尤其表现于他对乌孙高层对匈奴与汉态度、倾向及所订政策的审时度势。《萧望之传》① 言:"先是,乌孙昆弥翁归靡因长罗侯常惠上书,愿以汉外孙元贵靡为嗣,得复尚少主,结婚内附,畔去匈奴。诏下公卿议。"从表面看,这本当是件好事,但萧氏对此反对。他认为:"乌孙绝域,信其美言,万里结婚,非长策也。"但"天子不听。神爵二年,遣长罗侯惠使送公主配元贵靡。未出塞,翁归靡死,其兄子狂王背约自立。惠从塞下上书,愿留少主敦煌郡。惠至乌孙,责以负约,因立元贵靡,还迎少主"。事果不出所料,面临进退两难尴尬境地,朝廷再次"诏下公卿议"。萧氏以其极强洞察力和更具有说服力的理由,使汉廷摆脱了可能出现的困境。传曰:

> 望之复以为:"不可。乌孙持两端,亡坚约,其效可见。前少主在乌孙四十余年,恩爱不亲密,边境未以安,此已事之验也。今少主以元贵靡不得立而还,信无负于四夷,此中国之大福也。少主不止,缲役将兴,其原起此。"天子从其议,征少主还。后乌孙虽分国两立,以元贵靡为大昆弥,汉遂不复与结婚。

可见,萧氏以总结乌孙与汉建立关系以来的实际表现及联姻成效,来

---

① 此小节凡引自《汉书》卷78《萧望之传》者不再出注。

支持自己的主张。他所言："前少主在乌孙四十余年，恩爱不亲密，边境未以安。"不免过于笼统或夸大其辞。但从实际看，乌、汉联姻，确实有些时段出现过"边境未以安"。然从《西域传》看，并非是"前少主在乌孙四十余年，恩爱不亲密"所致，而是缘于匈奴侵扰；且前少主与乌孙主关系颇好，也并非"恩爱不亲密"，这是需要指出的，但联姻成效有限是事实。面对乌孙毁约，他认为失信在于对方，反而对汉方有利，正如其言："今少主以元贵靡不得立而还，信无负于四夷，此中国之大福也。"化不利为有利，顺势而应。当然，后来针对乌孙内部分裂，汉廷采取分而治之方式，削弱了其实力。有利必有失，从《西域传》看，乌孙内部分歧、摩擦也由此展开，对抗匈奴的力量也变小了。

2. 长远之策

就上引萧氏"信无负于四夷"而言，以信义服众四夷是他处理区域族际关系的一个基本原则。在针对汉廷经营西北时，他就从信义入手发表过不少言论，这正是他的长远之策。传载："五凤中匈奴大乱，议者多曰匈奴为害日久，可因其坏乱举兵灭之。"针对此状，最高统治者并未表现出好大喜功，而是谨慎地诏遣中朝大臣商议，萧氏对曰：

> 《春秋》恶士匄帅师侵齐，闻齐侯卒，引师而还，君子大其不伐丧，以为恩足以服孝子，谊足以动诸侯。前单于慕化乡善称弟，遣使请求和亲，海内欣然，夷狄莫不闻。未终奉约，不幸为贼臣所杀，今而伐之，是乘乱而幸灾也，彼必奔走远遁。不以义动兵，恐劳而无功。宜遣使者吊问，辅其微弱，救其灾患，四夷闻之，咸贵中国之仁义。如遂蒙恩得复其位，必称臣服从，此德之盛也。

他引经据典，历陈形势，反对借匈奴内乱之时趁火打劫，且认为朝廷当"遣使者吊问，辅其微弱，救其灾患"。这样救人于危难之中，会使四夷"咸贵中国之仁义"。这正是张骞提出的以义属之。传后叙云："上从其议，后竟遣兵护辅呼韩邪单于定其国。"不久，呼韩邪单于称臣汉朝，一如他远见"如遂蒙恩得复其位，必称臣服从"。

由上文看，萧氏在经营方面，大原则主张以信义服众，这是长远之策。但他的信义服众并非让汉方无底线的妥协、让步，而是将心比心，依对方实际情况来定。即对不守信义之人，无须用信义原则，如上引乌孙事；对有向善者，如上言匈奴"前单于慕化乡善称弟，遣使请求和亲"者，当扶危济困，以信义而为之。

二　冯奉世的应时而为与时人是非定论

1. 应时而为

在经营西域上，奉世堪称"功效尤著"。作为西使者，比之平平之辈，其最大表现是处事不惊，灵活机动。《冯奉世传》① 言："先是时，汉数出使西域，多辱命不称，或贪污，为外国所苦。"此为后叙对他西使不辱使命做铺垫。如言：

> 是时乌孙大有击匈奴之功，而西域诸国新辑，汉方善遇，欲以安之，选可使外国者。前将军增举奉世以卫候使持节送大宛诸国客。至伊修城，都尉宋将言莎车与旁国共攻杀汉所置莎车王万年，并杀汉使者奚充国。时匈奴又发兵攻车师城，不能下而去。莎车遣使扬言北道诸国已属匈奴矣，于是攻劫南道，与歃盟畔汉，从鄯善以西皆绝不通。都护郑吉、校尉司马意皆在北道诸国间。奉世与其副严昌计，以为不亟击之则莎车日强，其势难制，必危西域。遂以节谕告诸国王，因发其兵……进击莎车……王自杀，传其首诣长安。诸国悉平，威振西域。

行文将冯氏出使西域来龙去脉交代得一清二楚。从中看，朝廷因先前使者的有辱使命，故这次选派使者送大宛诸国客者，因责任重大，尤为重视人选。韩增慧眼识人推举冯氏。他一进入西域，就面临匈奴怂恿莎车等国杀汉吏的叛乱局面。他临危不惧，应时而动，不久即在依靠地方势力与其领导有方下平息叛乱，惩治首恶分子。"诸国悉平，威振西域"总的反映了他此举的成效与影响，后叙还用宣帝之言与大宛表现具体展现了这点，如云："宣帝召见韩增，曰：'贺将军所举得其人。'奉世遂西至大宛。大宛闻其斩莎车王，敬之异于它使。得其名马象龙而还。上甚说，下议封奉

① 此小节凡引自《汉书》卷79《冯奉世》者不再出注。

世。”但就在此议中，朝廷出现了截然相反的两种态度。

2. 是非定论

比之先前有些使者的无作为，此次突发事件中冯氏智勇之行挽回了原有失去的使者颜面，也捍卫了汉廷尊严与权威，扩大了汉在西域诸国中的影响力，并加深了二者建立的关系。无疑，包括宣帝在内的不少高层对此是有目共睹，对冯氏褒奖是当之无愧的，当时丞相、将军皆曰：“《春秋》之义，大夫出疆，有可以安国家，则颛之可也。奉世功效尤著，宜加爵土之赏。”但与此同时，因他此次行动中为收集兵马平息叛乱，情急之下假借了皇帝诏谕，故有人提出异议，即“萧望之独以奉世奉使有指，而擅矫制违命，发诸国兵，虽有功效，不可以为后法。即封奉世，开后奉使者利，以奉世为比，争逐发兵，要功万里之外，为国家生事于夷狄。渐不可长，奉世不宜受封”。萧望之并未否定冯氏功效，但从大局和长远看，他认为“矫制违命，发诸国兵”不可后法，以防后之西使者“以奉世为比，争逐发兵，要功万里之外，为国家生事于夷狄”。故而“上善望之议，以奉世为光禄大夫、水衡都尉”。与上文所论一致，萧望之注重长远之策。不过，针对有才能者，军令有所不受，遇到突变事情，当机立断，采取果断行为是必要的；从萧氏而言，之所以建议皇帝不要授封冯氏，主要是为了杜绝那些唯利是图，矫制发兵邀功绝域之人，而非否定冯氏本身英勇之举。正因此，当后来甘延寿、陈汤身处西域矫制发兵诛郅支单于封侯时，有大臣对此提出异议，认为当依照冯奉世例，如传载：“奉世死后二年，西域都护甘延寿以诛郅支单于封为列侯。时丞相匡衡亦用延寿矫制生事，据萧望之前议，以为不当封，而议者咸美其功，上从众而侯之。”在这种状况下，有臣子为当年冯氏未封侯鸣不平，如传后叙云：“于是杜钦上疏，追讼奉世前功。”杜氏在讼辞中通过冯、甘西域之事功各层面对比，认为论功前者要高于后者，但授封后者则高于前者，显然不公，有碍视听，影响不好。但“上以先帝时事，不复录”。班固在传末插入这段内容，表达了西汉人士对冯氏功绩的肯定；同时透过史文之意看，班固也赞同杜钦看法，认为冯氏功大于过，汉廷应通过追封给予他应有地位与认可，以示同功同赏，为世人垂范。

由上文看，于当时而言，冯氏在西域遇突发事件采取果断措施值得肯定，尤其是他沉着冷静，见机行事，联合地方势力最后化解危机，为后人树立了榜样。上之杜钦所言陈、甘西域之举当为一个显例。至于矫制，那是事发突然，不得已而为之。这点应当明确。萧氏所论只是防止那些故意矫制、成事不足败事有余者，而非否定冯奉世本身行为目的与功效，这点也应明晰。

三 傅介子的严正辞令与反叛必究

《汉书》中独创的集中性叙述经营西域人物事迹篇章是《傅常郑甘陈段传》。《傅介子传》[①] 首先通过傅氏经营西域两件史实显示了他的才能与功绩。

1. 严正辞令

传开篇即点明傅氏西使背景："先是龟兹、楼兰皆尝杀汉使者……至元凤中，介子以骏马监求使大宛，因诏令责楼兰、龟兹国。"接下来，班固充分运用辞令描述显示了他的不辱使命，如传载：

> 介子至楼兰，责其王教匈奴遮杀汉使："大兵方至，王苟不教匈奴，匈奴使过至诸国，何为不言？"王谢服，言"匈奴使属过，当至乌孙，道过龟兹。"介子至龟兹，复责其王，王亦服罪。介子从大宛还到龟兹，龟兹言"匈奴使从乌孙还，在此。"介子因率其吏士共诛斩匈奴使者。

行文整体反映了西汉与匈奴对抗及对西域诸国争夺。具体来观，通过前后两个"责其王"，两王之"服"，显示了傅氏辞令之高超。特别是他在谴责楼兰王教匈奴遮杀汉使时，很灵活地以虚压实，使其王折服，且还获得了匈奴使者行踪，又借机找到了责龟兹王之口实。两王先前已臣汉朝，在匈奴怂恿下，连杀汉使是背叛行为。傅氏以理服人，一针见血直指对方要害，使对方无回旋余地。此正是他义正辞严先发制人的充分展示。

2. 反叛必究

傅氏亲赴西域，针对上言二者的反叛行为，他向当政者霍光提出了主张："楼兰、龟兹数反覆而不诛，无所惩艾。介子过龟兹时，其王近就人，易得也，愿往刺之，以威示诸国。"他从正面讨论了对两国反复行为惩治原因、手段与影响，实质就是要杀一儆百，以防更多反叛行为；同

---

① 此小节凡引自《汉书》卷70《傅介子传》者不再出注。

时，也是进一步确立西汉在西域宗主地位与威慑力。此建议得到了当政者霍光认可，但霍光以就近原则，建议计划实施于楼兰王。探其根本原因下文会有展现。从两人计划中可看出，二人虽在实施对象上有些许差异，但两人将对象都定在一国之王，而非两国。易言之，借此只是为向诸国显示反叛宗主代价，而非大开杀戒，殃及无辜。当然，惩治也并非轻而易举，傅氏作了必要准备，也充分运用了兵不厌诈策略，成功完成了霍光赋予他的任务。如传载：

> 介子与士卒俱赍金币，扬言以赐外国为名。至楼兰，楼兰王意不亲介子，介子阳引去，至其西界，使译谓曰："汉使者持黄金锦绣行赐诸国，王不来受，我去之西国矣。"即出金币以示译。译还报王，王贪汉物，来见使者。介子与坐饮，陈物示之。饮酒皆醉，介子谓王曰："天子使我私报王。"王起随介子入帐中……壮士二人从后刺之……立死……左右皆散走。

接下来，他又发挥辞令力度，向民众申明了刺王的严正理由，且"虚张声势"，震慑住其全国。如传云：

> 介子告谕以"王负汉罪，天子遣我来诛王，当更立前太子质在汉者。汉兵方至，毋敢动，动，灭国矣！"遂持王首还诣阙，公卿将军议者咸嘉其功。上乃下诏曰："楼兰王安归尝为匈奴间，候遮汉使者，发兵杀略卫司马安乐……等三辈，及安息、大宛使，盗取节印献物，甚逆天理。平乐监傅介子持节使诛斩楼兰王安归首，县之北阙，以直报怨，不烦师众。其封介子……士刺王者皆补侍郎。"

从诏告之语可清晰看出，楼兰不仅成为匈奴帮凶截杀许多汉员，且通过盗取西域他国节印、献物，力在阻止它们与汉交往。傅氏功绩表现在，没有劳师动众就为汉与西域交往清除了障碍，意义重大。① 这正是他受到当

---

① 莫任南：《论傅介子出使西域的历史功绩》，《湖南师范大学社会科学学报》1994 年第 5 期；高启安：《傅介子刺楼兰事迹综理》，《石河子大学学报》2016 年第 2 期。

朝官员"咸嘉其功"与当朝皇帝封侯的真正原因。他的行为为当政者巩固了一个经营原则：反叛必究。

四　常惠的借势造势与兵不血刃

《常惠传》① 言："少时家贫，自奋应募，随移中监苏武使匈奴，并见拘留十余年，昭帝时乃还。"不难想象，在所拘留年间，他对匈奴内况肯定了解不少。常言道：知己知彼，百战不殆。正因此，这为他后来成功经营西域起了很大作用。

传言乌孙主与汉公主遇到了匈奴大侵，并借使者常惠之语转达了他们欲联合汉方打击匈奴的愿望。常惠成功转达了乌孙之愿，汉方作为回应也有了相应的举措。当然，常惠也参与其中，传载：

> 于是汉大发……军分道出（匈奴）……以惠为校尉，持节护乌孙兵。昆弥自将翕侯以下五万余骑从西方入至右谷蠡庭，获单于父行及嫂居次……橐佗五万余匹，羊六十余万头，乌孙皆自取卤获。惠从吏卒十余人随昆弥还，未至乌孙，乌孙人盗惠印绶节。惠还，自以当诛。时汉五将皆无功，天子以惠奉使克获，遂封惠为长罗侯。

不幸中的万幸，常惠的出色表现使其化险为夷，且得到了封侯的肯定。当然，他的表现也得到了汉朝信任，故"复遣惠持金币还赐乌孙贵人有功者"。正是在接到此项任务时，他向汉廷当政者提出了一个请求，传云：

> 惠因奏请龟兹国尝杀校尉赖丹，未伏诛，请便道击之，宣帝不许。大将军霍光风惠以便宜从事。惠与吏士五百人俱至乌孙，还过，发西国兵……攻龟兹，兵未合，先遣人责其王以前杀汉使状。王谢曰："乃我先王时为贵人姑翼所误耳，我无罪。"惠曰："即如此，缚姑翼来，吾置王。"王执姑翼诣惠，惠斩之而还。

可见，宣帝因某些原因并未答应常惠惩治龟兹反叛宗主的行为，但这

---

① 此小节凡引《汉书》卷70《常惠传》者不再出注。

时掌权者霍光再次出场，在授权傅介子成功惩治反叛者楼兰王后，此次他又间接授权常惠“便宜从事”。他不负所望，借助西域诸国势力，大造声势，给龟兹巨大威慑，在不费一兵一卒，无流血冲突中，使其屈服，交出了首恶分子。

先前的经历使其成为一名熟识西北边情与经营边疆的重要参谋，一如传云：“后代苏武为典属国，明习外国事，勤劳数有功。甘露中，后将军赵充国薨，天子遂以惠为右将军，典属国如故。”与经营匈奴苏武与经营西羌赵充国齐名，不仅显现了他的才能，也点出了朝廷对他的肯定。①

总之，常惠成功一是得益于他先前的经营，能得到乌孙等国信任，故后来能借助其兵造势；二是他周密的计划与针对性，只惩首恶分子，不殃及其他，不将事态扩大化，这也会受到西域民众的信任。这两点成功都源于他对边民边情的熟悉。

五　郑吉的“拊循外蛮”与“宣明威信”

郑吉得名缘于他是西汉首任西域都护，而此任确立当然是因他经营有方。② 其首先得益于他对西域的了解，与常惠相似，这缘于其实践经历。《郑吉传》③ 言：他“以卒伍从军，数出西域，由是为郎。吉为人强执，习外国事”。这为其后之经营奠定良好基础；他“为人强执”也使其处理西域事务中表现出果敢的一面。

车师是匈奴经营西域的一个据点，因为它地理位置优越，自然条件好。《西域传下》载当时匈奴单于大臣皆曰：“车师地肥美，近匈奴，使汉得之，多田积谷，必害人国，不可不争也。”历代都有过中原王朝与北方草原民族政权对此地的争夺，这首先就始于西汉与匈奴对它的争夺，西汉对车师控制，意味着卡住了匈奴经营西域的咽喉。故郑吉时经营车师成功，与后来西域日逐王降汉有着直接关系。传云：“宣帝时，吉以侍郎田渠黎，积谷，

---

① 今人评价也颇高。参见王欣《常惠综论》，《西北民族论丛》第二辑，中国社会科学出版社，2003；孙富磊《常惠：三朝外交家六次出西域》，《文史天地》2014 年第 12 期。

② 参见贾应逸《汉代西域都护府的由来——兼谈郑吉的历史功绩》，《新疆大学学报》1977 年第 1 期；刘江波《西汉西域都护府的设立与首任西域都护——郑吉》，《新疆地方志》1996 年第 2 期；张德芳《郑吉“数出西域”考论》，《西域研究》2011 年第 2 期。

③ 此小节凡引《汉书》卷 70《郑吉传》者不再出注。

因发诸国兵攻破车师，迁卫司马，使护鄯善以西南道。"可以说屯田"积谷"为进攻车师做了充分的物质准备；就地取材，充分利用当地人力，即发诸国兵而能攻破车师。常言道：远水解不了近渴。这种因地制宜，集当地物力、人力而处理当地事务之举措，在效果上往往会事半功倍。当然，他能集中当地人力是因其能"拊循外蛮"有道。这点在迎降日逐王先贤掸中得到了充分展示。传云："神爵中，匈奴乖乱，日逐王先贤掸欲降汉，使人与吉相闻。吉发渠犁、龟兹诸国五万人迎日逐王，口万二千人、小王将十二人随吉至河曲，颇有亡者，吉追斩之，遂将诣京师。汉封日逐王为归德侯。"郑吉用当地五万人迎日逐王等一万两千多人，表面上看未免小题大做，但他的举措有深意。因为这是西域匈奴高层首次来降，《西域传上》言："时汉独护南道，未能尽并北道也。然匈奴不自安矣。其后日逐王畔单于，将众来降"。日逐王降汉不仅反映了汉经营西域对匈奴的直接影响，且他的归汉对于汉经营西域"断匈奴右臂"也有着实质性进展，《西域传上》云：自日逐王降汉，都护建立后，"僮仆都尉由此罢，匈奴益弱，不得近西域"。再回到上面之引文看，一是显示了郑吉之重视与诚意，向对方示信。二是显示汉朝对西域诸国统领之力，向对方施压，让事情坐实；反之，也是给西域诸国一个直面展示，匈奴日逐王降汉之真实场景，扩大汉朝在西域的影响力。三是防止"意外"，即对付诈降，或心怀二意者。果不然，如上引迎降途中"颇有亡者"，郑吉当机立断"追斩之"，不留后患，这是叛者必惩的一个原则体现。而其"遂将诣京师"也足显郑吉对此次日逐王降汉的重视。相应的，"汉封日逐王为归德侯"又反衬了郑吉的明智之举，与朝廷之意形成了默契。而其特别重要的一点是自始至终体现了汉的"威"与"信"。

前后两件相关联的大事，无论对郑吉，还是对西汉经营西域均产生了深远影响，如传载："吉既破车师，降日逐，威震西域，遂并护车师以西北道，故号都护。都护之置自吉始焉。"

对于功绩，朝廷给予充分肯定，传云："上嘉其功效，乃下诏曰：'都护西域骑都尉郑吉，拊循外蛮，宣明威信，迎匈奴单于从兄日逐王众，击破车师兜訾城，功效茂著。其封吉为安远侯。'"其中"拊循外蛮，宣明威信"则是对他经营西域有方的最好概括。以他为起点，基本形成了都护治理西域一个原则。一如班固对其经营模式所做总结："镇抚诸国，诛伐怀集之。"《西域传上》有更具体的说明："都护督察乌孙、康居诸外国动静，有变以闻。可安辑，安辑之；可击，击之。"与"张骞凿空"为呼应，班固给予其历史功绩定位是"汉之号令班西域矣，始自张骞而成于郑吉"。这被传为历代佳话。

六　陈汤的功过是非

在西汉经营西域众多人物中，陈汤恐怕是最受争议的一位。这缘于他的功绩大，对西域时事洞察力强，同时在经营中也犯了不少错误。班固在合传中对其所用笔墨最多，包含了他经营西域的功过，也大篇幅摘录了时人对他的是非争论。

从《陈汤传》① 看，他"少好书，博达善属文"但"家贫匄贷无节"，不守"常规"即"父死不奔丧"。这些特性都在他经营西域中得到了展现，或者说前者直接影响了后者。陈汤最大的贡献莫过于消灭北单于郅支势力。这首先得从汉和郅支关系说起，此正是后者历史背景，从中能较清晰地看到汉内部对经营郅支之得失。

1. 西汉与北单于郅支的纠结

西汉与匈奴关系在经过武帝时期三十多年的兵戈铁马后，到宣帝时终于发生了重大转折，即匈奴内乱，从五单于之争到呼韩邪与郅支单于争雄。这两者与汉关系发展极不平衡。

首先是汉对两单于的态度。传言："呼韩邪单于与郅支单于俱遣子入侍，汉两受之。"这其中有分而治之意念，也有平衡外交意向。反之，二者对汉关系中也有抵制对方的需要。但两者内部纷争及对汉态度差异，也决定了他们与汉关系的变化。传载："后呼韩邪单于身入称臣朝见，郅支以为呼韩邪破弱降汉，不能自还，即西收右地。会汉发兵送呼韩邪单于，郅支由是遂西破呼偈、坚昆、丁令，兼三国而都之。怨汉拥护呼韩邪而不助己，困辱汉使者江乃始等。"可见，比起郅支，呼韩邪对汉更有诚意，故有"身入称臣朝见"举动。其诚意得到了汉方的认可与回应，即"发兵送呼韩邪单于"，这与"郅支以为呼韩邪破弱降汉，不能自还"截然相反。此时郅支不仅未拿出应有诚意增进与汉的关系，反而以"汉拥护呼韩邪而不助己"为怨，进一步"困辱汉使"。实际上从先后行文看，起初汉方并未因呼韩邪称藩，改变对郅支的态

---

① 　此小节凡引《汉书》卷70《陈汤传》者不再出注。

度，如后叙："初元四年，遣使奉献，因求侍子，愿为内附。汉议遣卫司马谷吉送之。"但由于郅支在看待汉方对呼韩邪态度上的个人浅见，改变了与汉方关系。这必然会引起汉廷官员对其经营的分歧。传载：

> 大夫贡禹……以为《春秋》之义"许夷狄者不壹而足"，今郅支单于乡化未淳，所在绝远，宜令使者送其子至塞而还。吉上书言："中国与夷狄有羁（縻）不绝之义，今既养全其子十年，德泽甚厚，空绝而不送，近从塞还，示弃捐不畜，使无乡从之心，弃前恩，立后怨，不便。议者见前江乃始无应敌之数，知勇俱困，以致耻辱，即豫为臣忧。臣幸得建强汉之节……宣谕厚恩，不宜敢桀。若怀禽兽，加无道于臣，则单于长婴大罪，必遁逃远舍，不敢近边。没一使以安百姓，国之计，臣之愿也。愿送至庭。"上以示朝者，禹复争，以为吉往必为国取悔生事，不可许。右将军冯奉世以为可遣，上许焉。既至，郅支单于怒，竟杀吉等。

一目了然，汉廷内部就针对郅支关系，大体上并未改变太多，改变的只是具体交往礼节深浅尺度，明显有两派意见。从结果看，御史大夫贡禹等认为司马谷吉"往必为国取悔生事"是对的。他们主张的根本性原则是"许夷狄者不壹而足"。这种看法基点是现实中呼韩邪与郅支对汉态度差异。在处理人文关系中讲求灵活性与变通性，是比较务实的。反之，作为受害者的司马谷吉，从其上书看，他在经营郅支方面讲求以德施治。由大原则看，这无疑是对的，汉于此也受益不浅。但这种原则并非无底线，也不是以不变应万变之钥匙，而是讲求务实与灵活性。因人文关系涉及双方，在使用此原则时，也要看对方态度，若对方是不义之人或先前已有不义之举，如郅支，对这种人就要慎用此原则，否则反受其害。因为对一个不讲仁义之人谈仁义，无异于对牛弹琴，或说根本得不到对方领情。司马谷吉错误在于高估了自己，又低估了对方险恶用心。当然，他在考虑问题上，也从大处着眼，这与冯奉世不谋而合，正是冯氏"以为可遣"，最终"上许焉"。他们大处着眼在于，即便牺牲自己，国之威信亦要保存，且使对方因罪孽深重而远之。正如其言："若（郅支）怀禽兽，加无道于臣，则单于长婴大罪，必遁逃远舍，不敢近边。没一使以安百姓，国之计，臣之愿也。"这种大无畏、视死如归的精神值得称赞。事情也果不出所料，后郅支"自知负汉，又闻呼韩邪益强，遂西奔康居"。转换视角，司马谷吉以牺牲个人换来了国之信誉与边境安宁，确实非常人所能做到。失中有得，这点应当肯定。

纵观历代正史，一直以来西域都是北方草原势力拓展之地，也是弱小势力退路所在，上述郅支也不例外。但他以康居为据点又直接威胁到西域诸国与汉之力量。传曰："康居王以女妻郅支，郅支亦以女予康居王。康居甚尊敬郅支，欲倚其威以胁诸国。郅支数借兵击乌孙，深入至赤谷城，杀略民人，驱畜产，乌孙不敢追，西边空虚，不居者且千里。"郅支借康居势力危害了乌孙——汉之西部盟友，且做强后还"喧宾夺主"，飞扬跋扈。传载：

> 郅支单于自以大国，威名尊重，又乘胜骄，不为康居王礼，怒杀康居王女及贵人、人民数百，或支解投都赖水中。发民作城，日作五百人，二岁乃已。又遣使责阖苏、大宛诸国岁遗，不敢不予。汉遣使三辈至康居求谷吉等死，郅支困辱使者，不肯奉诏，而因都护上书言："居困厄，愿归计强汉，遣子入侍。"其骄嫚如此。

可见，康居与"狼"为友，反受其害。郅支在西域势力扩张后，更是肆无忌惮地危害西汉属国，且直接与西汉对抗，目中无人。虽从表面看，郅支实力大增，但从侧面观，他的残暴统治则为自己埋下了灭亡的种子，加之与汉对抗，反而使自己更处于"内忧外患"中。陈汤终能借诸国兵灭之，实质性原因也在于此。

2. 陈汤灭郅支

从上文看，郅支所作所为，直接触及了西汉利益所在，消灭郅支是西汉在西域保存威信势在必行之举。陈汤正是抓住此机会，一鸣惊人，留名史册。机会总是留给有准备的人。透过史文能领略到陈汤在此方面的表现。传言：

> 建昭三年，汤与延寿出西域。汤为人沉勇有大虑，多策谋，喜奇功，每过城邑山川，常登望。既领外国，与延寿谋曰："夷狄畏服大

种，其天性也。西域本属匈奴，今郅支单于威名远闻，侵陵乌孙、大宛，常为康居画计，欲降服之。如得此二国，北击伊列，西取安息，南排月氏、山离乌弋，数年之间，城郭诸国危矣。且其人剽悍，好战伐，数取胜，久畜之，必为西域患。郅支单于虽所在绝远，蛮夷无金城强弩之守，如发屯田吏士，驱从乌孙众兵，直指其城下，彼亡则无所之，守则不足自保，千载之功可一朝而成也。"延寿亦以为然，欲奏请之，汤曰："国家与公卿议，大策非凡所见，事必不从。"

从陈汤历陈形势分析，可看到他"沉勇有大虑"，洞察力极强；从其话中也折射出郅支只是外强内虚。将在外君令有所不受，与甘延寿话语中反映了他果敢的一面，特别是在后者犹豫不决时，他当机立断，逼其就范，更能体现出这点。传云：

> 延寿犹与不听。会其久病，汤独矫制发城郭诸国兵、车师戊己校尉屯田吏士。延寿闻之，惊起，欲止焉。汤怒，按剑叱延寿曰："大众已集会，竖子欲沮众邪？"延寿遂从之，部勒行陈，益置扬威、白虎、合骑之校，汉兵胡兵合四万余人，延寿、汤上疏自劾奏矫制，陈言兵状。

当然，明知矫制，陈汤也明智地以自奏形式为己留了"后路"。这是他的深谋远虑，也是班固所言的"多策谋"，尤其是后者充分反映于具体战斗之中。

——因地制宜。从宏观看，陈汤的才能首先体现于这点。首当其冲，就反映于战前布阵中。传载："即日引军……从南道逾葱岭径大宛……从北道入赤谷……涉康居界，至阗池西。而康居副王抱阗将数千骑，寇赤谷城东，杀略大昆弥千余人……从后与汉军相及，颇寇盗后重。汤纵胡兵击之……得其所略民……还付大昆弥，其马牛羊以给军食。又捕得抱阗贵人伊奴毒。"结合前引与此行文看，因他"每过城邑山川，常登望"，故其能充分利用当地有利地形，排兵布阵。且在具体运行中能充分利用当地人力、物力资源；以战利品作为回赠予补给，团结地方势力，一致对敌。故初出茅庐就成果显著。

——治军严谨。战争胜负的核心在于将帅，将帅取得胜利的关键在于治军。陈汤取胜的一个要点就在于治军严谨。如接上引："入康居东界，令军不得为寇。"因陈汤此行目的最主要的敌人是郅支，而非伤及无辜。这种秋毫无犯，无疑会赢得对方示弱甚至好感，对战争最终取胜至关重要。

——里应外合。使用这点，最主要的是利用敌人内部矛盾，分化瓦解对方。传言："间呼其贵人屠墨见之，谕以威信，与饮盟遣去。径引行，未至单于城可六十里，止营。复捕得康居贵人贝色子男开牟以为导。贝色子即屠墨母之弟，皆怨单于，由是具知郅支情。"陈汤这一策略的高明之处，在于既壮大了自己实力，又削弱了对方力量，为自己取胜赢得了更多筹码。

——兵不厌诈。常言道：运筹于帷幄之中，决胜于千里之外。陈汤在消灭郅支时，首先在于从策略上战胜对方。其中兵不厌诈得到充分的演绎。传云：

> 明日引行，未至城三十里，止营。单于遣使问："汉兵何以来？"应曰："单于上书言居困厄，愿归计强汉，身入朝见。天子哀闵单于弃大国，屈意康居，故使都护将军来迎单于妻子，恐左右惊动，故未敢至城下。"使数往来相答报。延寿、汤因让之："我为单于远来，而至今无名王大人见将军受事者，何单于忽大计，失客主之礼也！兵来道远，人畜罢极，食度且尽，恐无以自还，愿单于与大臣审计策。"

结合前引"汉遣使三辈至康居求谷吉等死，郅支困辱使者，不肯奉诏，而因都护上书言：'居困厄，愿归计强汉，遣子入侍。'"从本段看，陈汤抓住郅支"旧说"借题发挥；话语来往中还故意向对方示弱，使其放松警惕，进而接近对方。

——沉着应对。班固在记述陈汤灭郅支中，将对方形势逼人气势淋漓尽致地呈现于眼前。而陈汤则表现出惊人的冷静与沉着应对。传言：

> 明日，前至郅支城都赖水上，离城三里，止营傅陈。望见单于城上立五彩幡织，数百人披甲乘城，又出百余骑往来驰城下，步兵百余人夹门鱼鳞陈，讲习用兵。城上人更招汉军曰"斗来！"百余骑驰赴营，营皆张弩持满指之，骑引却。颇遣吏士射城门骑步兵，骑步兵皆

入。延寿、汤令军闻鼓音皆薄城下，四面围城，各有所守，穿堑，塞门户，卤楯为前，戟弩为后，印射城中楼上人，楼上人下走。土城外有重木城，从木城中射，颇杀伤外人。外人发薪烧木城。夜，数百骑欲出外，迎射杀之。

透过史文，可看出班固对郅支盛气凌人的军事场面描述，反衬出陈汤的遇事不惊。这段战争场面描述又写出了陈汤在策略方面的出其不意与计划周全。

——大获全胜。多行不义必自毙，班固在描述战争最后时以回顾笔锋，将郅支失败做了很好总结，同时也全方位展现了陈汤一方胜利的场面。传云：

> 初，单于闻汉兵至，欲去，疑康居怨己，为汉内应，又闻乌孙诸国兵皆发，自以无所之。郅支已出，复还……外人射中单于鼻，诸夫人颇死。单于下骑，传战大内。夜过半，木城穿，中人却入土城，乘城呼。时康居兵万余骑分为十余处……亦与相应和。夜，数奔营，不利，辄却。平明，四面火起，吏士喜，大呼乘之，钲鼓声动地。康居兵引却。汉兵四面推卤楯，并入土城中。单于男女百余人走入大内。汉兵纵火，吏士争入，单于被创死……斩单于首，得汉使节二及谷吉等所赍帛书。诸卤获以畀得者。凡斩……一十八级，生房百四十五人，降房千余人，赋予城郭诸国所发十五王。

这里将前文所言"里应外合"得到了具体展现。作为回应，陈汤在胜利后，未忘记地方力量的贡献，故如前一样，将战利品与地方势力分享，这是一种回报，也为汉方在西域赢得了人心，扩大了影响。这种影响无疑震动了朝野。

3. 朝廷中是非功过大聚讼

陈汤此举是矫制为之。其一行人心知肚明，故为防止降罪于自己，他在胜利后，也做了特别安排，大造声势。传言：

> 于是延寿、汤上疏曰："臣闻天下之大义，当混为一，昔有唐虞。今有强汉。匈奴呼韩邪单于已称北藩，唯郅支单于叛逆……以为强汉不能

臣也。郅支单于惨毒行于民，大恶通于天。臣……将义兵，行天诛，赖陛下神灵……陷陈克敌，斩郅支……宜县头槁街蛮夷邸间，以示万里，明犯强汉者，虽远必诛。"事下有司。丞相匡衡、御史大夫繁延寿以为"郅支及名王首更历诸国，蛮夷莫不闻知。《月令》春'掩骼埋胔'之时，宜勿县。"车骑将军许嘉、右将军王商以为"春秋夹谷之会，优施笑君，孔子诛之，方盛夏，首足异门而出。宜县十日乃埋之。"

可见，这种声势震动了西域与朝野上下。陈汤在处置郅支等人上疏中特别指出一个原则，反叛必究，如前经营西域者一样，这也是汉方一直坚持的。他尤其强调"明犯强汉者，虽远必诛"。这无疑为汉在西域树立了威信。当然，对于即便是罄竹难书的反叛者，已死去，汉方还是采取仁义之举，即早日入土为安。

陈汤上疏，是为自己解脱矫制罪名，也是在向朝廷炫耀自己功绩。但功过之间必有是非评判，犹如冯奉世当年一样，首先就是当时朝野中两派意见。

——否定派。陈汤灭郅支为汉在西域赢得了威信，巩固了统治，影响颇远，这是毫无疑问的，元帝是看到了这点，但基于矫制，朝廷内部，特别是与陈、甘以前有隙之人，以此为口实，对陈汤一行人持否定态度。传言：

> 初，中书令石显尝欲以姊妻延寿，延寿不取。及丞相、御史亦恶其矫制，皆不与汤。汤素贪，所掳获财物入塞多不法。司隶校尉移书道上，系吏士按验之。汤上疏言："臣与吏士共诛郅支单于，幸得禽灭，万里振旅，宜有使者迎劳道路。今司隶反逆收系按验，是为郅支报仇也！"上立出吏士，令县道具酒食以过军。既至，论功，石显、匡衡以为："延寿、汤擅兴师矫制，幸得不诛，如复加爵土，则后奉使者争欲乘危徼幸，生事于蛮夷，为国招难，渐不可开。"元帝内嘉延寿、汤功，而重违衡、显之议，议久不决。

由行文观之，元帝是有意要奖赏陈汤一行人，但矫制又是事实，朝内反对声也有理有据。这必然使此事是非处于左右徘徊当中。瑕不掩瑜，功绩是明摆着的，朝内必然有人为此鸣不平。这时就要看肯定一方的立据有多深，说服力有多强。

——论功者。班固在记述了否定派的言论后，又不惜笔墨大篇幅地征引了刘向为陈汤等人论功行赏之上疏辞。显然，其中也表达了班固对陈汤事迹的看法。具体来看，刘向在上疏中，首先从郅支罪名与恶劣影响说起，特别点到了他对汉使者加害与对汉在西域威信的损害，无疑铲除郅支是汉廷，特别是皇帝本人的意愿，故陈汤一行人借用朝廷名义总领西域地方势力灭郅支，顺应帝意，并不算矫制。且一行将士出生入死，消灭郅支，为死者雪耻，为生者除害，加强了汉在西域的威慑力，特别是更加紧密了呼韩邪单于与汉关系。这些现实功绩与影响陈述，包括元帝在内的高层是不可否认的。其次，刘向在现实基础上，又引经据典，借古喻今，充分说明陈汤一行人功远大于过，且为后世立威。最后他将当代史中，特别是武帝对西域所发动大宛之役与陈汤灭郅支中人、物、财力与时间损耗，及成效功绩相比，后者远优于前者。但当年"孝武以为万里征伐，不录其过"，并对其做了一一封赏。武帝在处理大宛之役中李广利等人的功绩与过失之先例，是非常具有说服力的，故当朝人士都无法否定与驳斥。这也为元帝嘉赏陈汤等人找到了合法又合理的最好依据。① 从传后叙看，元帝奖赏波折四起，平衡各方意见后，最终还是给陈汤一行人封赏。

4. 陈汤在经营西域中的洞察力反映

上文已说，陈汤是个有心人，善于观察时变。在经营西域方面他积累了不少经验，故能洞察事变，有先见之明。班固对此也特意留下了一笔。传载：

> 后数岁，西域都护段会宗为乌孙兵所围，驿骑上书，愿发城郭敦煌兵以自救。丞相王商、大将军王凤及百僚议数日不决。凤言："汤多筹策，习外国事，可问。"上召汤见宣室。汤击郅支时中寒病，两臂不诎申。汤入见，有诏毋拜，示以会宗奏。汤辞谢，曰："将相九卿皆贤

---

① 兹需要说明的是，大宛之役处于西汉经营西域初期，与陈汤时汉朝对西域经营内外氛围与根基，不可同日而语，刘向只是借大宛之事来为陈汤辩护，当然会忽略一些实质性问题，但从客观历史，特别是从历代正史相关的西域撰述看，大宛之役本身影响与意义远大于陈汤灭郅支，这是应当指出的。

材通明，小臣罢癃，不足以策大事。"上曰："国家有急，君其毋让。"
对曰："臣以为此必无可忧也。"上曰："何以言之？"汤曰："夫胡兵五
而当汉兵一，何者？兵刃朴钝，弓弩不利。今闻颇得汉巧，然犹三而
当一。又《兵法》曰'客倍而主人半然后敌'，今围会宗者人众不足以
胜会宗，唯陛下勿忧！且兵轻行五十里，重行三十里，今会宗欲发城
郭敦煌，历时乃至，所谓报仇之兵，非救急之用也！"上曰："奈何？
其解可必乎？度何时解？"汤知乌孙瓦合，不能久攻，故事不过数日，
因对曰："已解矣！"诎指计其日，曰："不出五日，当有吉语闻。"居
四日，军书到，言已解。大将军凤奏以为从事中郎，莫府事壹决于汤。
汤明法令，善因事为势，纳说多从。常受人金钱作章奏，卒以此败。

这段文字通过一个典型显例，用一组鲜活对话与史事描述，颇为巧妙
地展现了陈汤对西域地方区情人事的熟悉与准确把握。陈汤不仅熟悉对方，
也深知汉方段会宗的力量，故其显示出"神机妙算"本事。从他对乌孙
"兵刃朴钝，弓弩不利，今闻颇得汉巧，然犹三而当一"的说法，折射出他
对区情，特别是地方兵情的认识；从他引用兵法"客倍而主人半然后敌"
显示出，作为军事家，他对军法的熟练运用；从"兵轻行五十里，重行三
十里，今会宗欲发城郭敦煌，历时乃至，所谓报仇之兵，非救急之用也"
中反映出他对西域与周边区域地理距离把握，同样折射出他对西域区情了
解之深。这与前引"汤为人沉勇有大虑，多策谋，喜奇功，每过城邑山川，
常登望"前后呼应。

不难看出，他的成功来源于他对地方区情留心观察与遇事沉着冷静，
周密思考应对的积极态度。可以说，围绕着灭郅支整个过程，陈汤对西域
区情做了深入了解；与此相应对区情深入了解又是他成功消灭郅支势力的
根本前提。而他对经营西域成功点，特别是灭郅支事实不仅功在当代，也
名扬后世。

5. 当代影响的反映

陈汤经营西域影响之大，得到当时不少人士认可。据传载，他后来数
次犯法，都因前功绩灭郅支，经营西域有道，被数人说情而多次减免处罚。
传曰："后汤上书言康居王侍子非王子也。按验，实王子也。汤下狱当死。
太中大夫谷永上疏讼汤。"显然，陈汤欺君之罪，论罪当死，但比起灭郅支

功绩为汉所赢得荣誉，这个过错又显得较小，这点朝中不少人士都有共识。正因此，在他生死存亡之际，大夫谷永就借此为他辩护。具体言之，谷永以史为鉴，有理有据，意在突出陈汤灭郅支功绩之大；同时面对现实，汉朝当时经营边疆正值用人之际，有着实战经验的陈汤无疑是极其重要的经营边疆或出谋划策者。谷永在讼辞中将陈汤与春秋战国名士相比拟，来突出陈汤能力与当时的影响力。他引用了《周书》之语"记人之功，忘人之过，宜为君者也"。以此来提醒当朝皇帝，在处理陈汤之事时，应当不以一眚掩大德。否则，记小过，失人才，得不偿失。故当朝"天子出汤"，是对谷永说法的认可，也是对陈汤灭郅支功绩的肯定；但"夺爵为士伍"，则是对陈汤欺君之罚，显示出皇帝至尊权威的不可侵犯性。当然，前后两者是当朝皇帝对陈汤功过平衡之举。

陈汤虽有才，但犯"小错误"也是接连不断，又如传云："时成都侯商新为大司马卫将军辅政，素不善汤。商闻此语，白汤惑众，下狱治，按验诸所犯……（陈汤）又言当复发徙，传相语者十余人。丞相御史奏'汤惑众不道，妄称诈归异于上，非所宜言，大不敬。'"陈汤是犯了法，但这两个"宿敌"的"添油加醋"，无疑是为了扩大陈汤罪名，让朝廷严惩他。就在这危机之时，又有人为他"主持公道"。传云：

> 廷尉增寿议，以为"不道无正法……汤妄以意相谓且复发徙，虽颇惊动，所流行者少，百姓不为变，不可谓惑众。汤称诈，虚设不然之事，非所宜言，大不敬也。"制曰："……汤前有讨郅支单于功，其免汤为庶人，徙边。"……于是汤与万年俱徙敦煌。久之，敦煌太守奏"汤前亲诛郅支单于，威行外国，不宜近边塞。"诏徙安定。

可见，陈汤虽违法，但同样因前功"诛郅支"影响力之大，被减轻了处罚。这点在当时还有更深入地体现。如在"诏徙安定"后，又有人为其鸣不平，即"议郎耿育上书言便宜，因冤讼汤"。耿育讼辞，言之恳切，在刘向与谷永以史为鉴的基础上，着眼于当代，首先充分地论述与展示了陈汤灭郅支的功绩与在汉朝的影响力，及先帝对他的肯定。其次讲述了他因小过，受"大臣倾邪"、"排妒"，进而受罚并发配边疆的悲惨命运。接着阐述了此举在西域时人当中产生的恶劣影响，"令威名折冲之臣旋踵及身，复为郅支遗虏所笑"；反之，"至今奉使外蛮者，未尝不陈郅支之诛以扬汉国之盛"。造成了一个非常矛盾的局面，"夫援人之功以惧敌，弃人之身以快谗"。论功绩，"岂有比哉！"说境遇"诚可悲也！"直面现实"岂不痛哉！"耿育的阐述与反差感叹入情入理，并深入地谈到了当下朝廷对陈汤之"冷遇"及产生的负面效应。他最后慨叹道："此臣所以为国家尤戚戚也。"结合相关引文，具体意思是，陈汤功绩如此大之人都被谗言所害，若国家再遇紧急边疆事务时，还有谁愿意出生入死效劳呢？此奏无疑产生了效果，故最后陈汤能"告老还乡"而终。王莽时又对他加以追封，传言："死后数年，王莽为安汉公秉政，既内德汤旧恩，又欲谄皇太后，以讨郅支功尊元帝庙称高宗。以汤、延寿前功大赏薄，及候丞杜勋不赏，乃益封延寿孙迁千六百户，追谥汤曰破胡壮侯，封汤子冯为破胡侯，勋为讨狄侯。"从《汉书》对王莽各种描述与"宣汉"宗旨看，班固对王莽基本是否定的，但这段行文却显示出，班固对他于陈汤追封之事，虽报恩与政治目的贯穿于中，但总体上还是给予认可的。

6. 经营中的败笔与历史负面影响①

陈汤成功的一面值得肯定，世人也有定论；但失败之点也不能忘却，班固同样在本传中做了记录。上文已言他"少好书，博达善属文"，"家贫匄贷无节"，不守"常规"即"父死不奔丧"。从本传看，他的"善属文"既是他为自己申冤辩护的有力武器，也成为他敛财之手段；"无节"不守常规，用在恰当之时，为他成就了人生，赢得了荣誉；但用错了地方则为他留下了永远污点，并载入史册；出身贫寒影响了他的人生观，也影响了他的财富观。在陈汤生平背景中能找到他成功的动力，也能看到他失败的关节点，一如班固言："常受人金钱作章奏，卒以此败。"他在经营西域中失败处，亦在于此。同样，宿敌一直攻击他致命处与弱点也在于此。一如上引，他消灭郅支后，归汉地时，就被宿敌抓住了这点，传毫无隐讳地言道："汤素贪，所卤获财物入塞多不法。司隶校尉移书道上，系吏士按验之。"当然，他凭借消灭郅支功绩，掩饰他的贪污不法行为，上疏言："臣与吏士

---

① 今日研究多为正面研究，参见李大龙《略论西汉时期陈汤经营西域》，《民族研究》1989年第 5 期；战兴风《建功西域的陈汤》，《新西部》（理论版）2014 年第 11 期。而其失败处基本没有言及。

共诛郅支单于,幸得禽灭,万里振旅,宜有使者迎劳道路。今司隶反逆收系按验,是为郅支报仇也!"故这次不法行为,因功绩并未被深究。陈汤"所卤获财物入塞多不法"显然是在消灭郅支处康居所掠。此事虽元帝时未追究,但成帝时又再次成为宿敌攻击的"靶子",传载:"成帝初即位,丞相衡复奏:'汤以吏二千石奉使,颛命蛮夷中,不正身以先下,而盗所收康居财物,戒官属曰绝域事不复校。虽在赦前,不宜处位。'汤坐免。"这是班固所记陈汤受封后首次因经营西域中贪污而被罚。又如后来陈汤上书诬告"康居王侍子非王子也"。班固虽没交代原因,但从前引陈汤"常受人金钱作章奏,卒以此败"不难推理,此事很有可能也是缘于收人钱财而为。可以想象,若朝廷未细查,相信陈汤之言,结果必然会破坏康居与汉关系。康居作为西域大国,二者关系交恶势必又会影响汉在西域地位,这不仅是欺君之罪,也关系到汉朝经营西域威信,故此次"汤下狱当死"。如上,后来得益于谷永上疏之讼他才得以免死,但被"夺爵为士伍"。然而,陈汤依然无悔改之意,如前述,终因受贿替人"说情"而被流放敦煌,又因太守说情徙边到安定,后因耿育上书"说情"才得以告老还乡,卒于长安。成功一面能流芳百世,污点也能传之后世。陈汤在经营西域中的贪污之事,也成为后世参照的一个案例。如《旧唐书·侯君集传》载侯氏征高昌时,"未奏请,辄配没无罪人,又私取宝物。将士知之,亦竞来盗窃,君集恐发其事,不敢制……诏下狱"。[①] 后来岑文本上疏借古喻今为侯君集辩解,其中就借用了上引刘向与谷永为陈汤辩护之辞,故而被"释"。因为侯君集所犯错与陈汤相似。透过传文看,唐人士岑文本也承认陈汤在经营中的贪污。这成为一个历史不良影响的侧面反映。

总的来看,"贪"是陈汤经营西域中的最大失败点,也是其人生跌入低谷的根本原因。一如传后赞:"陈汤傥荡,不自收敛,卒用困穷,议者闵之。"

七　段会宗的"怀柔殊俗"

从《段会宗传》[②] 看,比之前述那些勇略之士,段会宗无惊天动地之丰功伟绩,但他在西域诸国中影响力却颇为深远,是西汉唯一的两任西域都护。

---

① 《旧唐书》卷 69《侯君集传》。
② 此小节凡引自《汉书》卷 70《段会宗传》者不再出注。

——"西域敬其威信"。传言：他是"天水上邦人也。竟宁中……举为西域都护骑都尉、光禄大夫，西域敬其威信。三岁，更尽还，拜为沛郡太守。以单于当朝，徙为雁门太守。数年，坐法免。西域诸国上书愿得会宗，阳朔中复为都护"。天水位于连接西域的河西走廊，这为段氏从小了解西域创造了条件。故他入仕途伊始高层官位就是西域官职。他经营的第一阶段效果，班固用六个字"西域敬其威信"做了很好概括。而这点在行文中充分反映于他为雁门太守"坐法免"后，西域诸国自觉向汉廷请愿"得会宗"，故"阳朔中复为都护"。班固在描述他二次出任时，先是特别点到了他的性情与友人谷永给他的一封信，传载：

> 会宗为人好大节，矜功名，与谷永相友善。谷永闵其老复远出，予书戒曰："足下以柔远之令德，复典都护之重职，甚休甚休！若子之材，可优游都城而取卿相，何必勒功昆山之仄，总领百蛮，怀柔殊俗？子之所长，愚无以喻。虽然，朋友以言赠行，敢不略意。方今汉德隆盛，远人宾服，傅、郑、甘、陈之功没齿不可复见，愿吾子因循旧贯，毋求奇功，终更亟还，亦足以复雁门之踦。万里之外以身为本。愿详思愚言。"

"好大节，矜功名"说明他做事有大气。故年事已高，还愿意再次出任都护。此事引来了友人谷永对他的特别关注。谷永即是上面谈到的二次为陈汤辩护者。从"辩护"辞看，他是个较正直的人。物以类聚，人以群分。段氏与之友善，也侧面反映了其品性。班固在这里全引其信内容，显然别有用心。信的部分内容折射出段氏经营西域理念及谷永对他的评价，"足下以柔远之令德，复典都护之重职，甚休甚休！"但紧接着话锋一转言道："若子之材，可优游都城而取卿相，何必勒功昆山之仄，总领百蛮，怀柔殊俗？子之所长，愚无以喻。"这显然是不同意段氏再次出任都护。然从另一层面却显示出段氏能以为国出力为己任，并非是个只想做高官享受生活之人。谷永面对既定事实，基于段氏"好大节，矜功名"，故信后半部分劝诫其不要像陈汤等人追求大功，已而能够"终更亟还"。实际上，从传后叙看，段氏并未追求大功，也算是对谷永好言相劝之回应，反之，更多显示的是"西域敬其威信"与他"柔远"的展示。传载：

会宗既出。诸国遣子弟郊迎。小昆弥安日前为会宗所立，德之，欲往谒，诸翕侯止不听，遂至龟兹谒。城郭甚亲附。康居太子保苏匿率众万余人欲降，会宗奏状，汉遣卫司马逢迎。会宗发戊己校尉兵随司马受降。司马畏其众，欲令降者皆自缚，保苏匿怨望，举众亡去。

此段大部分内容是西域"敬其威信"的充分展现。宏观性描述是"会宗既出，诸国遣子弟郊迎"与"城郭甚亲附"。微观性记述是小昆弥安日与康居太子保苏匿举动。虽后者投诚未成事实，但这不是段氏过错，而是汉朝所选卫司马的怯懦与"失策""失德"引发对方不满所造成的结果。这反而从侧面衬托出段氏在经营"柔远"能力之强。亦如传言："岁余，小昆弥为国民所杀，诸翕侯大乱。征会宗……使安辑乌孙，立小昆弥兄末振将，定其国而还。"

——以人为本。以上所引多为宏观概括描述，班固对段会宗事迹撰述只有一件事，处理乌孙"番丘"写得比较具体。传言：

明年，末振将杀大昆弥，会病死，汉恨诛不加。元延中，复遣会宗发戊己校尉诸国兵，即诛末振将太子番丘。会宗恐大兵入乌孙，惊番丘，亡逃不可得，即留所发兵垫娄地，选精兵三十弩，径至昆弥所在，召番丘，责以"末振将骨肉相杀，杀汉公主子孙，未伏诛而死，使者受诏诛番丘。"即手剑击杀番丘。官属以下惊恐，驰归。小昆弥乌犁靡者，末振将兄子也，勒兵数千骑围会宗，会宗为言来诛之意："今围守杀我，如取汉牛一毛耳。宛王郅支头县槁街，乌孙所知也。"昆弥以下服，曰："末振将负汉，诛其子可也，独不可告我，令饮食之邪？"会宗曰："豫告昆弥，逃匿之，为大罪。即饮食以付我，伤骨肉恩，故不先告。"昆弥以下号泣罢去。

行文首先交代了汉廷诛杀"番丘"的原因。子为父受过，在中国古代社会是一个惯例。故番丘父亲诛杀了汉朝所立大昆弥，即汉朝远嫁乌孙公主之后代，无疑是对汉廷威严损害，这势必会得到相应的"报复"或者说惩罚。父死只有子受罚，故无辜的番丘只能是牺牲品。作为非常了解乌孙国情与之交情又颇深的段会宗，无疑是汉朝办理此事的最佳人选。故此段接着就讲述了他在处理这件事上的策略，显示出他机智、果敢与人性化的一面，即整个事件中他始终未伤及其他无辜。此段最引人注目的是紧接前叙之后，班固对一个"意外"或者说"突发"事件的引入。即番丘的直系亲属小昆弥乌犁靡突然间的"到访"。这时一个形势危急局面出现了，即段氏一行三十几人，面对数千号人的围困。班固用立体型的言语展示了他的沉着冷静与直面应对。他首先宣明了杀"番丘"原因，进而视死如归地阐明了自己身为汉朝官员，若被诛杀，给对方所带来的灾难。有理有据，故使"昆弥以下服"。除了政治，还有人情，小昆弥乌犁靡的一个追问，将事件氛围引向了高潮。班固在这里用富有感情的笔锋记录下了一幕悲戚而又感人的对话场面。段氏入情入理地人性化回答，激起了在场所有人士内心深处最人性化的情感共鸣，是故"昆弥以下号泣罢去"。这是他经营西域以人为本的最经典体现，也是他怀柔殊俗的最好反映，这又呼应了上言的"西域敬其威信"。当然，他的做法也得到了朝廷褒奖。此事更加树立了他在经营西域方面的威信，故后来乌孙内部出现问题时，朝廷又再次"选择"了他，以至于他卒于他乡。如传尾言："是时，小昆弥季父……拥众欲害昆弥，汉复遣会宗使安辑，与都护孙建并力。明年，会宗病死乌孙中，年七十五矣。"透过行文看，他经营西域一个根本原则就是张骞首倡的"以义属之"。他一以贯之为当朝在西域树立了良好形象，也赢得了诸国民心，逝世后"城郭诸国为发丧立祠"。这是班固对他"盖棺论定"的最好注脚。班固将其作为《傅常郑甘陈段传》殿军人物也可见用意之所在。

当然，段氏在经营西域方面并非十全十美，一是如前述"陈汤在经营西域中的洞察力反映"中指出段会宗被乌孙所围，"驿骑上书，愿发城郭敦煌兵以自救"。朝廷召见陈汤以求对策。在陈汤言辞的一段描述中，显示了陈汤对西域区情，特别是兵情了解之深与兵法运用之熟；反之，从侧面则透露出，段会宗在当时对西域区情了解，特别是军事方面不及陈汤。如陈汤所言的"夫胡兵五而当汉兵一，何者？兵刃朴钝，弓弩不利。今闻颇得汉巧，然犹三而当一……今围会宗者人众不足以胜会宗"。此时身处西域的段氏对这点显然认识不足。二是如陈汤所云："兵轻行五十里，重行三十里，今会宗欲发城郭敦煌，历时乃至，所谓报仇之兵，非救急之用也。"无疑，远水解不了近渴，在长距离如何用兵方面，这时的段氏显然不如陈汤。三是如前引"汤知乌孙瓦合，不能久攻，故事不过数日"。身处一线的段氏显然对围困的乌孙之众内部状况不甚了解。

以上所反映的与前面所言的段氏在经营西域，特别是武功方面没有"奇功"相一致。虽如此，但在综合治理西域能力及对民众内在的影响力看，特别是善始善终方面，段会宗显然优于前者。

八　杜钦的罽宾之"见"

罽宾是西域大国，但不是环塔里木盆地城郭之国，不属都护。《西域传上》[①] 言及此国时围绕着该国与汉关系发展，特别引入了杜钦对经营罽宾见解的一段论述。这缘于罽宾在与汉朝交往中无"诚意"。从史文看，罽宾与汉交往波折四起，凭借"自以绝远，汉兵不能至"前后数次杀害汉使，其间又多次谢罪遣使，反复无常，显然别有用心。针对这种状况，当"成帝时，复遣使献谢罪，汉欲遣使者报送其使"时，杜钦便说大将军王凤曰：

> 前罽宾王阴末赴本汉所立，后卒畔逆。夫德莫大于有国子民，罪莫大于执杀使者，所以不报恩，不惧诛者，自知绝远，兵不至也。有求则卑辞，无欲则娇嫚，终不可怀服。凡中国所以通厚蛮夷，慊快其求者，为壤比而为寇也。今县度之厄，非罽宾所能越也。其乡慕，不足以安西域；虽不附，不能危城郭。前亲逆节，恶暴西域，故绝而不通；今悔过来，而无亲属贵人，奉献者皆行贾贱人，欲通货市买，以献为名，故烦使者送至县度，恐失实见欺。凡遣使送客者，欲为防护寇害也。起皮山南，更不属汉之国四五，斥候士百余人，五分夜击刀斗自守，尚时为所侵盗。驴畜负粮，须诸国禀食，得以自赡。国或贫小不能食，或桀黠不肯给，拥强汉之节，馁山谷之间……离一二旬则人畜弃捐旷野而不反。又历大头痛……之山……令人身热无色，头痛呕吐，驴畜尽然……临峥嵘不测之深，行者……绳索相引，二千余里乃到县度。畜队，未半坑谷尽靡碎；人堕，势不得相收视。险阻危害，不可胜言。圣王分九州……务盛内……今遣使者承至尊之命，送蛮夷之贾，劳吏士之众，涉危难之路，罢弊所恃以事无用，非久长计也。使者业已受节，可至皮山而还。

---

① 此小节凡引自《汉书》卷96上《西域传上》者不再出注。

杜钦话语，按照顺序，第一讲到了罽宾与汉朝交往中的恩将仇报与无信义，并分析了数次截杀汉使后而又无畏惧之原因，"自知绝远，兵不至也"。反复无常本质是"有求则卑辞，无欲则娇嫚"，故它始终不可能顺服。第二讲到了汉之所以与周边区域之民建立关系的实质："惬快其求者，为壤比而为寇也。"即安边也。因罽宾地远，根本不存在扰边之事。与之建交与否，对汉之西域城郭诸国均无太大意义。这是着眼于民族关系史与汉之西域既得利益而言。第三分析了罽宾反复无常，之所以谢罪遣使真正的目的是经济所需，"欲通货市买，以献为名"。他的依据很有说服力，就是"今悔过来，而无亲属贵人，奉献者皆行贾贱人"。第四阐述了汉遣使送其使返回路途中的种种困难与损害，最终可能还"见欺"。从杜钦对路途中各种地理与人文环境讲述与透彻分析，可见他对西域区情了如指掌，这就更加增强了说服力。第五，他借用古制再结合现实，认为与这样绝远而又无信国度交往，只能劳民伤财，"罢弊所恃以事无用"，非长久之计。但针对既定事实"使者业已受节"，他提出一个折中又不失礼的建议，让汉使送至皮山而还，西域都护所统区域即可。可以说，此段论述立据既着眼于历史又接地气，分析透彻犀利。故极具说服力，"于是凤白从钦言"。事情发展也不出杜钦所言，传云："罽宾实利赏赐贾市，其使数年而壹至。"既来之，则安之，故汉朝未完全断绝与之关系，只是不深交。这也是一个适度选择，与汉并无太大坏处，对其他区域之民而言，这也彰显了汉怀远之礼。

兹需说明的是，虽上文中杜钦一再提到罽宾与汉朝间路途艰辛及汉派遣使者所带来的危险，但这不是他建议汉朝与之断交的根本原因，结合历史背景与杜钦全部论述，他建议核心原因是罽宾唯利是图，无信誉，与之交往太深，只能反受其害。意见显然是合理的，故朝廷在某种程度上也采纳了他的部分意见。

透过史文看，区际人文交往，经济是一个推动力，但诚信更是维持二者关系长久的基石。没有后者做保障，前者也不可能很好地或者说长久进行。同样，空间距离可能会影响区域间关系发展，但更为重要的是人际间诚信的距离才是影响二者关系最根本的基础。这是杜钦论述给予的启示。

九 郭舜的康居之"论"

康居是西域大国，不属都护，但与都护所属诸国接壤，且与乌孙、匈奴有着不解之缘，这从前述陈汤灭郅支就足以显见。故它与上说之罽宾，在与汉关系发展上虽有些相似，但也有差异。《西域传上》① 言及该国时，也引入了西域都护郭舜对汉经营康居一段上书之辞。前文已说，元帝时甘、陈带领西域诸国灭了盘踞康居的郅支势力。"至成帝时，康居遣子侍汉，贡献，然自以绝远，独骄嫚，不肯与诸国相望"。这是郭舜上书背景。他数上言：

> 本匈奴盛时，非以兼有乌孙、康居故也；及其称臣妾，非以失二国也。汉虽皆受其质子，然三国内相输遗，交通如故，亦相候司，见便则发；合不能相亲信，离不能相臣役。以今言之，结配乌孙竟未有益，反为中国生事。然乌孙既结在前，今与匈奴俱称臣，义不可距。而康居骄黠，讫不肯拜使者。都护吏至其国，坐之乌孙诸使下，王及贵人先饮食已，乃饮啖都护吏，故为无所省以夸旁国。以此度之，何故遣子入侍？其欲贾市为好，辞之诈也。匈奴百蛮大国，今事汉其备，闻康居不拜，且使单于有自下之意，宜归其侍子，绝勿复使，以章汉家不通无礼之国。敦煌、酒泉小郡及南道八国，给使者往来人……皆苦之。空罢耗所过，送迎骄黠绝远之国，非至计也。

行文首先讲述了康居与乌孙、匈奴的历史与现实关系及对汉的"阳奉阴违"。接着点明了与汉交往实质，与罽宾一样是经济所需。再者言及汉与之交往对匈奴与汉关系影响，及对汉"给使者"所费人力与物力。从内容看，立据也不浅，虽其"数上言"，但汉廷始终未采纳郭氏意见，班固交代的原因是："汉为其新通，重致远人。终羁縻而未绝。"这也许是一个原因，但并非是根本原因。比较郭氏所述背景与杜钦所论罽宾背景和内容，就不难找到真正原因。一是康居与西域都护所辖西域诸国接壤，这不同于罽宾，特别是康居与乌孙、匈奴关系甚密，故与它直面性断交，就势必会给西域都护所属诸国带来危害，损害西汉在西域既得利益，这在前述陈汤灭盘踞于康居的郅支背景时就已有反映。当然，从地理位置看，与康居交往也符合前引杜钦所言的"中国所以通厚蛮夷，慊快其求者，为壤比而为寇也"。二是虽康居对西域都护派往的官吏有轻视之举，但并未出现过像罽宾一样

---

① 此小节凡引自《汉书》卷96上《西域传上》者不再出注。

数次杀害汉使之举。杜钦都言"罪莫大于执杀使者"，故未触及底线，汉朝与之断交显然不合时宜。再者郭氏所言，康居轻视的是西域都护所派官吏，而非汉朝皇帝亲派使者。三是康居不属西域都护，故"不肯与（西域都护所统）诸国相望"，也并非太损害汉之颜面。汉能接受其侍子，反而对其他区域之民显示了"重致远人"之礼。四是比较杜钦之文，就"给使者"往来所需人力、物力，也远远赶不上罽宾之费，特别是后者还存在诸多危险。显然，综合考虑，从长远与大环境看，汉与康居保持交往对汉利大于弊，与罽宾不可相提并论。再说，汉与之保持的是羁縻关系，而非如与西域诸国关系。故郭氏建议始终未被采纳是情理当中之事。

　　自武帝至王莽，经营西域人物事迹颇多，但留名史册，特别是被专门"报道"的却不多，这是因为史家撰写史书都有自己的原则，一如《傅常郑甘陈段传》赞曰："自元狩之际，张骞始通西域，至于地节，郑吉建都护之号，讫王莽世，凡十八人，皆以勇略选，然其有功迹者具此。廉褒以恩信称，郭舜以廉平著，孙建用威重显，其余无称焉。"后三者廉褒、郭舜、孙建并无专传，他们经营西域事迹多融入相关篇章中，且内容相对简略。班固在这里对他们经营西域评价寥寥数语，但也中肯。《汉书》撰述为东汉与后世经营西域提供了重要借鉴。

　　综上所述，从《史记》和《汉书》中反映的得与失阐述，及对后之正史的影响和价值来看，两汉时期可说是正史"经营西域人物事迹撰述"从创始走到了成型阶段。透过史家的笔端，可以领略到西汉一代经营西域典型人物在微观具体层面的功过是非。它们成为后之史家与经营西域人物实践的一个重要历史参照系。

第二章　魏晋至隋唐：正史"经营西域人物事迹"撰述发展期

魏晋南北朝隋唐是个民族大融合的时代，东西方人文交流空前繁荣。许多史家基于为现实服务，为维护各自当权者的利益，一些关乎统治稳定与否的安边问题都成为撰述所要探讨的重要对象。西域问题，既牵扯到这一时期众多政权的安边、民族关系问题，又涉及大统一问题。因此，经营西域内容成为当时正史不可或缺的部分。这时期可说是继两汉后，正史"经营西域人物事迹"撰述大发展期。

第一节　《后汉书》对东汉经营西域人物活动的记述

南朝宋范晔撰《后汉书》记东汉一代历史。通过此书明显看出东汉在经营西域主动性上不及西汉，除自身力量外，这与东汉时西北民族关系消长有关。

一　东汉经营北匈奴与其争夺西域得失事迹展现

东汉时北患依然严峻，与西汉稍有不同的是，北方势力有了新变化，匈奴势力逐步下降。这首先缘于其自身的南、北分裂，其次是内部统治力量下降，除此还有新势力乌桓、鲜卑增长，东汉打击及天灾①等因素。东汉朝廷对匈奴大体原则是安南定北②，总之是围绕分而治之的原则。匈奴势力

---

① 《后汉书》卷89《南匈奴传》云：光武帝时"匈奴中连年旱蝗，赤地数千里，草木尽枯，人畜饥疫，死耗太半。单于畏汉乘其敝，乃遣使诣渔阳求和亲"。北单于所处纬度更高，无疑受害更严重，在内忧外患中也促使其与东汉西域之争表现得更为激烈。

② 见《后汉书》卷45《袁张韩周列传》。

虽下降，但仍然是一个严重威胁东汉的北方力量。南、北匈奴时常联手西羌、乌桓、鲜卑等对抗东汉。南匈奴时常又借助东汉之手打击北匈奴，北匈奴则往往通过控制西域来打压南匈奴与东汉；反之，与西汉相似，东汉也通过经营西域来抵制北匈奴与其他北方新势力。双方对西域争夺不仅在于西域战略地位重要，还得益于其一些地区的富庶。这点是双方，尤其是北匈奴生存与控制对方的资本，一如《李恂传》载："持节领西域副校尉。西域殷富，多珍宝，诸国侍子及督使贾胡数遗恂……一无所受。北匈奴数断西域车师、伊吾，陇沙以西使命不得通，恂设购赏，遂斩房帅，县首军门。自是道路夷清，威恩并行。"此行文是李恂经营西域与反击北匈奴有策略的正面体现。前后两件事，看似关联不大，但细推一下，他经营西域廉洁奉公，势必会得到西域诸国信任，进而后来北匈奴在断西域通向内地之路时，他"购赏"房帅才能顺利完成。"县首军门"是以儆效尤，也是汉时对首恶分子所采取的惯例。他的经营之道得到世人的肯定，且影响颇远。如后来"会西羌反畔"，李恂"到田舍，为所执获。羌素闻其名，放遣之"。由上文看，范晔短短数句，就将其"恩威并行"的巧妙使用，呈现于笔端。当然，透过上述也反映出，无论从政治，还是经济角度而言，西域对东汉与北匈奴都有利可图。

二者对西域争夺往往表现出的是明争暗斗，关系复杂。范晔对此有直接性描述，也有间接性反映。能在某一具体层面上透射出朝廷及相关人物经营之得失，如《郑众传》① 的一段记述：

> 是时北匈奴遣使求和亲。八年，显宗遣众持节使匈奴。众至北庭，房欲令拜，众不为屈。单于大怒，围守闭之，不与水火，欲胁服众。众拔刀自誓，单于恐而止，乃更发使随众还京师。朝议复欲遣使报之，众上疏谏曰："臣伏闻北单于所以要致汉使者，欲以离南单于之众，坚三十六国之心也。又当扬汉和亲，夸示邻敌，令西域欲归化者局促狐疑，怀土之人绝望中国耳。汉使既到，便偃蹇自信。若复遣之，房必自谓得谋，其群臣驳议者不敢复言。如是，南庭动摇，乌桓有离心矣。南单于久居汉地，具知形埶，万分离析，旋为边害。今幸有度辽之众扬威北垂，虽勿报答，不敢为患。"

① 以下凡引自《后汉书》卷36《郑众传》不再出注。

从上文看，虽"北匈奴遣使求和亲"，但从"众至北庭，虏欲令拜，众不为屈"则反映出北单于与东汉的对立关系。从郑众谏言："臣伏闻北单于所以要致汉使者，欲以离南单于之众，坚（西域）三十六国之心也。又当扬汉和亲，夸示邻敌，令西域欲归化者局促狐疑，怀土之人绝望中国耳。"可知，南北单于之争，及北单于与东汉对西域的争夺。行文所言的北单于之举，一是为缓和与东汉关系，但更重要的是离间汉与南匈奴、西域的关系。从后之"若复遣之……乌桓有离心矣"一句，也知北匈奴与乌桓的敌对关系。从行文整体分析，一是折射出东汉对南、北匈奴所采取的分而治之、安南定北策略；二是反映出东汉、西域、北方民族间关系的复杂，这是从大的民族关系来说的。与此同时，就郑众在经营方面的言行而言，范晔显然是给予正面性记述。首先肯定他曾身处北单于境地，誓死不为其所屈，维护汉朝尊严。其次是他对汉与北匈奴交往的利弊得失分析逻辑清晰，有理有据，是符合实际情况的，但并未被采纳。传后叙言："帝不从，复遣众。"但执着的他，又上言："臣前奉使不为匈奴拜，单于恚恨，故遣兵围臣。今复衔命，必见陵折。臣诚不忍持大汉节对毡裘独拜。如令匈奴遂能服臣，将有损大汉之强。"他所言如此清晰，但当朝皇帝"不听"，郑众"不得已，既行，在路连上书固争之"。结果"诏切责众，追还系廷尉，会赦归家"。虽未阻止汉廷出使北匈奴之目的，但郑使自己不再受屈辱。事情总有水落石出的一天。传后叙曰："其后帝见匈奴来者，问众与单于争礼之状，皆言匈奴中传众意气壮勇，虽苏武不过。"故他再次受到朝廷重用。从上引其上疏之文可知，他对西、北之民关系相当了解，因此朝廷再次起用他时，所授任务也直接与经营西北有关，如传言："乃复召众为军司马，使与虎贲中郎将马廖击车师。至敦煌，拜为中郎将，使护西域。会匈奴胁车师，围戊己校尉，众发兵救之。迁武威太守，谨修边备，虏不敢犯。"范晔对他的经营评价是"政有名迹"。盖棺论定言辞是"在位以清正称"。二者互为表里。此处着重谈及郑众，是因他经营有道，且有远见卓识，特别是对北匈奴有清楚认识。透过《后汉书》看，随着事态发展，后来东汉彻底放弃了北匈奴，正中郑众先前所言。

二 经营西域大"讨论"与个人成败事迹"展"

从地缘关系看，东汉经营西羌与北匈奴，同经营西域有直接关系，后者更显著。

（一）经营西域大"讨论"

《西域传》用"三绝三通"概括了东汉与西域关系史。为何"绝"又要"通"呢？这基本与北匈奴有关。在"三绝三通"中有过多次经营西域大讨论，范晔对三位人士的言论尤为重视。这些都是基于第三次开通西域的历史背景，传言：

> 北匈奴即复收属诸国，共为边寇十余岁。敦煌太守曹宗患其暴害，元初六年，乃上遣行长史索班，将千余人屯伊吾以招抚之，于是车师前王及鄯善王来降。数月，北匈奴复率车师后部王共攻没班等，遂击走其前王。鄯善逼急，求救于曹宗。宗因此请出兵击匈奴，报索班之耻，复欲进取西域。①

1. 班勇之议

《班勇传》②载针对曹宗请求，"邓太后召勇诣朝堂会议。先是，公卿多以为宜闭玉门关，遂弃西域"。但班勇持反对意见。从史文看，他在上议中引古论今，首先总结汉武帝开通西域之原因"断匈奴右臂"，而东汉也面临同样的现实问题；接着他说明西汉末西域背叛皆是由于王莽苛政；紧接着，他讲述了东汉伊始光武帝"一绝"西域的原因，进而造成匈奴"驱率诸国"频频侵犯河西走廊局面。故而迫使东汉首次开通西域，使"匈奴远遁，边境得安"。后因羌乱阻隔与东汉西域官吏"牧养失宜"，西域出现"反复"行为。但基于匈奴对西域残暴统治，诸国"思乐事汉"，然"其路无从"，故被匈奴所迫频频侵犯河西。再者，他结合曹宗建议，阐述倘若不出兵所带来的灾祸，进而提出经营的具体措施，"复置护西域副校尉，居于敦煌"及"遣西域长史将五百人屯楼兰，西当焉耆、龟兹径路，南强鄯善、于寘心胆，北扞匈奴，东近敦煌"。接下来范晔还实行了展开性手法，全录班勇对时人论难之驳议。

---

① 《后汉书》卷88《西域传》。
② 此小节凡引自《后汉书》卷47《班勇传》者不再出注。

从史文看，第一组论难是当时尚书针对以上班勇所言西域复置官员具体作用而提出的质疑。班勇基于东汉首次开通西域之积极有效的措施与显著成果"外夷归心，匈奴畏威"，正面点出了复置西域副校尉的重要性。接着，再基于现实出发，从鄯善王同匈奴、汉关系角度，指明复置西域长史屯楼兰的价值所在。

第二组论难是长乐卫尉谭显、廷尉綦毋参、司隶校尉崔据而发的。从史文观，很明显，他们是针对上言尚书之论更深层次具体的诘问，虽也围绕复置西域副校尉与长史展开，但重心是基于朝廷前期因所费之大而弃西域，与北虏之危害来讲。班勇基于自己上书中所言的"前（西域诸国）所以时有叛者，皆由牧养失宜，还为其害故也"。从东汉"置州牧"角度出发，肯定地认为只要州牧能廉洁奉公，积极有效按章办事，北虏边害就不会复发。他的立足点是经营西域就意味着断北虏"府藏"，这样势必北虏变弱，"虏埶必弱则为患微矣"。反之，若不经营西域，无疑北虏会借西域之财力、物力、胁人力更加强盛，且边害加剧，这样，抵御或治理边害会比开通西域之费更大。

然时人似乎要打破砂锅问到底，或有意发难，故还有第三组论难。此次是太尉属毛轸所发。由史文看，显然这位太尉发难也是基于开通西域后费用问题。班勇顺势，借其言语用假设模式谈到不经营西域结果，无疑边害更为严重。接着，他以人为本，谈到校尉能发挥"宣威布德"作用，就会使西域诸国归心东汉，势必就无财费之耗，顺理也否定了太尉所言的西域"骆驿遣使，求索无厌"之观点。最后再次强调，若不复置官员经营西域，势必边害更重，费用所耗更多。

综合来看，三组论难与驳议是对先前上书内容的进一步具体解释与阐述。核心内容是讲述复置西域校尉与长史开通西域的必要性，并从深层次上阐发经营西域措施的可行性，特别是从抵御北虏边害角度出发，认为开通西域利远大于弊。通过上引，透露出他的一个重要认识，西置官员的正负作用对西域诸国向背有着直接影响。换言之，经营西域过程中官员能否有效发挥作用是一个至关重要的问题。班勇有理有据，但当时朝廷并未深入采纳，结果造成重大祸患，传云："从勇议，复敦煌郡营兵三百人，置西域副校尉居敦煌。虽复羁縻西域，然亦未能出屯。其后匈奴果数与车师共入寇钞，河西大被其害。"正中班勇之言："夫要功荒外，万无一成，若兵连祸结，悔无及已。""今若拒绝，执归北属，夷虏并力以寇并、凉，则中国之费不止千亿"。范晔通过这些行文赞扬了班勇高瞻远瞩和敏锐的洞察力，更反映了他对西域问题的深入探讨与思想主张。当然班勇对西域问题之所以能如此洞悉，缘于他随父班超从小生长在西域，有人称他为土生土长地地道道的西域人。与张骞相似，班勇对西域诸国风物也有详细的了解，并撰有《西域风土记》一书，并被《后汉书·西域传》所采纳。这也是班勇对张骞与其父在经营西域理念方面的一个很好的继承。

2. 张珰"三策"

从《西域传》看，因未完全采纳班勇之见，河西再次遭患。在此情况下，延光二年，敦煌太守张珰上书陈三策。从史文看，张氏之语显然是针对朝廷可能出现的几种主张提出的意见。他首先鲜明地点出北虏入寇河西是借助"专制西域"之力。故要"绝其根本"，即治本，势必因地制宜，朝廷使河西出兵联合西域地方势力断其后路，这是最好策略。但针对先前朝廷常有举措，"不出兵"仅羁縻而已，他又提出："若不能出兵，可置军司马，将士五百人，四郡供其犁牛、谷食，出据柳中，此中计也。如又不能，则宜弃交河城，收鄯善等悉使入塞，此下计也。"面对张珰三策"朝廷下其议"。结合前述，其与班勇之议相似，范晔在《西域传》总序中再引敦煌太守张珰上书内容，是对前者的回应，也是对张氏"上计"的赞成。

3. 陈忠之"疏"

为了更进一步表达班勇之议与张珰"上计"的正确性，范晔在《西域传》中又不惜笔墨摘录了陈忠上疏辞。从史文看，陈氏上疏内容入情入理，通过历史与现实，东汉内外形势，包括东汉、匈奴、西域关系发展及各自情况等精辟分析，指明开通经营西域的内外原因及必然性与可行性；同时也深刻证明开通经营西域之利远大于弊，反之，则弊大于利。其中特别点出东汉借助西域制北虏的现实基础是"西域内附日久，区区东望扣关者数矣，此其不乐匈奴慕汉之效也"。这是对东汉先前经营西域的肯定，也为后期经营的前提。在经营西域人物《班梁传》所录众多言论，中心"议题"为经营西域的原因、政策方针及措施。原因所议皆与陈忠所说如出一辙，只是阐述理由与根据在程度上稍有差异。如该传记朝廷封班超为定远侯诏曰："往者匈奴独擅西域，寇盗河西，永平之末，城门昼闭。先帝深愍边萌婴罗寇害，乃命将帅击右地，破白山，临蒲类，取车师，城郭诸国震慑响应,遂开西域,置都护。"①

从史文看,班勇之议比陈忠特别之处,在于他具体提出经营西域的政策措施;陈忠之疏总结前人之议,在说明开通西域的必要性上可谓是集大成者。由于陈忠所议有理有据正对时势,被当朝采纳并赋予实施。就此基本奠定了此后之东汉经营西域相对较为积极的态度。

(二)班超经营西域事迹"展"

东汉经营西域最成功的实践典范莫过于班超。② 范晔在相关"事迹"撰述中对其所用笔墨最多,范晔对他总评价是"奋封侯之志,终能立功西遐,羁服外域。自兵威之所肃服,财赂之所怀诱,莫不献方奇,纳爱质,露顶肘行,东向而朝天子"。③ 故而今天能通过此传较全面地了解其事迹。

1. 个人生平与历史背景

他的生平如《班超传》载:"为人有大志,不修细节。然内孝谨,居家常执勤苦,不耻劳辱。有口辩,而涉猎书传……家贫,常为官佣书以供养。久劳苦,尝辍业投笔叹曰:'大丈夫无它志略,犹当效傅介子、张骞立功异域,以取封侯,安能久事笔研间乎?'左右皆笑之。超曰:'小子安知壮士志哉!'"班超这些个性、生活经历对其后来经营西域均产生了不小影响。透过其言语看,张骞的事迹显然对他经营西域产生了直接影响。比较前文《史记》与上《后汉书》所引可看出,张、班在个性特色中展现出不少相似处,如吃苦耐劳,胆识过人,有志向等。

就历史背景而言,班超所处的东汉在经营西域的稳定性、积极性以及综合实力方面均不及西汉,朝廷常表现为不支持大规模西域经营,故有时仅靠一些有勇有谋的封疆大吏来经营。这是就内部环境而言,就外部匈奴论之,比之西汉时匈奴势力,与东汉争夺西域的北匈奴势力则相对较弱,这是班超区区几十人能定西域的一个重要因素。就西域而言,比之张骞,

① 《后汉书》卷47《班超传》,本小节凡引此传者不再出注。
② 当代关于他的专门研究不少,参见秦卫星《班超与西域》,《新疆大学学报》1983年第1期;齐万良《投笔从戎献身边疆——班超在西域的事迹》,《新疆社科论坛》1997年第1期;殷晴《班氏家族与汉代西域——系列研究之一:家族兴衰与社会背景》,《西域研究》2009年第4期;崔永强《班超与东汉中期的西北边疆经略》,《河北北方学院学报》2014年第5期;等等。这些文章主要考察了他经营的背景、成就与贡献。
③ 《后汉书》卷88《西域传》。

班超经营西域有一定历史基础，西域对中原不但很了解，且对汉朝产生了依附心态，有着历史认同，如《西域传》载东汉初"匈奴赋税重刻，诸国不堪命，建武中，皆遣使求内属，愿请都护"。若不是西汉经营西域的历史基础，班超一行三十几人是不可能平定西域诸国的。这其中显然包含了诸国对西汉经营的认同，故班超才得到不少西域之国拥护。从西汉一代经营西域到东汉班超时，西域与中原交往不仅频繁，两地间也大大增进了了解。这使得西域诸国对汉朝产生了依附性。从经济而言，希望促进易发展；就政治而论，希冀得到政治庇护，防止内部大国兼并与北部匈奴侵害。

以上个人经历、品性与时代背景均直接决定与反映于班超经营西域事迹中。

2. 班超定远成功点

班超出使西域的目的，如传曰：永平"十六年，奉车都尉窦固出击匈奴，以超为假司马，将兵别击伊吾，战于蒲类海，多斩首虏而还。固以为能，遣与从事郭恂俱使西域"。显然抵制与抗击北匈奴是其核心目的。故他的事迹也以此为基调。

（1）恩威并施

纵观本传，恩威并施是他成功经营西域的一个重要理念。其中既有继承前人的一面，在具体实施中也有展现个性与时代性的特点。

——出其不意，攻其不备。与北匈奴争夺西域是班超的首要任务，采取武力是必然措施。出其不意，攻其无备是他武功方面常用的策略。如传记首平鄯善：

> 超到鄯善，鄯善王广奉超礼敬甚备，后忽更疏懈。超谓其官属曰："宁觉广礼意薄乎？此必有北虏使来，狐疑未知所从故也。明者睹未萌，况已著邪。"乃召侍胡诈之曰："匈奴使来数日，今安在乎？"侍胡惶恐，具服其状。超乃闭侍胡，悉会其吏士三十六人，与共饮，酒酣，因激怒之曰："卿曹与我俱在绝域，欲立大功，以求富贵。今虏使到裁数日，而王广礼敬即废；如令鄯善收吾属送匈奴，骸骨长为豺狼食矣。为之奈何？"官属皆曰："今在危亡之地，死生从司马。"超曰："不入虎穴，不得虎子。当今之计，独有因夜以火攻虏，使彼不知我多少，必大震怖，可殄尽也。灭此虏，则鄯善破胆，功成事立矣。"众曰：

"当与从事议之。"超怒曰:"吉凶决于今日。从事文俗吏,闻此必恐而谋泄,死无所名,非壮士也!"众曰:"善。"初夜,遂将吏士往奔虏营。会天大风,超令十人持鼓藏虏舍后,约曰:"见火然,皆当鸣鼓大呼。"余人悉持兵弩夹门而伏。超乃顺风纵火,前后鼓噪。虏众惊乱,超手格杀三人,吏兵斩其使及从士三十余级,余众百许人悉烧死。明日乃还告郭恂,恂大惊,既而色动。超知其意,举手曰:"掾虽不行,班超何心独擅之乎?"恂乃悦。超于是召鄯善王广,以虏使首示之,一国震怖。超晓告抚慰,遂纳子为质。

有着前期经营西域的历史积淀,故班超入鄯善伊始受到其王极好待遇与尊重。但不久,王态度急转直下,显然事出有因。不难推理,能超越东汉官员威力使其王改变态度的只可能是北匈奴,班超此行也即为此。面对鄯善王只是态度"疏懈"而未有其他动静时,他马上心领神会到该王左右徘徊的心态是"狐疑未知所从故也"。显然使其态度稳定并专一于东汉,只能是消灭北虏之使。但面对敌强我弱,智取是上策。他采取了先发制人。从上文看,他首先用激将法,使随从完全听命于己,并采取果断措施排除可能"坏事"的"从事郭恂"参与;进而,当夜就用火攻与虚张声势之策消灭了北虏之人。事后,为维护既得利益,他见机行事与郭恂分享战功。继而,向鄯善王通过"以虏使首示之",使其"国震怖"。最后他乘胜巩固成果,安抚此国,遂纳质子,使其完全臣服于汉。以上几组对话与场面描述能充分领略到班超出其不意,攻其无备的本领。结合段尾史文,一定程度上,又让世人首次对班超文武之道有一清晰认识。这在收复于阗中也有展现。传言:

> 是时于阗王广德新攻破莎车,遂雄张南道,而匈奴遣使监护其国。超既西,先至于阗。广德礼意甚疏。且其俗信巫。巫言:"神怒何故欲向汉?汉使有騧马,急求取以祠我。"广德乃遣使就超请马。超密知其状,报许之,而令巫自来取马。有顷,巫至,超即斩其首以送广德,因辞让之。广德素闻超在鄯善诛灭虏使,大惶恐,即攻杀匈奴使者而降超。超重赐其王以下,因镇抚焉。

行文首先对于阗之强与匈奴经营此国状况做了交代。显然强势之下,对班超一行，其王"广德礼意甚疏"。面对此状，班超同样智取，应时而动，抓住其国巫师索要班超之马机会，出其不意，攻其无备，给其王一个下马威，加之先前鄯善之功的影响，迫使其王就范，"攻杀匈奴使者而降超"。当然，时过境迁，班超对广德态度的转换，也给予肯定与奖赏。

——示以威信。这点在上引平鄯善与于阗史文中就有直接体现，那是班超恩威并施的集中反映。不过，明确提出这点是在他平定疏勒之时。从史文看，班超在收复疏勒时采取的是先礼后兵。依据当时国情，特别是统治者层面特殊情况，他授意官吏田虑对龟兹人疏勒王兜题，在劝服未果之下，实施常用的出其不意，攻其无备策略。平定疏勒后，他因俗施治，"立其故王兄子忠为王"，故"国人大悦"，兵不血刃收服疏勒。最后对疏勒王兜题，也并非展开杀戒，传言："官属皆请杀兜题，超不听，欲示以威信，释而遣之。疏勒由是与龟兹结怨。"这为疏勒展示了东汉以义属之经营模式，也为后续平龟兹做了铺垫。此与他前期经营基本一致，文武之道，一张一弛。透过以上三例看，班超从未将西域诸国视为敌人，令其展开杀戒的大多是反叛者、坚决不归顺者或与东汉争夺西域的北虏。不枉杀是他赢得人心的一个重要成功点。如传载平焉耆第一阶段：

> （永元）六年秋，超遂发龟兹、鄯善等……讨焉耆。兵到尉犁界，而遣晓说焉耆……危须曰："都护来者，欲镇抚三国。即欲改过向善，宜遣大人来迎，当赏赐王侯已下，事毕即还。今赐王彩五百匹。"焉耆王广遣其左将北鞬支奉牛酒迎超。超诘鞬支曰："汝虽匈奴侍子，而今秉国之权。都护自来，王不以时迎，皆汝罪也。"或谓超可便杀之。超曰："非汝所及。此人权重于王，今未入其国而杀之，遂令自疑，设备守险，岂得到其城下哉！"于是赐而遣之。广①乃与大人迎超于尉犁，奉献珍物。

通过班超对鞬支之语看，此人乃匈奴派往焉耆之掌权者，可见这时焉耆是受制于匈奴。虽有人建议班超将此人乘机杀掉，但他从大处着眼，未这样做，且还"赐而遣之"。这显示出他做事大气，此也得到焉耆王等人士

---

① 此人这时归顺班超，但后来反叛攻杀了都护陈睦，故之后班超在平定此国时处死了他。

相应地正面回应。这为后来平定焉耆做了良好铺垫。

——逆取顺守。这点在以上之例均有展现。一直以来，他在经营西域时，不少人士都认为他是以武见长。但透过本传所述平定或收复鄯善、于阗、疏勒、焉耆等国的具体过程，可清晰反映出他一般都是在劝服未果时才用武力，且在用武之后，他"逆取而顺守"采取安抚措施，使该国重新进入到和平正常政治治理的氛围中。如传载平定西域最后一国——焉耆之役：

> 焉耆国有苇桥之险，广乃绝桥，不欲令汉军入国。超更从它道厉度。七月晦，到焉耆，去城二十里，正营大泽中。广出不意，大恐，乃欲悉驱其人共入山保。焉耆左侯元孟先尝质京师，密遣使以事告超，超即斩之，示不信用。乃期大会诸国王，因扬声当重加赏赐，于是焉耆王广，尉犁王汎及北鞬支等三十人相率诣超。其国相腹久等十七人惧诛，皆亡入海，而危须王亦不至。坐定，超怒诘广曰："危须王何故不到？腹久等所缘逃亡？"遂叱吏士收广、汎等于陈睦故城斩之，传首京师。因纵兵钞掠……更立元孟为焉耆王。超留焉耆半岁，慰抚之。于是西域五十余国悉皆纳质内属焉。

出其不意，攻其不备，是班超常用的战略，这在此段收复焉耆行文中也得到了展示。常言道：兵不厌诈。他以牺牲一人为代价，为都护陈睦雪耻，捍卫了东汉尊威。再者，对比前引与这段史文看，他对出尔反尔或反复无常、拒不归顺者是强硬格杀。但对归顺者，却是优抚，如上对焉耆左侯元孟的"密告"给予肯定，最终立他为焉耆王。对前面提到的匈奴派往此国的北鞬支也并未格杀。他"留焉耆半岁，慰抚之"，逆取顺守，故终赢得诸国信任，统一西域，"五十余国悉皆纳质内属焉"。这即是他恩威并重的具体展现。

（2）顺势而为

这是依据形势发展采取的灵活之举。上述有反映，兹再具体谈谈。范晔对其事迹记述的核心笔墨是收复诸国，顺势而为即体现于其中，它表现出多样化特点。

——将在外君令有所不受。这是兵家常言之原则。有军事才能的班超在经营西域低谷时，也使用过此原则。传载：

（永平）十八年，帝崩。焉耆以中国大丧，遂攻没都护陈睦。超孤立无援，而龟兹、姑墨数发兵攻疏勒。超守盘橐城，与忠为首尾，士吏单少，拒守岁余。肃宗初即位，以陈睦新没，恐超单危不能自立，下诏征超。超发还，疏勒举国忧恐。其都尉黎弇曰："汉使弃我，我必复为龟兹所灭耳。诚不忍见汉使去。"因以刀自刭。超还至于阗，王侯以下皆号泣曰："依汉使如父母，诚不可去。"互抱超马脚，不得行。超恐于阗终不听其东，又欲遂本志，乃更还疏勒。疏勒两城自超去后，复降龟兹，而与尉头连兵。超捕斩反者，击破尉头……疏勒复安。

在古代，君令如山倒。按常规，皇帝下诏，班超当依从。但山高皇帝远，在位皇帝并不知西域具体情况，经营已有部分成就的班超，若依照诏书，一是前功尽弃，二是他誓言的"大丈夫无他志略，犹当效傅介子、张骞立功异域，以取封侯"就会成为泡影。机不可失，时不再来。怀有雄心壮志的他，面临西域归顺诸国人士的真诚信任与苦苦哀求，怀着"欲遂本志"及处于功亏一篑的危险境地，他毅然不顾生死，决定坚守西域。在实践"将在外君令有所不受"的原则时，又更深一层显示出他顺势而为的经营理念。当然，他后来上书请愿，具体谈到了经营西域成功的可行性，进而也得到当朝皇帝的认可与支持。

——以子之矛攻子之盾。在危急时刻，有忠于职守者，也有出尔反尔者，面对后者，班超是反叛必究。他同样智取，如传载班超复平疏勒：

明年，复遣假司马和恭等……诣超，超因发疏勒、于阗兵击莎车。莎车阴通使疏勒王忠，啖以重利，忠遂反从之，西保乌即城。超乃更立其府丞成大为疏勒王，悉发其不反者以攻忠。积半岁，而康居遣精兵救之，超不能下。是时月氏新与康居婚，相亲，超乃使使多赍锦帛遗月氏王，令晓示康居王……乃罢兵，执忠以归其国，乌即城遂降于超。

疏勒王忠是班超所立，在危急时刻，莎车以利诱其叛，班超对此行为予以坚决打击。但面对强敌，康居精兵对忠援助，班超"不能下"。他以其人之道还治其人之身，利用月氏与康居关系，亦以"利"离间疏勒王忠与康居的关系，使后者退兵。最终，平定疏勒内部反叛势力。这也正是顺势而为中的以子之矛攻子之盾的显例。

——将计就计。这点也是他经营西域顺势而为的一个重要体现，此在前引收复于阗消灭巫师过程中已有反映。在后来彻底消灭反叛者前疏勒王忠时也有具体展现。传言："后三年，忠说康居王借兵，还据损中，密与龟兹谋，遣使诈降于超。超内知其奸而外伪许之。忠大喜，即从轻骑诣超。超密勒兵待之，为供张设乐。酒行，乃叱吏缚忠斩之。因击破其众，杀七百余人，南道于是遂通。"从前引获悉，康居势力大增，故他在对付无信用依附于康居的反叛者忠时，未强取，而利用忠"诈降"机会，将计就计，消灭了他及其势力，疏通了南道。

——调虎离山。一直以来班超经营都是身单力薄，故其成功基本靠智取，以少胜多。面对强敌，他依据情况避重就轻，故终能赢得胜利。如传载平莎车：

> 超发于阗诸国……复击莎车。而龟兹王遣左将军发温宿……五万人救之。超召将校及于阗王议曰："今兵少不敌，其计莫若各散去。于阗从是而东，长史亦于此西归，可须夜鼓声而发。"阴缓所得生口。龟兹王闻之大喜，自以万骑于西界遮超，温宿王将八千骑于东界徼于阗。超知二虏已出，密召诸部勒兵，鸡鸣驰赴莎车营，胡大惊乱奔走，追斩五千余级，大获其马畜财物。莎车遂降，龟兹等因各退散，自是威震西域。

可见，面对超出一倍人数的对手，班超一行寡不敌众，故分散对方力量，势在必行。他根据当时敌情，巧妙采取调虎离山之计，弱化敌人，直取莎车大本营，并大获全胜，从士气上击退了其他敌人，也扩大了自己的影响力。

——后发制人。从先前数例看，班超在战役中大多是采取积极主动的进攻模式，先发制人。不过，面对一些特殊情况，他能灵活依据当时情况改变战略，即后发制人。如传载班超与月氏的一个纠结：

> 月氏尝助汉击车师有功，是岁贡奉珍宝……因求汉公主。超拒还

其使，由是怨恨。永元二年，月氏遣其副王谢将兵七万攻超。超众少，皆大恐。超譬军士曰："月氏兵虽多，然数千里逾葱岭来，非有运输，何足忧邪？但当收谷坚守，彼饥穷自降，不过数十日决矣。"谢遂前攻超，不下，又钞掠无所得。超度其粮将尽，必从龟兹求救，乃遣兵数百于东界要之。谢果遣骑赍金银珠玉以赂龟兹。超伏兵庶击，尽杀之……谢大惊，即遣使请罪，愿得生归。超纵遣之。月氏由是大震，岁奉贡献。

在当时月氏是大国，与其交恶，必会有风险。面对兵临城下，班超临危不惧。在多年经营西域中，他对诸国国情颇为熟悉，这为他的成功增加了分量。以上与月氏成功较量即是一例。从其言辞与间接描述可看出班超对敌情非常了解。故而，使得他以守为攻、以静制动战略得以成功施展，并不失时机地采取主动出击，威慑对方，也潜在地阻止了出现新敌人的可能性，终使自己转危为安，树立汉之威信。

以上数例，无论从哪一角度看，都折射出班超在各种复杂敌情面前，顺势而为，灵活多变中采取针锋相对策略，取得了一一胜利。兹有一点值得注意，顺势而为前提是对区情、民情深度了解。

（3）因地制宜

从上文看，熟悉区情是班超成功的重要基础，如他上书所言："胡夷情数，臣颇识之。"这点为他在经营中因地制宜起了根本性作用。主要表现为如下几方面。

——因俗施治。这点首先体现于平定疏勒之时。如前所述他所言的"兜题本非疏勒种，国人必不用命"是因俗施治的基础。故当他"立其故王兄子忠为王"时，"国人大悦"。从实际来看，他让疏勒人治理本国，无论从血缘、民族认同和成效来说都有利于疏勒安定与发展。相似的，又如他上书中议龟兹所控制的另外两国："姑墨、温宿二王，特为龟兹所置，既非其种，更相厌苦，其势必有降反。若二国来降，则龟兹自破。"当时龟兹之王受匈奴挟制和支持与班超等人对峙。班超所言破龟兹的收复战略实际就是因俗施治思想的具体反映。从班超这些言行，不难推理，他在收复诸国后，都是采取本国人治理本国的模式，这是他因地制宜赢得当地民心的一个重要理念。

——以夷狄攻夷狄。换言之，以依靠、联合地方势力来对付当地敌对势力，是他因地制宜的又一重要表现。他在西域身单力薄，依靠当地力量是必然选择，故这一原则贯穿于他经营的整个过程中，上举各例均有展现。不过从正面将此提出，是他在给皇帝的上书中点明的。传载：

> 建初三年，超率疏勒……一万人攻姑墨石城，破之……超欲因此巨平诸国，乃上疏请兵。曰："臣窃见先帝欲开西域，故北击匈奴，西使外国，鄯善、于阗即时向化。今拘弥……康居复愿归附，欲共并力破灭龟兹，平通汉道。若得龟兹，则西域未服者百分之一耳……前世议者皆曰取三十六国，号为断匈奴右臂。今西域诸国……莫不向化……贡奉不绝，唯焉耆、龟兹独未服从。臣前与官属三十六人奉使绝域，备遭艰厄。自孤守疏勒，于今五载，胡夷情数，臣颇识之。问其城郭小大，皆言'倚汉与依天等'。以是效之，则葱领可通……龟兹可伐。今宜拜龟兹侍子白霸为其国王，以步骑数百送之，与诸国连兵，岁月之间，龟兹可禽。以夷狄攻夷狄，计之善者也。臣见莎车、疏勒田地肥广，草牧饶衍，不比敦煌、鄯善间也，兵可不费中国而粮食自足。且姑墨、温宿二王，特为龟兹所置，既非其种，更相厌苦，其势必有降反。若二国来降，则龟兹自破……目见西域平定。"

从班超之语反映出因他在西域多年，注重对当地自然环境、风土民情之了解，也对匈奴在西域的影响及诸国对匈奴和汉态度了解甚多，故言"胡夷情数，臣颇识之"。此话语能折射出，当时西域诸国都希望仰仗汉朝求得更好生存，"皆言'倚汉与依天等'"，正是基于此，他才提出"以夷狄攻夷狄"的现实方针，并能成功得以实施。又如传载联合乌孙平龟兹之举：

> 欲进攻龟兹。以乌孙兵强，宜因其力，乃上言："乌孙大国，控弦十万，故武帝妻以公主，至孝宣皇帝，卒得其用。今可遣使招慰，与共合力。"帝纳之。八年，拜超为将兵长史，假鼓吹幢麾。以徐干为军司马，别遣卫候李邑护送乌孙使者，赐大小昆弥以下锦帛。

从其言辞看，他对西汉经营西域历史非常了解，很清楚汉与乌孙联合有历史积淀，故他在平定龟兹时充分利用了这点。

——就地取材。这是班超因地制宜的又一表现。汉地离西域路途遥远，且沿途荒凉，汉朝想控制西域抵御匈奴，若全靠中原运兵马、粮草，实属杯水车薪，代价巨大，在西域就地取材方可事半功倍。故如上引班超之言："莎车、疏勒田地肥广，草牧饶衍，不比敦煌、鄯善间也，兵可不费中国而粮食自足。"由此地治兵后勤粮草也得到保障。以上他所言的以夷制夷与兵员屯田西域自给自足建议，实际都是利用地缘优势，因地制宜策略的具体表现。

基于上述务实性建议与成效，朝廷也给予他很高评价，如诏书言："出入（西域）二十二年，莫不宾从。改立其王，而绥其人。不动中国，不烦戎士，得远夷之和，同异俗之心……封超为定远侯。"

（4）宽小过，识大体

班超经营西域时，处理各种关系时总是从大处着眼，不斤斤计较。如前述班超首平鄯善夜袭匈奴使时，怕从事郭恂泄露机密误事，没有告知。"明日乃还告郭恂，恂大惊，既而色动。超知其意，举手曰：'掾虽不行，班超何心独擅之乎？'恂乃悦。"结合先前引文与这段看，班超很懂得察言观色，留心细节，但做事很大气。即便遇到诬陷自己的小人，也懂得忍让，以国家利益为重，如传载：

> 李邑始到于寘，而值龟兹攻疏勒，恐惧不敢前，因上书陈西域之功不可成，又盛毁超拥爱妻，抱爱子，安乐外国，无内顾心。超闻之，叹曰："身非曾参而有三至之谗，恐见疑于当时矣。"遂去其妻。帝知超忠，乃切责邑曰："纵超拥爱妻，抱爱子，思归之士千余人，何能尽与超同心乎？"令邑诣超受节度。诏超："若邑任在外者，便留与从事。"超即遣邑将乌孙侍子还京师。徐干谓超曰："邑前亲毁君，欲败西域，今何不缘诏书留之，更遣它吏送侍子乎？"超曰："是何言之陋也！以邑毁超，故今遣之。内省不疚，何恤人言！快意留之，非忠臣也。"

从上文看出，李邑胆小反而显示了班超英勇；他的怯懦卑劣反而透射出班超强大宽厚。班超在西域出生入死的忠诚有目共睹，故范晔引当朝皇帝之语，正面是对李邑驳斥，侧面是对班超的赞誉。从其后来之举与徐干一段对话，可直面反映他度量之大，对皇帝之语是个绝好照应。此外，在处理西域事务细节方面，他也保持此种精神。这主要体现在，班超告老还乡时与下任都护任尚对话之中。传云：

> 初，超被征，以戊己校尉任尚为都护。与超交代。尚谓超曰："君侯在外国三十余年，而小人猥承君后，任重虑浅，宜有以诲之。"超曰："年老失智，任君数当大位，岂班超所能及哉！必不得已，愿进愚言。塞外吏士，本非孝子顺孙，皆以罪过徙补边屯。而蛮夷怀鸟兽之心，难养易败。今君性严急，水清无大鱼，察政不得下和。宜荡佚简易，宽小过，总大纲而已。"超去后，尚私谓所亲曰："我以班君当有奇策，今所言平平耳。"尚至数年，而西域反乱，以罪被征，如超所戒。

班超对任尚忠告是他经营西域三十多年的经验总结。而高傲自大的后者，却不屑一顾，经营终遭失败。这从反面衬托出班超所持原则的正确和他经营西域之成就。前后两者得失一目了然，范晔的彰善瘅恶也意在其中。

要之，班超定远成功之点有很多。但核心有两点：一是对区情、民情的细心了解，进而在处理事务与经营时具有洞察力与远见卓识；二是善于文武之道一张一弛，懂得因地制宜的灵活运用。透过史文，能看到他经营西域方面的胆大心细与沉着冷静，更能感受到他大处着眼、小处着手的务实作风。

（三）经营西域教训之显例

透过史册能看到东汉经营西域中，既有先进代表个人成就"展"；也有不少失败，引以为戒的显例，如上言都护任尚，得失皆可资借鉴。虽然《后汉书》对失败史例写得不及成功之例详细，但从史文中也可看到这方面的一些总结性话语，如前引班勇之议："前所以时有叛者，皆由牧养失宜，还为其害故也。"也有个别典型之例的插曲描述，如《西域传》记长史王敬贪图功名，假传圣旨妄杀于阗王建之事：

　　顺帝永建六年，于寘王放前遣侍子诣阙贡献。元嘉元年，长史赵评在于寘病痈死，评子迎丧，道经拘弥。拘弥王成国与于寘王建素有隙，乃语评子云："于寘王令胡医持毒药著创中，故致死耳。"评子信之，还入塞，以告敦煌太守马达。明年，以王敬代为长史，达令敬隐核其事。敬先过拘弥，成国复说云："于寘国人欲以我为王，今可因此罪诛建，于寘必服矣。"

　　此为事件背景。从行文看，拘弥王成国与于阗王建有隙，前者因怀恨而图谋不轨，有意陷害后者，先后变本加厉诬告后者。很明显，拘弥王成国想借用汉朝权威与官吏之手杀死后者。从实际而论，事情只要稍微调查一下，就能知道真相，但继任的长史王敬并未这样做。如传后叙：

　　敬贪立功名，且受成国之说，前到于寘，设供具请建，而阴图之。或以敬谋告建，建不信，曰："我无罪，王长史何为欲杀我？"旦日，建从官属数十人诣敬。坐定，建起行酒，敬叱左右执之，吏士并无杀建意，官属悉得突走。时成国主簿秦牧随敬在会，持刀出曰："大事已定，何为复疑？"即前斩建。于寘侯将输僰等遂会兵攻敬，敬持建头上楼宣告曰："天子使我诛建耳。"于寘侯将遂焚营舍，烧杀吏士，上楼斩敬，悬首于市。输僰欲自立为王，国人杀之，而立建子安国焉。马达闻之，欲将诸郡兵出塞击于寘，桓帝不听，征达还，而以宋亮代为敦煌太守。亮到，开募于寘，令自斩输僰。时输僰死已经月。乃断死人头送敦煌，而不言其状。亮后知其诈，而竟不能出兵。于寘恃此遂骄。

　　范晔一语中的，认为王敬枉杀于阗王建虽有听信谣言在前，但根本原因是"贪立功名"。这从他杀王建后，向于阗民众宣告之语"天子使我诛建耳"就暴露无遗。虽他欲借汉威平息此事，但枉杀显然不得民心，终造成自己与一行人马被杀的结局。此事又造成于阗内部权力斗争与更迭，也严重影响了东汉与于阗关系。从史文看，诛杀汉吏要追责，但枉杀于阗王建却未问责，东汉朝廷在处理此事上显然有失偏颇，这势必会造成前者在西域诸国中威信下降，损害了二者关系。

综上所述，东汉经营西域人物事迹成败中，能看出既有大环境因素影响，也有个人品德与能力的活跃因子在发挥着关键性作用。

第二节 《三国志》就曹魏经营西域
贸易人物史事的反映

从西晋陈寿所撰《三国志》看，因地缘之故，三国时只有曹魏经营过西域；由于西北民族关系发展，西域诸国与曹魏之间主要体现在朝贡与赐封"略如汉氏故事"① 关系。这也反映在"经营"西域的有关人物中。《三国志》无专门记述直接经营西域的人物传记，但间接经营的却有，这正体现了"略如"。所载经营西域人物都是曹魏中后期经营河西的官员，进一步言之，他们经营西域往往是通过经营往来于河西的西域之民来体现。陈寿所载人物事迹最详细，与西域朝贡和贸易都有关的一个极其重要人物是仓慈。陈寿深入记述了他在民族关系发展中的贡献及所实施的和睦友好民族交往政策。《仓慈传》言：

> 太和中，迁敦煌太守。郡在西陲，以丧乱隔绝，旷无太守二十岁，大姓雄张，遂以为俗……常日西域杂胡欲来贡献，而诸豪族多逆断绝；既与贸迁，欺诈侮易，多不得分明。胡常怨望，慈皆劳之。欲诣洛者，为封过所，欲从郡还者，官为平取，辄以府见物与共交市，使吏民护送道路，由是民夷翕然称其德惠。数年卒官，吏民悲感如丧亲戚，图画其形，思其遗像。及西域诸胡闻慈死，悉共会聚于戊己校尉及长吏治下发哀，或有以刀画面，以明血诚，又为立祠，遥共祠之。②

整个行文正面再现和盛赞了仓慈在经营官方与民间贸易桥梁中所起的积极作用，即陈寿后赞中所言的"恤理有方"。具体来看，行文在先后对比中明显体现了敦煌上层对西域之民前后不同贸易政策、态度所产生的不同反映。笔锋间是非、善恶、褒贬，表露无遗。一如行文先讲述了仓慈之前

---

① 《三国志》卷30《魏书·乌丸鲜卑东夷传》。
② 《三国志》卷16《魏书·仓慈传》。

敦煌当地官员在与西域民族贸易之中的巧取豪夺，即行文所云"多逆断绝"，"欺诈侮易，多不得分明"。此种不公平、不平等贸易，使"胡常怨望"。可看出，这既是陈寿对先前人员在民族经济交流中恶劣行迹的抨击，也是对后来仓慈在民族关系贸易中惠政的反衬。透过内容看，仓慈经营便利了当时东西贸易，使丝绸之路畅通无阻，故深受西域诸族人士爱戴。[①] 末尾文字通过西域诸人闻其逝世后，强烈悲痛、感人场景的生动描写，更加烘托仓慈在处理民族关系上的光辉业绩，及以德施治民族政策的深入人心。此段事迹最大可资之处是，区域间贸易交往中公正、平等与否，决定贸易双方经济交流能否良性循环互动。

第三节　《魏书》所载北魏时期经营西域人物活动

从北齐魏收《魏书》看，北魏鲜卑与柔然（即蠕蠕）、高车、北凉、西凉、吐谷浑及南朝刘宋等在西域角逐，使得北魏与西域比之与其他一些周边关系显得更密切与重要。这正是此书"经营西域人物活动"的时代背景之反映。

兹需说明的是，《魏书》虽记经营"事迹"颇多，但多数内容都是宏观概述，换言之，写得简略，罗列事目而已。因"宣魏"思想严重，"事迹"也多为正面描述，反面性案例较少。故这里仅对较详细的事迹活动作以考察。

（一）治民生，得民心

从前代撰述看，经营民生、惠政是争取民心的根本事项。这在《魏书》中也有其特色与时代反映。

1. 政尚宽简，赈恤穷乏

生存为人之根基。政治上不压制不苛刻，给予人较为宽松的氛围，政策上简单易行，让人有所适从，为人生存自由的基本要求；经济上给予人最基本的生存物资环境，尤其是对老弱孤寡贫乏群体，给予特别关注，是民生经营赢得民心的关键。历史上对有这样事迹的人士，往往会被载入史

① 胡小鹏：《中国西北少数民族通史·东汉、三国卷》，民族出版社，2009，第285页。

册名扬千载，北魏穆亮就是这样一位。《穆亮传》云：他"早有风度。显祖时，起家为侍御中散……高祖初，除使持节、秦州刺史。在州未期，大著声称……又迁使持节、征西大将军、西戎校尉、敦煌镇都大将。政尚宽简，赈恤穷乏。被征还朝，百姓追思之"。① 穆亮一生官位颇显，这为其仕途生涯治理民生提供了重要机会，也为其经营西北之民留下宝贵经验。"政尚宽简，赈恤穷乏"是魏收对他在治理西北民生政治与经济成效的高度评价；"被征还朝，百姓追思之"是时人对其功绩的肯定，也是"政尚宽简，赈恤穷乏"的反衬。可以说，从治民生中而得民心是他经营的成功所在。

2. 问疾苦，察不法，恤民情

在典型案例中，北魏部分皇帝也有反映，如《太宗纪》一段记载：

（永兴）三年春二月戊戌，诏曰："衣食足，知荣辱。夫人饥寒切己，唯恐朝夕不济，所急者温饱而已，何暇及于仁义之事乎？王教之多违，盖由于此也。非夫耕妇织，内外相成，何以家给人足矣。其简宫人非所当御及执作伎巧，自余悉出以配鳏民。"己亥，诏北新侯安同等持节循行并、定二州及诸山居杂胡、丁零，问其疾苦，察举守宰不法；其冤穷失职、强弱相陵、孤寒不能自存者，各以事闻。②

由上文看，太宗认为无论是知荣辱，还是遵王教，前提条件是衣食足，即保证人最基本的生存条件。故他诏书核心意念是得民心。先是顺民意，给予其温饱，而后才能行仁义之事，即顺从王教。具体措施为，首先主动问其疾苦，了解民生，这是治民生前提；其次纠察经营民生官员不法行为，这是治民生保障；再次恤民情，为民办实事，这是治民生得民心之根本。行文从正面观，是对北魏太宗的赞誉；从魏收于所处北齐政权而言，是对后者治理西北民生的启示。

3. 明是非，得民心

不分是非，采取"一刀切"是经营民生（包括处理民族问题）中最忌讳的，也是失民心的重要表现，更是将事态扩大化的最根本原因。反之，

① 《魏书》卷27《穆亮传》。
② 《魏书》卷3《太宗纪》。

则会事半功倍，如《张蒲传》载：

> 泰常初，丁零翟猛雀驱逼吏民入……山，谋为大逆。诏蒲……等往讨。道生等欲径以大兵击之，蒲曰："良民所以从猛雀者，非乐乱而为，皆逼凶威，强服之耳。今若直以大军临之，吏民虽欲返善，其道无由。又惧诛夷，必并势而距官军，然后入山恃阻，诳惑愚民。其变未易图也。不如先遣使喻之，使民不与猛雀同谋者无坐，则民必喜而俱降矣。"道生甚以为然，具以奏闻。太宗诏蒲军前慰喻。乃下数千家，还其本属，蒲皆安集之……蒲与道生等追斩猛雀首，送京师。①

以上行文最亮处莫过于，张蒲富有远见卓识的一段话语。面临大敌当前，如何削弱对方力量，增强自身士气是克敌制胜的法宝。分散敌人力量是弱敌方、强自身的不二法门；而了解敌情内况是正确实施此项策略的根本所在。张氏在此次平叛中建设性的意见正是得益于他对敌情的了解，尤其是他的敏锐洞察力使其能在大敌当前时分清敌友。加之务实性策略被朝廷采纳，使得平叛终获成功。当然，此次平叛中分清是非，未伤及无辜百姓也为北魏赢得了民心，一如其言"民必喜而俱降"，有的放矢的结果亦如魏收云："乃下数千家，还其本属，蒲皆安集之。"

（二）重土难迁

一般说来，任何一个群体，当其长期居住于某一环境时，生活习性就会适应此环境；除非有特殊情况，否则这一群体成员是不会自愿迁徙到另一新的或陌生之地的。因为那样意味着生活习性的不适应，甚至有些人因在新环境中水土不服或人文氛围不适应，而得病或死亡。世人常说的重土难迁即指此意。北魏在经营西域时有这方面得失之例。

1. 杨椿的高瞻远瞩与朝廷的失策

西北柔然是北魏经营的重要对象，二者间有重土难迁之例。如《杨椿传》载：

---

① 《魏书》卷33《张蒲传》。

性宽谨……初,显祖世有蠕蠕万余户降附,居于高平、薄骨律二镇。太和之末,叛走略尽,惟有一千余家。太中大夫王通……等,求徙置淮北,防其叛走。诏许之,虑不从命,乃使椿持节往徙焉。椿以为徙之无益,上书曰:"臣以古人有言:裔不谋夏,夷不乱华。荒忽之人,羁縻而已。是以先朝居之于荒服之间者,正以悦近来远,招附殊俗,亦以别华戎、异内外也。今新附者众,若旧者见徙,新者必不安。不安必思土,思土则走叛。狐死首丘,其害方甚。又此族类,衣毛食肉,乐冬便寒。南土湿热,往必将尽。进失归伏之心,退非藩卫之益。徙在中夏,而生后患。愚心所见,谓为不可。"时八座议不从,遂徙于济州缘河居之。冀州元愉之难,果悉浮河赴贼,所在钞掠,如椿所策。①

从"显祖世有蠕蠕万余户降附……太和之末,叛走略尽,惟有一千余家"中不难推测,先降附后又叛走肯定有对新环境不适应的因素。面对此况,官员王通等未采取有效措施,反而变本加厉地要求朝廷将仅有的一千余家强行南迁,这不但未解决问题,反而适得其反。上引杨椿富有见地的上疏之辞是对前者错误认识的最好回应。其中虽不免有华夷之辨,但强调了因俗施治的重要性。特别是他看到此举对"新附"者的恶劣影响,直接点出"不安""思土"与"走叛"的内在关系,及对朝廷的危害;且还从柔然生长环境、生活习性与南部差异进一步强调重土难迁的利害。但当朝无远见的意见占了上风,杨椿远瞻性的谏言被拒,朝廷则自食其果。魏收的"如椿所策"是对北魏朝廷在此方面失策的讽刺,又是对杨椿见解与眼光的赞誉。此类事件在北魏经营西域中并非个例。

2. 北魏在高昌王"举国内徙"要求中的得失

高昌是西域门户,北魏时曾与多个西北势力通过废立其王来争夺该地。高昌上层十分重视与北魏关系,前后多次要求"举国内徙",但均以失败告终,得失历历在目。第一次来龙去脉,如《高昌传》②言:

五年,高车王可至罗杀首归兄弟,以敦煌人张孟明为王。后为国

---

① 《魏书》卷58《杨椿传》。
② 以下凡引自《魏书》卷101《高昌传》者不再出注。

人所杀，立马儒为王，以巩顾礼、麹嘉为左右长史。二十一年，遣司马王体玄奉表朝贡，请师迎接，求举国内徙。高祖纳之，遣明威将军韩安保率骑千余赴之，割伊吾五百里，以儒居之。至羊棒水，儒遣礼、嘉率步骑一千五百迎安保，去高昌四百里而安保不至。礼等还高昌，安保亦还伊吾。安保遣使韩兴安等十二人使高昌，儒复遣顾礼将其世子义舒迎安保。至白棘城，去高昌百六十里，而高昌旧人情恋本土，不愿东迁，相与杀儒而立麹嘉为王。

这里显示出高昌上层要求内迁与来自周边其他势力的压力有关，故内徙的一个直接原因是想得到北魏更好庇护，但事与愿违。首次举国内徙的要求，虽得到北魏高祖支持，但波折四起，即便木已成舟，但结果是"旧人情恋本土，不愿东迁，相与杀儒"的教训。不难看出，北魏与高昌上层是一厢情愿，而未考虑到长期居住在此的大部分人的意愿，故失败是必然的。但新王麹嘉同样面临周边势力的压力，仍然顶着冒天下之大不韪的压力，再次请求举国内徙。同传言：

（嘉）金城榆中人。既立，又臣于蠕蠕那盖。顾礼与义舒随安保至洛阳。及蠕蠕主伏图为高车所杀，嘉又臣高车。初前部胡人悉为高车所徙，入于焉耆，焉耆又为嚈哒所破灭，国人分散，众不自立，请王于嘉。嘉遣第二子为焉耆王以主之。永平元年，嘉遣兄子私署左卫将军、田地太守孝亮朝京师，仍求内徙，乞军迎援。于是遣龙骧将军孟威发凉州兵三千人迎之，至伊吾，失期而反。于后十余遣使，献……款诚备至，惟赐优旨，卒不重迎。三年，嘉遣使朝贡，世宗又遣孟威使诏劳之。延昌中，以嘉为持节……私署王如故。熙平初，遣使朝献。诏曰："卿地隔关山，境接荒漠，频请朝援，徙国内迁。虽来诚可嘉，即于理未帖。何者？彼之氓庶，是汉魏遗黎，自晋氏不纲，困难播越，成家立国，世积已久。恶徙重迁，人怀恋旧，今若动之，恐异同之变。爰在肘腋，不得便如来表。"神龟元年冬，孝亮复表求援内徙，朝廷不许。正光元年，肃宗遣假员外将军赵义等使于嘉。嘉朝贡不绝。又遣使奉表，自以边遐，不习典诰，求借……诸史，并请国子助教刘变以为博士，肃宗许之。

从行文伊始，可见麴嘉面临周边的压力之大，无疑他也极想得到北魏更好的庇护，故虽前有血的教训，但仍执意内徙；麴嘉的要求也得到了北魏官方支持。但显然因内部出现问题，故在迎北魏援军时出现了"失期"。自此后，虽麴嘉"款诚备至""频请朝援，徙国内迁"，但北魏皇帝"惟赐优旨，卒不重迎"。从上文看二者往来关系，后来更为紧密。但内徙一直是其心愿，不过北魏朝廷显然也吸取了前面的教训，多方考虑，通过诏书给予麴嘉一个实际而又圆满的答复。尤属这句"恶徙重迁，人怀恋旧，今若动之，恐异同之变"，既是对根本原因的说明，又是对前面教训潜在的总结。故后来麴嘉一再请求内徙，朝廷依旧不许。而北魏通过使者西去，与高昌使者东来，保持密切交往。从上引末尾看，二者交往中文化交流也甚为密切。这说明内徙虽未成功，但北魏始终通过二者深厚交往弥补此缺憾，维护着二者的君臣关系。这是北魏后来处理高昌上层要求内徙方面，所表现出来的明智之举。

（三）万度归经营西域得失反映

万度归是《魏书》经营"事迹"中所用笔墨较多的一位。透过其史文可管窥到北魏与西域关系史之一角，也可从正、侧面反映出万氏的得与失。他经营事迹主要体现于军事方面，其成功最主要展现于征服鄯善。后者为西域门户之地，故北魏与鄯善关系起伏是北魏与西域关系的缩影，而北魏经营西域始终与经营西北势力有直接关系。万氏经营背景正是如此，如《西域传》①"前言"载：

> 太延中，魏德益以远闻，西域……诸国王始遣使来献……（世祖）于是始遣行人……西使……出流沙，为蠕蠕所执，竟不果达。又遣散骑侍郎董琬、高明等多赍锦帛，出鄯善，招抚九国，厚赐之……自后相继而来，不间于岁，国使亦数十辈矣。初，世祖每遣使西域，常诏河西王沮渠牧犍令护送，至姑臧，牧犍恒发使导路出于流沙。后使者自西域还，至武威，牧犍左右谓使者曰："我君承蠕蠕吴提妄说，云：'去岁魏天子自来伐我，士马疫死，大败而还，我禽其长弟乐平王丕。'我君大喜，宣言国中。"又闻吴提遣使告西域诸国，称："魏已削弱，

---

① 以下凡引自《魏书》卷102《西域传》不再出注。

今天下唯我为强，若更有魏使，勿复恭奉。”西域诸国亦有贰者。牧犍事主稍以慢惰。使还，具以状闻，世祖遂议讨牧犍。凉州既平，鄯善国以为“唇亡齿寒，自然之道也，今武威为魏所灭，次及我也。若通其使人，知我国事，取亡必近，不如绝之，可以支久”，乃断塞行路，西域贡献，历年不入。后平鄯善，行人复通。

行文末“后平鄯善，行人复通”就是万氏的功绩。而这之前的引文即是其平鄯善之背景，从中可看到北魏经营西域与柔然、河西政权的关系。鄯善“断塞行路，西域贡献，历年不入”反映出其地理位置的重要性与国之力量。具体言之，诸国入贡须经鄯善，可见其枢纽地位，且能阻挠各国贡献，敢与北魏作对，力量不可小视。正是在此种情况下，世祖派万氏等人去平鄯善。如《西域传·鄯善》具体描述：

> 至太延初，始遣使来献。四年，遣其弟素延耆入侍。及世祖平凉州，沮渠牧犍弟无讳走保敦煌。无讳后谋渡流沙，遣其弟安周击鄯善，王比龙恐惧欲降。会魏使者自天竺……还，俱会鄯善，劝比龙拒之，遂之连战，安周不能克，退保东城。后比龙惧，率众西奔且末，其世子乃应安周。鄯善人颇剽劫之，令不得通。世祖诏……万度归乘传发凉州兵讨之，度归到敦煌，留辎重，以轻骑五千渡流沙，至其境。时鄯善人众布野，度归敕吏卒不得有所侵掠，边守感之，皆望旗稽服。其王真达面缚出降，度归释其缚，留军屯守，与真达诣京都。世祖大悦，厚待之。是岁，拜交趾公韩牧为假节……鄯善王以镇之，赋役其人，比之郡县。

从前后两段引文所显见的北魏与北凉关系变化，可反映出鄯善敢于“剽劫”诸国入贡者，“令不得通”是得到北凉西走余孽势力安周等人支持的，也就是说鄯善行为并非完全出于自身，这从鄯善王比龙害怕北凉安周势力，西逃且末就可侧面透露出。而此前北魏与鄯善关系还是不错的。北魏派万氏讨平鄯善，一是为重新恢复与西域诸国交往，肯定会得到各国支持；二是铲除北凉余孽势力。万氏此举显然要考虑此战背后这些历史虚实情况，这为他的战略起了支撑性作用。上引后半部分描述了万氏成功平鄯善的具体过程。从史文看，他首先考虑到西域沙漠环境，为赢得时间，他留下辎重，可见胆识过人，进而以迅雷不及掩耳之势到达目的地。接着，面对鄯善人数众多，本着此战主要针对北凉余孽势力与鄯善上层，他并未大开杀戒或将战事扩大；他以人为本"敕吏卒不得有所侵掠"，结果是"边守感之，皆望旗稽服"。此举也直接获得了鄯善王"信服"，故面缚出降，万氏真诚相待"释其缚"与他诣京都。其王的顺利降服使"世祖大悦"，他逆取顺守"厚待之"，恢复了鄯善与北魏的正常关系，且进一步"赋役其人，比之郡县"。显然，世祖举措无论从政治，还是从经济角度看都是颇有成效的。而这一切离不开万氏兵不血刃平鄯善之前提，他在此战中对民众与其王仁义之举，及世祖对其王厚待之，都使鄯善上下层与北魏间未产生内在隔阂或"敌对"情绪，这势必使二者关系能较快恢复到正常层面，并进一步升级。万氏此战中最大亮点是赢得民心，故能赢得二者关系较快地发展。这也正是他的成功之处。

或许出于平鄯善之成功，当焉耆也出现多次剽劫北魏使时，世祖则又遣万氏去将其平定。焉耆为西域大国，但实力肯定不如北魏，且前有鄯善教训，对其不可能无触动。那么，从地理位置与当时西域民族关系，特别是结合前述万氏经营西域背景看，其敢于剽劫北魏使，势必是在柔然的支持下。魏收对万氏平焉耆也做了较为具体的描述，如《西域传·焉耆》载：

> （万度归）约赍轻粮，取食路次。度归入焉耆东界，击其边守左回、尉犁二城拔之，进军向员渠。鸠尸卑那以四五万人出城守险以拒。度归慕壮勇，短兵直往冲，尸鸠卑那众大溃，尽虏之，单骑走入山中。度归进屠其城，四鄙诸戎皆降服。焉耆为国，斗绝一隅，不乱日久，获其珍奇异玩殊方谲诡不识之物，橐驼马牛杂畜巨万。时世祖幸阴山北宫，度归破焉耆露板至，世祖省讫，赐司徒崔浩书曰："万度归以五千骑经万余里，拔焉耆三城，获其珍奇异物及诸委积不可胜数。自古帝王虽云即序西戎，有如指注，不能控引也。朕今手把而有之，如何？"浩上书称美，遂命度归镇抚其人。初鸠尸卑那走山中，犹觊城不拔，得还其国。既见尽为度归所克，乃奔龟兹，龟兹以其婿，厚待之。

由上文看，万氏讨焉耆也使用了平鄯善时轻装快速的策略。但在正式平该国时，他并未采取前者一样的模式。结合前文，不难推理，焉耆国大，军事力量显然比鄯善强；从背后支持者看，也比鄯善强；从它与北魏关系看，不及鄯善。这些无疑决定了焉耆不会像鄯善一样，很容易就投降北魏。故万氏武力讨伐势在必行。面对强敌，他采取灵活机动的战术攻克了其王师。但之后，也许是出于报复其王反抗行径，他对该王城采取屠城策略，且多获数量惊人的财宝牲畜。《食货志》有对应记载："其后复遣成周公万度归西伐焉耆，其王鸠尸卑那单骑奔龟兹，举国臣民负钱怀货，一时降款，获其奇宝异玩以巨万，驼马杂畜不可胜数。"显然屠城是"举国臣民负钱怀货，一时降款"的直接原因。从上引后半部分看，世祖以此为美，还向崔浩炫耀自己功过古帝王的成就。不过，从传文后叙看，这种逆取后的大屠杀与劫掠，并未使二者走到其与鄯善一样的升级关系。且后来对付龟兹，也有类似原因、模式与结果。《西域传》言：龟兹"寇窃非一。世祖诏万度归率骑一千以击之，龟兹遣乌羯目提等领兵三千距战，度归击走之，斩二百余级，大获驼马而还"。《食货志》也有呼应之辞："度归遂入龟兹，复获其殊方瑰诡之物亿万已上。"从表面看，短时间内确实对周边起到了威慑作用，但是二者间内在关系并未加厚，被屠杀与被掠夺者所表现出来的臣服，也只是权宜之计，不会持续太久，这也未给北魏与其他西域诸地关系树立太好形象，故北魏一代在经营西域效果看，特别是与西域关系上就不及两汉。

转换视角，万氏在对付焉耆与龟兹时均以少胜多，从正面看，显示了他的军事才能，从侧面观，则折射出这两者军事上的无能。透过以上万氏所获财宝描述，不难推理，两国上层长期对民间或周边弱国的"掠夺"，势必造成上层生活奢靡与政治腐败。军队人员数量虽大，但却"无力"就是一个绝好的反映或写照。这样的统治者怎能赢得民心，让百姓为其出生入死，并保卫家园呢？再者，其上层不自量力，劫掠北魏贡使与之作对，又显示出二国统治者清高自大，目中无人，势必会引火烧身，还会连带无辜。这是地方政权治理失败的典型之例。

综上，透过魏收史笔，从大脉络领略了北魏经营西域人物事迹之情况，也从较微观描述中，看到北魏与西域地方政权某些上层人物在具体经营中的得与失。

第四节 《隋书》经营西域人物事迹的描述

"二十四史"中唐代所修有八部,除去承袭前史与同代正史的相同部分及宏观概述外,真正较为详细记述经营西域人物事迹的主要是魏徵等撰的《隋书》。

一 隋朝及其高层经营突厥、西突厥的反映

突厥是隋唐历史上一个重要的西北民族,它在西域的统治,对其历史产生过深远影响,且对隋唐经营西域也产生了重要影响。换言之,隋朝经营突厥,包括西突厥,也是隋朝经营西域的一个重要组成部分。

从史册看,突厥与西突厥本为一家,故同隋朝关系往往是相互交织、相互联系在一起的。因此,以历史发展为视角,这里就《隋书》对隋朝经营突厥的情况作一梳理。

——民生经营。游牧与农耕民族由于生产方式的差异,经济间形成了互补,因此历代均有以绢马、茶马为基本内容的民间与官方互市。隋时,在远交近攻策略下突厥称藩后,希望互市,文帝从民生角度出发,给予准许。《突厥传》云:"明年,突厥部落大人相率遣使贡马万匹,羊二万口,驼、牛各五百头。寻遣使请缘边置市,与中国贸易,诏许之。"① 这点也当包括西突厥在内。除带有政治色彩为表象的遣使朝贡与回赐的官方贸易外,这是隋朝经营突厥在国计民生经济交流方面的一个直接重要体现。这在某种程度上也利于二者关系的加深。

——因俗施治。这一经营方式各代均有。隋朝也不例外,《突厥传》曰:

> 大业三年四月,炀帝幸榆林,启民及义成公主来朝行宫,前后献马三千匹。帝大悦,赐物万二千段。启民上表曰:"……臣今非是旧日边地突厥可汗,臣即是至尊臣民,至尊怜臣时,乞依大国服饰法用,一同华夏。臣今率部落,敢以上闻伏愿天慈不违所请。"表奏,帝下其议,公卿请依所奏。帝以为不可,乃下诏曰:"先王建国,夷夏殊风,

---

① 《隋书》卷84《北狄传·突厥》,下同。

君子教民，不求变俗。断发文身，咸安其性，旃裘卉服，各尚所宜，因而利之，其道弘矣。何必化诸削衽，縻以长缨，岂遂性之至理，非包含之远度。衣服不同，既辨要荒之叙，庶类区别，弥见天地之情。"仍玺书答启民，以为碛北未静，犹须征战，但使好心孝顺，何必改变衣服也。

这正是中国先贤倡言的"修其教不易其俗，齐其政不改其宜"的典型运用。隋炀帝这一点一直被后人所称赞。

——分而治之。这一策略历代均有"演绎"，意在防止兼并，分散对方力量。如《长孙平传》云："其后突厥达头可汗与都蓝可汗相攻，各遣使请授。上使平持节宣谕，令其和解，赐缣三百匹，良马一匹而遣之。平至突厥所，为陈利害，遂各解兵。"① 这点尤其体现在经营东、西突厥方面，如《长孙晟传》载："七年，摄图死，遣晟持节拜其弟处罗侯为莫何可汗，以其子雍闾为叶护可汗。处罗侯因晟奏曰：'阿波为天所灭，与五六千骑在山谷间，伏听诏旨，当取之以献。'乃召文武议焉。乐安公元谐曰：'请就彼枭首，以惩其恶。'武阳公李充曰：'请生将入朝，显戮以示百姓。'上谓晟曰：'于卿何如？'晟对曰：'若突厥背诞，须齐之以刑。今其昆弟自相夷灭，阿波之恶，非负国家。因其困穷，取而为戮，恐非招远之道，不如两存之。'上曰：'善。'"② 从历史记载看，这种策略也因时而异，否则将适得其反，隋炀帝晚期就犯过这样的错误。

——以义属之。这点如上之所引长孙晟之言："若突厥背诞，须齐之以刑。今其昆弟自相夷灭，阿波之恶，非负国家。因其困穷，取而为戮，恐非招远之道。"就体现了这一理念。与此相似，又如《突厥传》载："处罗侯长颐偻背，眉目疏朗，勇而有谋，以隋所赐旗鼓西征阿波。敌人以为得隋兵所助，多来降附，遂生擒阿波。既而上书请阿波死生之命，上下其议。左仆射高颎进曰：'骨肉相残，教之蠹也。存养以示宽大。'上曰：'善。'"

这是儒家人本礼治的基本思想，是以德施治的具体表现。翻开史书，这一做法往往能赢得人心，被历代诸多世人，包括史家所推崇，体现了人

① 《隋书》卷46《长孙平传》。
② 《隋书》卷51《长孙晟传》。

性化的一面。反之，则会激起民怨。炀帝晚期在经营突厥方面就犯过这样的错误。首先是不合时宜地使用离间计，引发对方的怨怒，后又任裴矩枉杀所属突厥部落头领，最终引火烧身，如《裴矩传》载：

> 矩以始毕可汗部众渐盛，献策分其势，将以宗女嫁其弟叱吉设，拜为南面可汗。叱吉不敢受，始毕闻而渐怨。矩又言于帝曰："突厥本淳易可离间，但由其内多有群胡，尽皆桀黠，教导之耳。臣闻史蜀胡悉尤多奸计，幸于始毕，请诱杀之。"帝曰："善。"矩因遣人告胡悉曰："天子大出珍物，今在马邑，欲共蕃内多作交关。若前来者，即得好物。"胡悉贪而信之，不告始毕，率其部落，尽驱六畜，星驰争进，冀先互市。矩伏兵马邑下，诱而斩之。诏报始毕曰："史蜀胡悉忽领部落走来至此，云背可汗，请我容纳。突厥既是我臣，彼有背叛，我当共杀。今已斩之，故令往报。"始毕亦知其状，由是不朝。十一年，帝北巡狩，始毕率骑数十万，围帝于雁门。①

这是典型的"官逼民反"与"仁义不施必自毙"的结果。隋初，突厥是最大的边患，文帝利用其内部矛盾，采取远交近攻，离强合弱策略，取得重大成功。但炀帝时，突厥已完全臣服于隋，不失臣节，根本不构成威胁，却不合时宜地故伎重演，反而自食其果。魏徵在总结突厥与炀帝关系中谈到了这点。如《北狄传》史臣曰："启民愿保塞下。于是推亡固存，返其旧地，助讨余烬，部众遂强。卒于仁寿，不侵不叛，暨乎始毕，未亏臣礼。炀帝抚之非道，始有雁门之围。"从启民可汗始，突厥"不侵不叛，暨乎始毕，未亏臣礼"是魏徵对突厥的公允评价，但"炀帝抚之非道，始有雁门之围"。这样使隋与东突厥关系从君臣继而转为敌对。加之，炀帝征高丽穷兵黩武、劳民伤财，最终引发民怨沸腾，揭竿而起。这样不仅灭亡了自己，且使突厥坐大，与隋末中原各个势力演变为"君臣"关系。一如魏徵所言："俄属群盗并兴，于此寖以雄盛，豪杰虽建名号，莫不请好息民。于是分置官司，总统中国，子女玉帛，相继于道，使者之车，往来结辙。自古蕃夷骄僭，未有若斯之甚

---

① 《隋书》卷 67《裴矩传》。

也。"① 这与隋初时大相径庭，可以说互换了位置。而这些从反面也说明以德施治的效用。当然，魏徵之言也意在为唐朝经营突厥以史为鉴。

从史书总体反映看，隋朝对东、西突厥经营得失兼有，尤其是炀帝前期经营效果颇显，如《东夷传》载："炀帝嗣位，天下全盛，高昌王、突厥启人可汗并亲诣阙贡献。"② 但后期失策，遂与东突厥失和。他对西突厥经营主流仍是以招抚，以义属之的方式，故隋末炀帝晚期时西突厥射匮可汗还遣子率蕃朝贡。③

二　隋朝经营西域人物典型事迹展现

1. 炀帝经营西域得失

——主动经营与利弊得失。当隋与突厥、西突厥关系平稳后，炀帝遂通过主动积极经营，开启了西域诸国与隋朝的友好交往。从《隋书》本纪看，大业三年到十一年均有西域诸国遣使朝贡记载，特别是十一年颇多。《裴矩传》云："（西突厥）射匮可汗遣其犹子，率西蕃诸胡朝贡，诏矩宴接之。"可见，炀帝积极对西域经营起了重要作用。当然，这种经营有利，有弊。如《食货志》记东西贸易情况时云："（炀帝）以西域多诸宝物，令裴矩往张掖，监诸商胡互市。啖之以利，劝令入朝。自是西域诸蕃，往来相继，所经州郡，疲于送迎，糜费以万万计……五年，西巡河右。西域诸胡，佩金玉，被锦罽，焚香奏乐，迎候道左。"又如描述西域屯田时曰："（炀帝）又于西域之地置西海、鄯善、且末等郡。谪天下罪人，配为戍卒，大开屯田，发西方诸郡运粮以给之。道里悬远，兼遇寇抄，死亡相续……九年，诏又课关中富人，计其赀产出驴，往伊吾、河源、且末运粮。多者至数百头，每头价至万余。又发诸州丁……往来艰苦，生业尽罄。盗贼四起，道路南绝，陇右牧马，尽为奴贼所掠，杨玄感乘虚为乱。"④ 从行文中很明显能感受到，撰者认为炀帝经营西域劳民伤财，得不偿失。这与撰者所处时代有关。唐初百废待兴，以巩固政权，恢复生产为主。故以魏徵为首的使臣兼史官，对包括西域在内的荒服经营，表现的是一种消极态度，即不希望劳民伤财。但随着国力强盛与西、

---

① 《隋书》卷 84《北狄传》。
② 《隋书》卷 81《东夷传》。
③ 《隋书》卷 67《裴矩传》。
④ 《隋书》卷 24《食货志》。

北边患加重，经营西域成为时势所需，不得不做之事；尤其为对付东突厥、吐谷浑、吐蕃等西北势力边患，唐联合西域诸国与西突厥势在必行，这在两《唐书》中均有体现。同理，炀帝经营西域虽有好大喜功、实现大一统的一面，也有安边需求，在论述论裴矩经营西域时有所展现。

除以上综合性经营描述外，《隋书》对炀帝经营西域也有不少具体微观描述，这主要体现于他经营西域两个门户之地：伊吾与高昌。

——经营伊吾：一张一弛。这是炀帝经营此地的重要原则与表现。《炀帝纪上》云："高昌王麹伯雅来朝，伊吾吐屯设等献西域数千里之地。上大悦。癸丑，置西海、河源、鄯善、且末等四郡。丙辰，上御观风行殿，盛陈文物，奏九部乐，设鱼龙曼延，宴高昌王、吐屯设于殿上，以宠异之。其蛮夷陪列者三十余国。"① 从整体行文看，反映了炀帝对高昌与伊吾的重视；行文所言四郡是隋朝对西域建置的开始。但为了进一步向西拓展，进击与控制西突厥，炀帝对伊吾采取了更为积极的姿态。《薛世雄传》云："（大业六年）岁余，以世雄为玉门道行军大将，与突厥启民可汗连兵击伊吾。师次玉门，启民可汗背约，兵不至，世雄孤军度碛。伊吾初谓隋军不能至，皆不设备，及闻世雄兵已度碛，大惧，请降，诣军门上牛酒。世雄遂于汉旧伊吾城东筑城，号新伊吾，留银青光禄大夫王威，以甲卒千余人戍之而还。"② 因地缘优势，伊吾是西域东大门。显然，伊吾之役是隋打算真正经营西域的起点，并以新伊吾作为经营根据地。伊吾之役的成功一方面是对方未提前设防，但另一方面也与炀帝选任薛世雄有直接关系。《薛世雄传》在描述伊吾之役前对其才能做了描述。

> 世雄性廉谨，凡所行军破敌之处，秋毫无犯，帝由是嘉之。帝尝从容谓群臣曰："我欲举好人，未知诸君识不？"群臣咸曰："臣等何能测圣心。"帝曰："我欲举者薛世雄。"群臣皆称善。帝复曰："世雄廉正节概，有古人之风。"于是超拜右翊卫将军……击伊吾。

从这段看，结合前引伊吾之役，薛氏在孤军深入后，还能兵不血刃拿

---

① 《隋书》卷3《炀帝纪上》。
② 《隋书》卷65《薛世雄传》，下同。

下伊吾，并顺利建伊吾新城，是一必然结果。薛氏用兵才能与廉洁治兵是他成功所在；从上引炀帝对薛氏赞扬与任选，也可见前者在经营伊吾用人方面的成功。

——联姻高昌：顺势而为。炀帝重视高昌与伊吾相似，因高昌是西域重要门户，而当时它正被突厥所控。《西域传》① 言："开皇十年，突厥破其四城，有二千人来归中国。坚死，子伯雅立。其大母本突厥可汗女，其父死，突厥令依其俗，伯雅不从者久之。突厥逼之，不得已而从。"可见突厥强迫高昌改从他的风俗。当炀帝与高昌建友好关系后，"因（伯雅）从击高丽，还尚宗女华容公主"。联姻显然带有政治目的，但对双方是互赢的。在此背景下，高昌王想借隋朝力量下令国中易俗，摆脱突厥控制。同传云："八年冬归蕃，下令国中曰：'夫经国字人，以保存为贵，宁邦缉政，以全济为大。先者以国处边荒，境连猛狄，同人无咎，被发左衽。今大隋统御，宇宙平一，普天率土，莫不齐向。孤既沐浴和风，庶均大化，其庶人以上皆宜解辫削衽。'"炀帝"闻而甚善之"，顺势而为下诏。从诏文看，高昌王欲改胡俗为汉俗，炀帝显然是支持的，但对先前启民可汗提出与伯雅同样的要求时，他却拒绝了。这是因为伯雅与启民来自两个民族文化圈，透过史文所引伯雅与炀帝之语就可看出。故而炀帝因人而异给出了不同回答。但事与愿违，移风易俗并未成功。同传云："然伯雅先臣铁勒，而铁勒恒遣重臣在高昌国，有商胡往来者，则税之送于铁勒。虽有此令取悦中华，然竟畏铁勒而不敢改也。自是岁令使人贡其方物。"对此，炀帝未追究，同样顺势而为，是合时宜的。

2. 裴矩经营西域事迹

唐初史官对于裴矩仕途与经营西域得失最具概括性的评价，莫过于《裴矩传》② 后论："学涉经史，颇有干局，至于恪勤匪懈，夙夜在公，求诸古人，殆未之有。与闻政事，多历岁年，虽处危乱之中，未亏廉谨之节，美矣。然承望风旨，与时消息，使高昌入朝，伊吾献地，聚粮且末，师出玉门。关右骚然，颇亦矩之由也。"此评语是对其一生事迹的公允宏论；传内容则是对此说最好的诠释与说明。透过具体文字表述，可看到他在经营西域中具体策略与得失。

---

① 以下凡引自《隋书》卷83《西域传》者不再出注。
② 此小节以下凡引《隋书》卷67《裴矩传》者不再出注。

——经济利导，政治为后。从记述看，这是裴矩经营西北的重要原则。在炀帝政权稳固后，这位好大喜功的皇帝与前代不少意欲实现宏图大略的皇帝一样，大一统是其最高理想，裴矩则是帮助他实现这一理念的重要人物。如传言："矩知帝方勤远略。"开辟经营西北边疆是实现这一最高政治理念的重要部分。但如前述，西北突厥、吐谷浑等民族势力则是最大阻力，所以吸引西北诸族东来，又攻克这些阻碍，是一项艰巨任务。由记述观，裴矩则是炀帝在经营这方面的最佳人选。传云："时西域诸蕃，多至张掖，与中国交市。帝令矩掌其事。"基于内地与西北经济差异，与前代张骞等人经营一样，以经济为纽带是推动政治关系发展的第一选择。这在裴矩经营西北过程中得到充分展现。因他经营有道，成效卓著，故后来一直成为炀帝经营西北方向的重要人物，这方面的典型事迹，如传云：

> ……帝复令矩往张掖，引致西蕃，至者十余国。大业三年，帝有事于恒岳，咸来助祭。帝将巡河右，复令矩往敦煌。矩遣使说高昌王麹伯雅及伊吾吐屯设等，啖以厚利，导使入朝。及帝西巡，次燕支山，高昌王、伊吾设等及西蕃胡二十七国，谒于道左。皆令佩金玉，被锦罽，焚香奏乐，歌舞喧噪。复令武威、张掖士女盛饰纵观，骑乘填咽，周亘数十里，以示中国之盛。帝见而大悦。竟破吐谷浑，拓地数千里，并遣兵戍之。每岁委输巨亿万计，诸蕃慑惧，朝贡相续。

"啖以厚利，导使入朝"是裴矩在经营中以经济利导为先的重要展现。正是裴矩在利用经济为优势东引西域诸国的过程中，才有了上述联姻高昌，伊吾献地，四郡之设。这为经营西域打开了局面，继而才有"竟破吐谷浑，拓地数千里"成果。"遣兵戍之。每岁委输巨亿万计，诸蕃慑惧，朝贡相续"则是对其经济为先，政治为后原则与策略的一个重要彰显与明证。他的功绩自然也会得到炀帝认可："帝谓矩有绥怀之略，进位银青光禄大夫。"在经济利导中，他也尽其所能拓展了两地经贸互市。如传言："其冬，帝至东都，矩以蛮夷朝贡者多，讽帝令都下大戏。征四方奇技异艺，陈于端门街，衣锦绮、珥金翠者，以十数万。又勒百官及民士女列坐棚阁而纵观焉。皆被服鲜丽，终月乃罢。又令三市店肆皆设帷帐，盛列酒食，遣掌蕃率蛮夷与民贸易，所至之处，悉令邀延就坐，醉饱而散。蛮夷嗟叹，谓中国为神仙。"可见，通过他的有效策略，加速了两地经济交流，也加深了西北诸国对隋朝的依赖与认知，这势必会进一步加深二者关系。他的这一策略也成功地运用于伊吾新城的建立。传言："帝遣将军薛世雄城伊吾，令矩共往经略。矩讽谕西域诸国曰：'天子为蕃人交易悬远，所以城伊吾耳。'咸以为然，不复来竞。"

但这种经济利导，政治为后的策略用错了地方，则会引火烧身。如前述裴矩想要削弱突厥力量，不合时宜地以经济财物为诱饵枉杀了突厥部分部落头领，最终导致隋与突厥关系破裂。这是裴矩经营西北民族的一个重大失误。如上述，唐朝史官对此也有公允评判。不过，对其经营成功点，也当给予肯定。①

——了解区情与务实经营。透过前代"人物事迹"看，了解区情是成功经营西域的重要前提，裴矩也不例外，最突出的表现是《西域图记》的撰写。传言："矩知帝方勤远略，诸商胡至者，矩诱令言其国俗山川险易，撰《西域图记》三卷，入朝奏之。"这里明显交代了裴矩撰写此书的直接原动力是他"知帝方勤远略"。换言之，炀帝经营西域远图，催生了裴矩撰写《西域图记》。此书今佚，幸而《裴矩传》完整地保存了原书序，借此可了解这部重要著作的基本概况。序首先从历史角度阐述了先秦两汉以来中原政权对西域的经营，西域历史人文，尤其是政治区域变迁，及对其了解与书记多寡，特别点到了近世以来该地诸多政区，即西域诸国消长变迁很大，却少有记载；接着谈到隋朝是"混一戎夏""无隔华夷"时代，自己"因抚纳，监知关市"便利机会，通过"寻讨书传，访采胡人，或有所疑，即详众口"，即采用文献与口述资料相结合的方式，并本着当下"其本国服饰仪形，王及庶人，各显容止，即丹青模写"撰成《西域图记》，共计 44 图。裴矩所持这种采撰原则，使此书更加具有真实性。并采取信史原则，坚持信以传信，疑以传疑精神，如其言："谅由富商大贾，周游经涉，故诸国之事罔不遍知。复有幽荒远地，卒访难晓，不可凭虚，是以致阙。"这更增加了此书的客观性。当然，此书对隋经营西域现实价值也是不言而喻的，如裴矩云："仍别造地图，穷其要害。"目的是显然的。序中还清晰地点出了

---

① 今人研究基本是正面评价，参见李清凌《丝绸之路上的裴矩》，《西北师大学报》1986 年第 1 期；蓝淇《裴矩在开拓西域中的作用》，《贵州大学学报》1998 年第 2 期。

当时丝绸之路三条具体路线和各条路上所经西域诸国，也说明诸国间交通情况，且特别点出作为西域之门户的"伊吾、高昌、鄯善"三地，和从内地入西域咽喉之地"敦煌"。获悉了这些，就会使世人更加明白，为何这四地都是历代正史"西域传"常被重点记述的对象，也是西域内外民族关系史中频繁出现的地名。就当时而言，使我们能更加进一步理解，上文所言的炀帝尤为重视经营伊吾、高昌的真实原因。作为与之连接河西走廊的敦煌，是隋进入与经营西域门户的咽喉之地，重要性不言而喻。这自然使人们能明白，炀帝为何重用裴矩在经营张掖后，又派其经营敦煌与西方贸易。可以说，它是炀帝为打开西域之门的一把金钥匙。序最后一部分，裴矩揭示了炀帝经营西域大一统理念，及当时所面临的两股阻力，"突厥、吐谷浑分领羌胡之国，为其拥遏，故朝贡不通"。然而西域诸国却是"引领翘首，愿为臣妾"，若能联合西域诸国，不久便"浑、厥可灭"。犹似两汉"断匈奴右臂"。裴矩在序言最后则将撰书的现实目的表露无遗，即"混一戎夏"，若"不有所记，无以表威化之远也"。体现出其经营西域的务实性与长远性。正是裴矩在经营西北民族与撰写此书搜集材料的过程中，对西部之事了解甚多，故更受到炀帝信赖与重用。

从史文看，裴矩的成功务实经营，得益于他对西域区情民情的细致了解，而裴矩处于隋唐之际，显然这本书对大唐经营西域也是受益颇多的；唐初修史将书序全录于《裴矩传》中也足显撰者对此书的重视及现实价值。若将书序内容与裴矩经营西域之举相结合，它在有意或无意间揭露出这样一条信息：就当时历史发展形势而言，对西域来说，迫切希望得到中原政权庇护以促进双边贸易；于隋而言，希望通过对西域经营，达到御敌安边的目的，且以东西经济交流为契机，进而推动两地关系发展，使其成为实现大一统的理想门径。这点是历史上中原与西域关系发展的根基，也是各"西域传"所载民族关系史中的一条必然规律。

第三章 五代宋元：正史"经营西域人物事迹"撰述繁荣期

五代宋元是继前代后又一次从封建割据到全国统一的时期，也是中国多民族再一次大融合发展时代。无论割据，还是统一政权在其开放格局下，使得这时期又成为各地区、各民族间及中外交流继秦汉以来最频繁期。这一时期华夷混同思想、大一统意识进一步深化，民族观进一步提高，人们的视野更加辽阔。内地与西域关系更进一步发展，而这一时期也是正史"经营西域人物事迹"撰述繁荣期。

第一节 两《唐书》中经营西域人物事迹展现

后晋刘昫等撰修的《旧唐书》和北宋欧阳修等撰修的《新唐书》在记唐史方面各有千秋。故兹将两者丰厚的"经营西域人物事迹"撰述统一起来进行考察。透过两书可清晰看到，唐代是我国历史上又一多民族发展的重要阶段，特别是中原与周边民族发展达到了继两汉以来的第二个高峰。正如《新唐书》"四夷传"序言："凡突厥、吐蕃、回鹘以盛衰先后为次；东夷、西域又次之，迹用兵之轻重也；终之以南蛮，记唐所縣亡云。"① 从中透射出唐代经营周边民族的广度与力度之差异。

纵观史籍，自古西域就是一个多民族活跃区，唐时尤为突出。以突厥与铁勒诸部为首，（阿史那氏）西突厥、突骑施、葛逻禄、回鹘诸势力，还有异军突起的吐蕃、黠戛斯等都曾在此地区崭露头角。大唐与这些进入西域势力均有深浅不同的交往。透过两《唐书》看唐时西部视野，比之前代，显得更广阔，交往更深，西域史上也是鲜有的，而这种交往广度与深度同

_____

① 《新唐书》卷215《突厥传上》，以下凡引自本传者不再出注。

唐本身力量强弱基本成正比。通过两《唐书》可看到唐朝高层人物对这些进入西域民族与当地诸国经营之得失。

此处唐高层人物指的是从帝王到文武官员。因两《唐书》所载上层人物经营事迹内容比前代正史丰富得多,可谓承前启后,故下文将以经营成败模式、策略、原则为本质的事件类别,来展现个人在具体经营中的得失。进一步言之,它有许多可圈可点与称赞的成功之处,也留有不少警醒后世的失败案例。

一　高层人物经营西域多民族的成功点

从二史看,高层经营者颇多,成功人士也可举出不少,唐太宗当之无愧是最典型的代表。《新唐书·回鹘传下》后论曰:"夫用之以权,制之以谋,惟太宗能之。"① 就整个中国历史看,鲜有人能与之媲美。故下面谈及的很多成功案例都有太宗的影子。

1. 以德怀远

纵观历代正史,自张骞向汉武帝提出"以义属之"后,绝大多数中原政权及最高统治者在经营西域时都能持此原则。但从程度而言,唐代表现得最为显著。以太宗为首的高层在实行这一以德怀远之略时,展示出儒家以人为本理念,且更具有远瞻性与务实性;而丰富的人物事迹展现了其多样性与灵活性。

——主动有为,来日方长。常言道:来者不惧,惧者不来。唐初在经营边疆时,往往采取主动联络,赐封模式;反之,作为回应,受赐封者也给予"回访"。这一去一来,为唐朝后来经营边疆开辟了道路。此在经营突厥时尤为明显。如《新唐书·回鹘传下》述"薛延陀"时言:

> 贞观二年,叶护死,其国乱,乙失钵孙曰夷男,率部帐七万附颉利可汗。后突厥衰,夷男反攻颉利,弱之,于是诸姓多叛颉利,归之者共推为主,夷男不敢当。明年,太宗方图颉利,遣游击将军乔师望儌路赍诏书、鼓纛,册拜夷男为真珠毗伽可汗。

不难看出,唐初对薛延陀主动经营,与削弱突厥等敌对势力有着直接

① 以下凡引自《新唐书》卷217《回鹘传下》不再出注。

关系。当然，这也为长远边疆经营而做准备，以德怀远也蕴含其中。如接上引后叙云：

> 夷男已受命，遣使谢，归方物，乃树牙郁督军山，直京师西北六千里，东靺鞨，西叶护突厥，南沙碛……地大众附，于是回纥等诸部莫不伏属。其弟统特勒入朝，帝以精刀、宝鞭赐之曰："下有大过者，以吾鞭鞭之。"夷男以为宠。颉利可汗之灭，塞隧空荒，夷男率其部稍东，保都尉楗山独逻水之阴，远京师才三千里而赢，东室韦，西金山，南突厥，北瀚海，盖古匈奴地也。胜兵二十万，以二子大度设、突利失分将之，号南、北部。七年间，使者八朝。帝恐后强大为患，欲产其祸，乃下诏拜其二子皆为小可汗。

通过行文反映出薛延陀势力之大，这对唐朝后来借其力击败突厥，平衡、牵制突厥他部起到了非常重要的作用。为防止其力量过大，太宗也采取分而治之的策略。这一主动性在分化瓦解突厥及其衰亡后起到了巨大效用。一如《新唐书·地理志七下》总纲性阐述："唐兴，初未暇于四夷，自太宗平突厥，西北诸蕃及蛮夷稍稍内属，即其部落列置州县。其大者为都督府，以其首领为都督、刺史，皆得世袭。"① 可见，前期积极主动经营，为唐朝在突厥诸部中树立了威信，也造就了突厥衰败后西北诸部纷纷内属的良好局面，太宗也被边疆各部给予"天可汗"头衔。这为唐朝全面性经营边疆拉开了序幕，也奠定了日后唐经营边疆的基础。

——来者不拒，安抚赐封。对于慕名来朝或"穷尽"归顺者，唐更是给予应有重视。太宗可谓首当其冲，如《新唐书·突厥传上》记高层人物突利归唐之文：

> 突利初为泥步设，得隋淮南公主以为妻。颉利之立，用次弟为延陀设，主延陀部，步利设主霫部，统特勒主胡部，斛特勒主斛薛部，以突利可汗主契丹、靺鞨部，树牙南直幽州，东方之众皆属焉。突利敛取无法，下不附，故薛延陀……等皆内属，颉利遣击之，又大败，

---

① 《新唐书》卷43下《地理志七下》。

众骚离，颉利因捶之，久乃赦。突利尝自结于太宗，及颉利衰，骤追兵于突利，不肯从，因起相攻。

这是突利归太宗背景，从中可见突厥统治集团内部离心离德，特别是苛敛属部是内部分化，使其走向衰败的根本原因，也是其诸部归唐的一个直接动力；反之，唐"既来之，则安之"的怀远之举，又成为吸引诸部内属的拉动器。如接上叙：

突利请入朝，帝谓左右曰："古为国者劳己以忧人，则系祚长；役人以奉己，则亡。今突厥丧乱，由可汗不君，突利虽至亲，不自保而来。夷狄弱则边境安，然观彼亡，我不可以无惧，有不逮者，祸可纾乎！"突利至，礼见良厚，辍膳以赐之，拜……都督，太宗敕曰："而祖启民破亡，隋则复之，弃德不报，而父始毕反为隋敌。尔今穷来归我，所以不立尔为可汗，鉴前败也。我欲中国安，尔宗族不亡，故授尔都督，毋相侵掠，长为我北藩。"突利顿首听命。

由行文观，太宗借古训总结了突厥丧乱的根本原因，也点出了突利失败于内属的实质所在，也为自己做了警示。而对突利，他并未怀疑，而是礼遇甚佳，封赐颇厚。并在授予都督职时，以史为鉴，对他做了真诚坦率训诫。突利也不负所望，故死后，太宗还举哀刻功名，让其子袭位。

类似事例不少，如同传记突厥高层思摩归唐："始，启民奔隋，碛北诸部奉思摩为可汗，启民归国，乃去可汗号。性开敏，善占对，始毕、处罗皆爱之。然以貌似胡，疑非阿史那种，故但为夹毕特勒，而不得为设。武德初，数以使者来，高祖嘉其诚，封和顺郡王。"这位人士显然不同于上之突利，是个有品德之人，也颇受突厥统治者所爱，只因相貌未授予要职。从行文看，与唐初关系不错，高祖封他和顺郡王可谓名实相符。固然，此人物也一定是感恩、忠诚、守义之人，故颉利可汗众叛亲离时，思摩能忠于职守。他这份忠诚为太宗所看重，如后叙：

及诸部纳款，思摩独留，与颉利俱禽，太宗以为忠，授右武候大将军、化州都督，统颉利故部居河南，徙怀化郡王。及是将徙，内畏薛延陀，不敢出塞。帝诏司农卿郭嗣本持节赐延陀书，言："中国礼义，未始灭人国，以颉利暴残，伐而取之，非贪其地与人也。故处降部于河南，荐草美泉，利其畜牧，众日孳蕃，今复以思摩为可汗，还其故疆。延陀受命在前，长于突厥，举碛以北，延陀主之；其南，突厥保之。各守而境，无相钞犯，有负约，我自以兵诛之。"思摩乃行，帝为置酒，引思摩前曰："莳一草一木，见其滋庑以为喜，况我养尔部人，息尔马羊，不减昔乎！尔父母坟墓在河北，今复旧廷，故宴以慰行。"思摩泣下，奉觞上万岁寿，且言："破亡之余，陛下使存骨旧乡，愿子孙世世事唐，以报厚德。"于是赵郡王孝恭、鸿胪卿刘善就思摩部，筑坛场河上，拜受册，赐鼓纛，又诏左屯卫将军阿史那忠为左贤王，左武卫将军阿史那泥孰为右贤王，相之。

从此段文字看，太宗对他赐封，排忧解难，显示出对他的器重。任职临别时，二者间一番蕴含忠诚感恩与回报的肺腑之语及思摩泣下的感人表现，更是增添了太宗以德怀远之效应。唐朝还赐其国姓"李"，故史书一般称其为李思摩。但他就任可汗，并非一帆风顺，同传载：

薛延陀闻突厥之北，恐其众奔亡度碛，勒兵以待。及使者至，乃谢曰："天子诏毋相侵，谨顿首奉诏。然突厥酗乱翻覆，其未亡时杀中国人如麻，陛下灭其国，谓宜收种落皆为奴婢，以偿唐人。乃养之如子，而结社率竟反，此不可信明甚。后有乱，请终为陛下诛之。"十五年，思摩帅众十余万……牙于故定襄城，其地南大河，北白道，畜牧广衍，龙荒之最壤，故突厥争利之。思摩遣使谢曰："蒙恩立为落长，实望世世为国一犬，守吠天子北门，有如延陀侵逼，愿入保长城。"诏许之。

从薛延陀"谢"辞看，虽有挑拨离间之意，却足见太宗对突厥内属之民，既往不咎"养之如子"怀远之器量。薛延陀咄咄逼人，使得李思摩不得不退让，但对太宗感恩之情并未放弃；太宗也以人为本，对其合理请求予以许可。突厥经过唐初衰落，内部力量涣散，故性情相对柔和的李思摩终在内外交困中向太宗再次提出入朝服务之请。传载："居三年，不能得其众，下多携背，思摩惭，因入朝愿留宿卫，更拜右武卫将军。从伐辽，中流矢，帝为吮血，其顾厚类此。"通过行文能看到入廷后他忠于职守与开拓边疆的献身精神；借助史家之笔，特别是"从伐辽，中流矢，帝为吮血"也能深切体会到太宗"顾厚类此"疼惜之情。在后叙中还有一个小插曲，同样能折射出太宗对其忠诚之信任。如言：

> 思摩既不能国，残众稍稍南度河，分处胜、夏二州。帝伐辽，或言突厥处河南，迩京师，请帝无东。帝曰："夫为君者，岂有猜贰哉！汤、武化桀、纣之民，无不迁善，有隋无道，举天下皆叛，非止夷狄也。朕闵突厥之亡，内河南以振赡之，彼不近走延陀而远归我，怀我深矣，朕策五十年中国无突厥患。"思摩众既南，车鼻可汗乃盗有其地。

一如前引，而后李思摩的入朝"服役"与辽东参战受伤都验证了太宗对前者忠心认识的正确性。他的忠诚，身前不仅得到太宗认可，逝世后，高宗也给予其最高荣誉与良好归宿。如同传言："卒京师，赠兵部尚书……陪葬昭陵。"

来者不拒，安抚赐封，体现了唐朝风范。这种事迹颇多，如由《旧唐书·西戎传》记唐初经营高昌史文看，从高祖到太宗，当高昌上层主动来朝时，他们都礼赐厚甚。甚至对前朝远嫁高昌的华容公主，也给予特别关注，当其请求"认祖归宗"时，太宗赐其国姓"李"，并加以常乐公主尊衔。作为回赐，高昌则"西域诸国所有动静，辄以奏闻"。太宗能及时了解西域诸国国情。这为唐后之经营北突厥、西突厥及西域诸国起到了重要作用。

高层继太宗后，经营其他西域诸国也有类似模式，如《新唐书·西域传下》云：

> 宁远者……贞观中，王契苾为西突厥瞰莫贺咄所杀……显庆初，遏波之遣使朝贡，高宗厚慰谕。三年，以渴塞城为休循州都督，授阿了参刺史，自是岁朝贡。玄宗开元二十七年，王阿悉烂达干助平吐火仙，册拜奉化王。天宝三载，改其国号宁远，帝以外家姓赐其王曰窦，又封宗室女为和义公主降之。十三载，王忠节遣子薛裕朝，请留宿卫，

习华礼，听之，授左武卫将军。其事唐最谨。①

可见，唐朝对"远者"以德施治策略起了很好的效应，为其赢得了声誉、尊威；关键时刻，作为回应，绝大多数受过唐恩赐的民族及政权，也能给予其应有的回报。

——反叛必究，逆取顺守。并非所有被赐封者，始终报以感恩之情，对忘恩负义与以下犯上的行为，唐朝在绝大多数情况下是反叛必究，不姑息养奸。这是维护唐尊威的一个举措，也是对其他潜在叛乱思想与行为的警示。但在善后时，则有着自己的策略。如针对高昌王后来背叛之举，太宗自有做法。《旧唐书·西戎传》言：

> 时西戎诸国来朝贡者，皆涂经高昌，文泰后稍壅绝之。伊吾先臣西突厥，至是内属，文泰又与叶护连结，将击伊吾。太宗以其反覆，下书切让，征其大臣冠军阿史那矩入朝，将与议事。文泰竟不遣，乃遣其长史麹雍来谢罪。初，大业之乱，中国人多投于突厥。及颉利败，或有奔高昌者，文泰皆拘留不遣。太宗诏令括送，文泰尚隐蔽之。又寻与西突厥乙毗设击破焉耆三城，虏其男女而去。焉耆王上表诉之，太宗遣虞部郎中李道裕往问其状。十三年，太宗谓其使曰："高昌数年来朝贡脱略，无藩臣礼，国中署置官号，准我百僚，称臣于人，岂得如此！今兹岁首，万国来朝，而文泰不至。增城深堑，预备讨伐。日者我使人至彼，文泰云：'鹰飞于天，雉窜于蒿，猫游于堂，鼠安于穴，各得其所，岂不活耶！'又西域使欲来者，文泰悉拘留之。又遣使谓薛延陀云：'既自为可汗，与汉天子敌也，何须拜谒其使。'事人阙礼，离间邻好，恶而不诛，善者何劝？明年，当发兵马以击尔。"是时薛延陀可汗表请为军向导，以击高昌，太宗许之。令民部尚书唐俭至延陀，与谋进取。②

可见，麹文泰联合西突厥，又借高昌优越位置势力大长，竟阻隔西域

① 《新唐书》卷221下《西域传下》。
② 《旧唐书》卷198《西戎传》，以后凡出自此传者不再出注。

诸国与唐交往。太宗多次切责无果时，针对前者目中无人，出尔反尔，不守信誉之行径，便联合薛延陀等部想一举灭掉麴氏王朝。① 至此太宗仍采取先礼后兵的模式。同传言：

> 太宗冀其悔过，复下玺书，示以祸福，征之入朝。文泰称疾不至。太宗乃命吏部尚书侯君集为交河道大总管，率左屯卫大将军薛万均及突厥、契苾之众，步骑数万众以击之。时公卿近臣，皆以行经沙碛，万里用兵，恐难得志，又界居绝域，纵得之，不可以守，竞以为谏。太宗皆不听。文泰谓所亲曰："吾往者朝觐，见秦、陇之北，城邑萧条，非复有隋之比。设今伐我，发兵多则粮运不给；若发三万以下，吾能制之。加以碛路艰险，自然疲顿，吾以逸待劳，坐收其弊，何足为忧也？"及闻王师临碛口，惶骇计无所出，发病而死。

麴文泰一意孤行和刚愎自用，最终引发了与唐兵戎相见，加之轻敌之举，更使其落得技穷而猝死的下场。当然，在侯君集领兵征高昌时，在对待新王时仍旧采取先礼后兵策略。《旧唐书·侯君集传》言："文泰卒，其子智盛袭位。君集率兵至柳谷，候骑言文泰克日将葬，国人咸集。诸将请袭之，君集曰：'不可，天子以高昌骄慢无礼，使吾恭行天罚，今袭人于墟墓之间，非问罪之师也。'于是鼓行而前，攻其田地。"② 从侯氏话语中透露出，此战为"义战"，而"袭人于墟墓之间"是不义之举。太宗伐高昌的实质，是由于其王不守信义与背叛之举，侯君集对此也心领神会。《旧唐书·西戎传》有呼应记载：

> 君集兵奄至柳谷，进趋田地城，将军契苾何力为前军，与之接战而退。大军继之，攻拔其城……进逼其都。智盛移君集书曰："有罪于天子者，先王也，咎深谴积，身已丧亡。智盛袭位无几，君其赦诸？"君集谓曰："若能悔祸，当面缚军门也。"又命诸军引冲车、抛车以逼

---

① 此役意义今已有专门研究，见王賾《唐太宗平定高昌的历史意义》，《历史研究》1979 年第 2 期。

② 《旧唐书》卷 69《侯君集传》。

之，飞石雨下，城中大惧。智盛穷蹙，出城降。君集分兵掠地，下其三郡、五县、二十二城……先是，其国童谣云："高昌兵马如霜雪，汉家兵马如日月。日月照霜雪，回手自消灭。"文泰使人捕其初唱者，不能得。

由这段文字观，唐兵势如破竹，高昌兵却溃不成军；结合行文末尾民谣看，麹文泰家族统治高昌不得人心，若联系前引他对太宗无礼之辞，他的失德是由内而外的一个表现，这种不得人心，当然得不到百姓支持，失败是必然的。一如《新唐书·魏徵传》言："高昌平，帝……叹曰：'高昌若不失德，岂至于亡！然朕亦当自戒。'"① 而对于高昌降者，太宗则不计前嫌，一一授封，可见其宽大之举；受降者终能职守，也可见这一正面效应。逆取顺守相类的事迹，在焉耆、龟兹背叛与唐朝讨伐后同样又有上演。从史文看，虽三者失信在前，但太宗与高宗均不计前嫌，以德报怨，意在争取民心，以心换心。高层将领在经营西突厥时，也有诸多类似史事，如《新唐书·苏定方传》云：

> 会思结阙俟斤都曼先镇诸胡，劫所部及疏勒……三国复叛，诏定方还为安抚大使。率兵至叶叶水，而贼壁马头川。定方选精卒……昼夜驰……至其所。都曼惊，战无素，遂大败，走马保城。师进攻之，都曼计穷，遂面缚降。俘献于乾阳殿，有司请论如法。定方顿首请曰："臣向谕陛下意，许以不死，愿丐其命。"帝曰："朕为卿全信。"乃宥之。葱岭以西遂定。②

显然，苏定方在接受都曼面降之时，以朝廷皇帝名义，许以不死，并恪守承诺，为唐树立以德怀远威信，他本人也得到当朝皇帝的认可与赐封。又如《旧唐书·突厥传上》③ 记经营车鼻可汗一段史实。

> 贞观中，突厥别部有车鼻者，亦阿史那之族也，代为小可汗，牙

---

① 《新唐书》卷97《魏徵传》，以后凡引此传者不再出注。
② 《新唐书》卷111《苏定芳传》。
③ 以下凡引自《旧唐书》卷194上《突厥传上》者不再出注。

在金山之北。颉利可汗之败,北荒诸部将推为大可汗,遇薛延陀为可汗,车鼻不敢当,遂率所部归于延陀。为人勇烈,有谋略,颇为众附。延陀恶而将诛之,车鼻密知其谋,窜归于旧所……胜兵三万人,自称乙注车鼻可汗。西有歌罗禄,北有结骨,皆附隶之。

从这段文字可看出车鼻的个人品质与领导才能,而这点却遭到薛延陀的排挤与迫害;反之,又得到他部青睐,故归顺其下。在处理与唐关系中,车鼻显然缺乏正确认识,对唐朝出现失信的重大错误,故遭到唐高层追究,同传云:

延陀破后,遣其子……来朝,贡方物,又请身入朝。太宗遣将军郭广敬征之,竟不至。太宗大怒。贞观二十三年,遣右骁卫郎将高侃潜引回纥、仆骨等兵众袭击之,其酋长歌逻禄泥孰阙俟利发及拔塞匐处木昆莫贺咄俟斤等,率部落背车鼻,相继来降。永徽元年,侃军次阿息山。车鼻闻王师至,召所部兵,皆不赴,遂携其妻子从数百骑而遁,其众尽降。侃率精骑追车鼻,获之,送于京师……高宗数其罪而赦之,拜左武卫将军……

由行文观,车鼻出尔反尔与不识大体,连遭太宗与高宗讨伐。但对于如此"欺君"的民族人物,高宗虽"数其罪而赦之",并给予很高待遇,显示唐朝对他的宽大与信任。对其罪与宽恕原因,《新唐书·突厥传上》有较具体的记载:"高宗责曰:'颉利败,尔不辅,无亲也;延陀破,尔遁亡,不忠也。而罪当死,然朕见先帝所获酋长必宥之,今原而死。'乃释。"高宗所言"朕见先帝所获酋长必宥之"是太宗一直贯彻的逆取顺守原则。故对待俘获的车鼻,高宗也遵从父志。当然,车鼻才能也是唐高层所熟知的,故他们逆取顺守后因俗施治,对其父子均予以重任。从前述车鼻品德看,对于唐朝宽恕与深情厚谊,他在受任后也未辜负。

相比车鼻,阿史那贺鲁可谓是真正忘恩负义之人。平定贺鲁之乱是唐高宗经营西突厥的一件大事。《旧唐书·突厥传下》① 云:

----

① 以下凡引自《旧唐书》卷194下《突厥传下》,不再出注。

初，阿史那步真既来归国，咄陆可汗乃立贺鲁为叶护，以继步真，居于多逻斯川，在西州直北一千五百里，统处密、处月、姑苏、歌罗禄、弩失毕五姓之众。其后，咄陆西走吐火罗国，射匮可汗遣兵迫逐，贺鲁不常厥居。贞观二十二年，乃率其部落内属，诏居庭州。寻授左骁卫将军、瑶池都督。高宗即位，进拜左骁卫大将军，瑶池都督如故。

从"射匮可汗遣兵迫逐，贺鲁不常厥居"到"贞观二十二年，乃率其部落内属"之句看，贺鲁内属主要是出于势单力薄，形势所逼，即无奈之举；其带有权宜之计，而非心悦诚服，这为后来反叛埋下了祸根。同传云："及太宗崩，贺鲁反叛，射匮部落为其所并。"从史文看，贺鲁反叛对西域破坏力相当大，特别是严重触动了唐朝在西域的直接利益。故高宗兴师动众经历数年才平定此乱。结合具体记载看，从贺鲁背叛唐朝及叛后所作所为，必然得到众叛亲离的结果。然对于一个行将处死的叛乱头目，他却说出一番让世人惊讶与感慨之辞："我破亡虏耳！先帝厚我，而我背之，今日之败，天怒我也。旧闻汉法，杀人皆于都市，至京杀我，请向昭陵，使得谢罪于先帝，是本愿也。"话语中折射出了太宗在世时对他的深情厚谊，也反映了太宗以德施治最终的效应，即能使一个叛臣最终而悔罪。常言道：知错能改，善莫大焉。正是他发自内心的这席忏悔辞，得到了高宗最终的赦免。显然，高宗对他采取的也是逆取顺守。可见，一个罄竹难书的恶人都能被饶恕，这里面潜移默化的巨大效应自当不言而喻。

唐大多数高层均能继承太宗这一理念。如《新唐书·西域传下》载平小勃律之乱中就有反映。当时平定小勃律对西域诸国影响颇大，这是反叛必究的又一例证。玄宗对于其王同样是不计前嫌，赐封颇多，体现了唐朝以德怀远的最高理念。这种做法对忠诚或欲投诚唐朝的边疆之民是个鼓励，对想叛乱的分子也是个警示。

——不分民族，唯才是举。这是唐在经营边疆方面以德怀远中的一个重要原则。西北高层民族人物纷纷加入唐这个大家庭，与此原则有直接关系。透过两《唐书》少数民族人物传记能深切感受到，不分民族，任人唯贤，使唐朝比之前代，在经营边疆成功方面显得更加耀眼，可谓承前启后。所载绝大多数民族人物都是为大唐立下汗马功劳的文臣武将。换言之，他们在唐朝统一多民族国家发展中做出了重要贡献，时至今日仍然被世人所赞颂。[1] 透过他们的事迹能看到以太宗为代表的唐高层是如何实施这一原则的。除民族传记载外，《新唐书·诸夷蕃将传》[2] 是个较为集中的撰述篇章，重要西域民族人物事迹皆在其中。第一位是西突厥史大奈。由史文看，大奈历经隋炀帝、唐高祖与太宗朝。特别是在唐初建国统一中，功勋卓著，如传言："高祖兴太原，大奈提其众隶麾下。桑显和战饮马泉，诸军却，大奈以劲骑数百背击显和，破之，军遂振。"被赐"史"姓。身前先后被擢升，即便是逝世后，太宗还赠"辅国大将军"称号，名副其实，充分展现了他在唐历史上的成就，大奈是应被赞誉与留名史册的；高祖与太宗对他的信任与重用，也值得后人肯定。这是此段行文背后史家想要表达的理念之一。无独有偶，这种思想也渗透于其他人物传记中。如传云：

> 阿史那社尔，突厥处罗可汗之次子。年十一，以智勇闻。拜拓设，建牙碛北，与颉利子欲谷设分统铁勒……诸部。处罗卒，哀毁如礼。治众十年，无课敛。或劝厚赋以自奉，答曰："部落丰余，于我足矣。"故首领咸爱之。颉利数用兵，社尔谏，弗纳。

史家仅仅数笔，就将社尔的才能与品德表露无遗。显然，这样的人物一旦进入唐朝，一定会被高层所器重。如传言：

> 贞观元年，铁勒……等叛，败欲谷设于马猎山，社尔助击之，弗胜。明年，将余众西保可汗浮图城……延陀纵击……乃走保高昌，众才万人，又与西突厥不平，由是率众内属。十年入朝，授左骁卫大将军，处其部于灵州。诏尚衡阳长公主，为驸马都尉，典卫屯兵。十四年，以交河道行军总管平高昌，诸将咸受赏，社尔以未奉诏，秋毫不敢取，见别诏，然后受，又所取皆老弱陈弊。太宗美其廉，赐高昌宝钿刀……封毕国公。

---

① 《新疆历史人物》，第58~92页。
② 本小节凡引自《新唐书》卷110《诸夷蕃将传》者不再出注。

太宗是个爱才与着眼大局之人，对这位能干清廉的少数民族将领，赐封也毫不吝惜。而社尔也有恩必报，在唐经营边疆中能身先士卒，不遗余力。传载：

> 征辽东，中流矢，握去复战，所部奋厉，皆有功。还，擢兼鸿胪卿。二十一年，以昆丘道行军大总管与契苾何力……等五将军发铁勒十三部及突厥骑十万讨龟兹。师次西突厥，击处蜜、处月，败之。入自焉耆西，兵出不意，龟兹震恐。进屯碛石，伊州刺史韩威以千骑先进，右骁卫将军曹继叔次之。至多褐城，其王率众五万拒战。威阳却，王悉兵逐北，威与继叔合，殊死战，大破之。社尔因拔都城，王轻骑遁。社尔留孝恪守，自率精骑追蹑，行六百里。王据大拨换城，婴险自固。社尔攻凡四十日，入之，禽其王，并下五大城。遣左卫郎将权祗甫徇诸首长，示祸福，降者七十余城，宣谕威信，莫不欢服……因说于阗王入朝，王献马畜三百饷军，西突厥、焉耆、安国皆争犒师。孝恪之在军，床帷器用多饰金玉，以遗社尔，社尔不受。帝闻，曰："二将优劣，不复问人矣。"

从行文观之，在唐朝统一的多民族国家建设中，特别是经营西北边疆时，社尔可谓成就突出，贡献颇多。他始终保持的廉洁奉公精神，也一直被太宗看重，虽以上史家仅用"二将优劣，不复问人矣"极为简单的话语来烘托太宗对他的赞誉。但结合文中事迹，无论是太宗，还是史家记载，此话都恰到好处。虽文中并未过多描述太宗与社尔的亲密关系，但从太宗对他赐封与赞誉及太宗逝世后，后者之举，足以显示出二者感情之深。同传云："帝崩，请以身殉，卫陵寝，高宗不许。"可见，太宗逝世，使社尔陷入极度悲痛境地，故有殉葬之请。这其中折射出，太宗身前对他的深情厚谊是何等至深。当然，这样的人才，作为后继者高宗肯定不会愿意"舍去"。高宗也给予他很高荣誉，"迁右卫大将军。永徽六年卒，赠辅国大将军、并州都督，陪葬昭陵，治冢象葱山，谥曰元。"可谓实现了他身前陪葬太宗之愿。

契苾何力是与社尔齐名的西域人物。太宗与他同样有非凡的君臣关系。传曰：

贞观六年，与母率众千余诣沙州内属，太宗处其部于甘、凉二州，擢何力左领军将军。九年，与……万均讨吐谷浑于赤水川。万均率骑先进，为贼所包……何力驰壮骑，冒围奋击，虏披靡去。是时吐谷浑王伏允在突沦川，何力欲袭之，万均惩前败，以为不可。何力曰："贼无城郭，逐荐草美水以为生，不乘其不虞，正恐鸟惊鱼骇，后无以窥其巢穴。"乃阅精骑千余，直捣其牙，斩首数千级，获橐它……羊二十余万，俘其妻子，伏允挺身免。有诏劳军于大斗拔谷。万均耻名出其下，乃排何力，引功自名。何力不胜愤，挺刀起，将杀之，诸将劝止。及还，帝责谓其故，何力具言万均败状。帝怒，将解其官授何力。何力顿首曰："以臣而解万均官，恐四夷闻者，谓陛下重夷轻汉，则诬告益多。又夷狄无知，谓汉将皆然，非示远之义。"帝重其言，乃止。

由行文前部分看，何力在唐平定吐谷浑时，不畏身死，救了将领万均，同时能够审时度势，力排万均顾虑，抓住战机，大获全胜。而万均却恩将仇报，将何力战功据为己有，何力愤激之下欲手刃他，幸得诸将制止。太宗不明其状，在责问其因时，才获悉实情。太宗向来看中以义取信，万均的此种不义之举，是他所不能容忍的。但就在他打算惩恶纠误时，何力却能不计个人得失，顾全大局，从长远考虑，劝阻太宗。从何力言语中，不难看出，当时华夷之别，特别是重华夏贱夷狄思想在朝中还有一定影响。少数民族对汉士也有看法。在何力透彻分析后，太宗认为其言合理，对此事不再追究，进而也未将此事扩大。但通过此事无疑加深了二者信任，太宗对何力则更加器重。当然，何力对太宗的信任与器重没有辜负，传中一段特别的记述能更真切地反映这点：

始，何力母姑臧夫人与弟沙门在凉州……十六年，诏何力往视母。于是薛延陀毗伽可汗方强，契苾诸酋争附之，乃胁其母、弟使从。何力惊谓其下曰："上于尔有大恩，且遇我厚，何遽反？"皆曰："可敦、都督去矣，尚何顾？"何力曰："弟往侍足矣，我义许国，不可行。"众执之……何力箕踞，拔佩刀东向呼曰："有唐烈士受辱贼廷邪？天地日月，临鉴吾志。"即割左耳，誓不屈。毗伽怒，欲杀之，其妻谏而止。

何力被执也，或谮之帝曰："何力入延陀如涸鱼得水，其脱必遽。"帝曰："不然。若人心如铁石，殆不背我。"会使至言状，帝泣下。

这段感人肺腑的描述，再现了何力对太宗之忠诚。太宗不信谗言发出的一段感言，则显现出他对何力信任之深。事情果如其言，后来何力遇难，但他宁死不屈，深切触动太宗，为此感动得流泪，还放下大朝颜面答应薛延陀联姻请求，意在换回何力。传言：

即诏兵部侍郎崔敦礼持节许延陀尚主，因求何力，乃得还。授右骁卫大将军。公主行有日，何力陈不可。帝曰："天子无戏言，既许之，巨奈何？"何力曰："礼有亲迎，宣诏毗伽身到京师，或诣灵武。彼畏我，必不来，则姻不成，而忧愤不知所出，下必携贰，不及一年，交相疑沮。毗伽素很戾，必死，死则二子争国。内判外携，不战而禽矣。"帝然之。毗伽果不敢迎，郁邑不得志，恚而死，少子拔酌杀其庶兄突利失自立，国中乱，如其策云。

由行文观，何力是心细之人，在薛延陀受辱时，洞察到其内部问题；且运用高超计谋未使唐朝丢失毁约颜面，也促生了薛延陀内乱，为唐减轻了边患。同时，透过太宗对其计谋采纳与效果显见，更加深了这一对君臣的感情。传载：

帝征高丽，诏何力为前军总管。次白崖城，中贼稍，创甚，帝自为傅药。城拔，得刺何力者高突勃，驺使自杀之，辞曰："彼为其主，冒白刃以刺臣，此义士也。犬马犹报其养，况于人乎？"卒舍之。俄以昆丘道总管平龟兹。帝崩，欲以身殉，高宗谕止。

从太宗对何力受伤后亲自为他敷药，结合前述太宗对其他少数民族将领的爱护，我们能由衷体会到这位君王为何会得到如此众多民族人士的爱戴与赞颂。边疆少数民族首次授予他天可汗荣誉，显然也非虚名。他的真挚体现在对少数民族将领器重，也在于他能虚心纳其谏。如上，何力对刺杀自己的高丽人士，能够设身处地，换位思考，对其"忠诚之举"既往不咎。其中能够显现何力的大度，也能折射出他也是个知恩图报之人。而他最为感恩的是太宗。太宗身前，他不畏身死忠诚于他，为唐立下汗马功劳。太宗逝世后，对于一个有着赤子之心的他，显然陪葬是他因失去前者，悲痛至极最真切的愿望。当然，与阿史那社尔一样，高宗不可能让其"如愿"。因他的想法不理性，而高宗统治也需要这样有才德之人。高宗继承其父精神，一如既往，对他也十分器重。传言：

> 永徽中，西突厥阿史那贺鲁（叛）……诏何力为弓月道大总管……统秦……及燕然都护回纥兵八万讨之。处月酋朱邪孤注遂杀招慰使果毅都尉单道惠，据牢山以守。何力等分兵数道，攀藟而上，急攻之，贼大溃，孤注液遁。轻骑穷蹑，行五百里，孤注战死。虏渠帅六十，俘斩万余，牛马杂畜七万，取处蜜时健俟斤……等以归。迁左骁卫大将军……

可见，何力在高宗经营西域时，同样不负众望，在平贺鲁叛乱时战功卓著。高宗对其给予肯定，一再擢升他。因他的出生与多年经营边疆的成功经验，故在经营西北方面，唐朝也格外看中他，时常委派他去处理民族纷乱事务。传载：

> 时铁勒九姓叛，诏何力为安抚大使。何力以轻骑五百驰入其部，虏大惊。何力喻曰："朝家知而诖误，遂及翻动，使我贳尔过，得自新。罪在凶渠，取之则已。"九姓大喜，共擒伪叶护及特勒等二百人以归，何力数其罪，诛之，余众遂安。士卒道死者，令所在收瘗，蠲护其家。

结合前述与此段文字，显示出何力文韬武略，战术上高人一等，谋略上也胜人一筹。从行文看，他在处理民族问题时，只惩治首犯，不妄杀无辜，并以民为本，及时做好善后事务，进而能很快将事态平息。无疑，高宗在处理此项事务时，选用何力是恰到好处。年事已高时，他还在为唐效劳，如传后云："总章、仪凤间，吐蕃灭吐谷浑，势益张，入寇……诏周王为洮州道、相王为凉州道行军元帅，率何力等讨之。二王不行，亦会何力卒。赠辅国大将军、并州大都督，陪葬昭陵，谥曰毅。"何力一辈子兢兢业业，甚至他逝世于执行任务之际。但从中也可见唐高层对他的信赖与重用。他逝世后，对其封号与谥号是对他盖棺论定的最好概括，他也如愿以偿陪葬太宗，这又是对他赞誉的另一种表达。

由上文看，不分民族，唯才是举是唐高层以德怀远的重要表现，而尤以太宗为代表。太宗的推心置腹赢得了许多少数民族人士爱戴，也使他们甘愿为大唐奉献，在唐统一多民族国家发展中做出重要贡献，进而被留名千载。

——临危救急，民生为本。这是唐以德怀远又一值得世人赞誉的原则。唐朝与西北民族交往中并非一帆风顺，有些势力在对待唐态度上反复无常，就此边患也时常发生，使唐朝也颇受其苦。如《旧唐书·回纥传》后论以追溯历史与时人评论为契机，点出唐与回纥关系兴衰、沉浮及得失，尤其是二者关系变迁，同唐本身政治得失、国力强弱有直接关联。转折点就在玄宗时期。换言之，其关系史折射了唐本身的兴衰。其中"比昔诸戎，于国之功最大，为民之害亦深"[1] 之句，可说是二者关系最经典概括，也是一个较辩证的看法。当然，两者关系也与回纥自身盛衰有直接关系，正所谓："势利日隆，盛衰时变，冰消瓦解，如存若亡。"在当时华夷之辨中，撰者能从各自角度出发总结民族关系，有其合理性。

在回纥（元和四年，改为回鹘）遭难之时，唐朝高层该如何应对这个既有功，又有害的对象呢？一如《新唐书·回鹘传下》云：

> 俄而渠长句录莫贺与黠戛斯合骑十万攻回鹘城，杀可汗，诛掘罗勿，焚其牙，诸部溃，其相馺职与厖特勒十五部奔葛逻禄，残众入吐蕃、安西。于是，可汗牙部十三姓奉乌介特勒为可汗，南保错子山。黠戛斯已破回鹘，得太和公主；又自以李陵后，与唐同宗，故遣使者达干奉主来归。乌介怒，追击达干杀之，劫主南度碛，边人大恐。进攻天德城，振武节度使刘沔屯云伽关拒却之。宰相李德裕建言："回鹘曩有功，今饥且乱，可汗无归，不可击，宜遣使者赒安之。"帝用兵部郎中李拭行边刺状。于是，其相赤心与王子嗢没斯、特勒那颉啜将其部欲自归，而公主亦遣使者来言乌介已立，因请命。又大臣颉干伽思等表假振武居公主、可汗。帝乃诏右金吾卫大将军王会持节慰抚其众，

---

[1] 《旧唐书》卷 195《回纥传》，下同。

输粮二万斛，不许借振武，令中人好语开谕；又诏使者持册往，潜稽
其行，须变。

可见，在对待穷困下的回鹘态度上，唐高层有两种认识，宰相李德裕
显然言之有理。不计前嫌，救人于危难之中，体现了大唐应有风度。这对
其他民族势力也是个范例，显然有正面效应。后来回鹘一些势力至唐末还
来朝贡，也可见一斑。

民以食为天，救人于危难中，也是防止对方穷则寇，提前消除边患的
重要举措，如《新唐书·陈子昂传》载武则天时陈氏关于救济北边来降饥
民上疏之辞：

> 近诏同城权置安北府，其地当碛南口，制匈奴之冲，常为剧镇。
> 臣顷闻碛北突厥之归者已千余帐，来者未止，甘州降户四千帐，亦置
> 同城。今碛北丧乱、荒馑之余，无所存仰，陛下开府招纳，诚覆全戎
> 狄之仁也。然同城本无储峙，而降附蕃落不免寒饥，更相劫掠。今安
> 北有官牛羊六千，粟麦万斛，城孤兵少，降者日众，不加救恤，盗劫
> 日多。夫人情以求生为急，今有粟麦牛羊为之饵，而不救其死，安得
> 不为盗乎？盗兴则安北不全，甘、凉以往，跷以待陷，后为边患，祸
> 未可量。是则诱使乱，诲之盗也。且夷狄代有雄桀，与中国抗，有如
> 勃起，招合遗散，众将系兴，此国家大机，不可失也。[1]

这段内容先立后破，首先肯定了武则天对北边饥荒少数民族开府招纳，
以人为本之举。这点在《新唐书·西域传上》中也有相似事迹，如其云：
"武后长安时，以其国（指焉耆）小人寡，过使客不堪其劳，诏四镇经略使
禁止傔使私马、无品者肉食。"[2] 正基于武则天能体谅民生这点，陈子昂在
上疏中赞誉后，马上话锋一转，认为朝廷对待越来越多降者，若"不加救
恤"，则势必会"盗劫日多"。其中特别点出问题实质"夫人情以求生为
急"。为生而盗，边患必起。故对来降者给予必要救恤是防患于未然的一个

① 《新唐书》卷107《陈子昂传》，以后凡引自此传者不再出注。
② 《新唐书》卷221上《西域传上》。

重要举措。翻开历代正史，许多边患确实都是因天灾或人祸而引起的大范围饥荒，从而爆发了持续不断侵扰边境、掠夺生存物资之恶性事件。陈氏以民生为本，能够看到问题实质，提出务实性建议，无疑得到史家肯定，故而此段内容被留存史册。

此种民生为本的救济建议是输血模式，而更为良性发展是让对方有造血功能，即民生建设。如《旧唐书·张俭传》云：

> 贞观初，以军功累迁朔州刺史。时颉利可汗自恃强盛，每有所求，辄遣书称敕，缘边诸州，递相承禀。及俭至，遂拒不受，太宗闻而嘉之。俭又广营屯田，岁致谷十万斛，边粮益饶。及遭霜旱，劝百姓相赡，遂免饥馁，州境独安……俭前在朔州，属李靖平突厥之后，有思结部落，贫穷离散，俭招慰安集之。其不来者，或居碛北，既亲属分住，私相往还，俭并不拘责，但存纲纪，羁縻而已。及俭移任，州司谓其将叛，遽以奏闻。朝廷议发兵进讨，仍起俭为使，就观动静。俭单马推诚，入其部落，召诸首领，布以腹心，咸匍匐启颡而至，便移就代州，即令检校代州都督。俭遂劝其营田，每年丰熟。虑其私蓄富实，易生骄侈，表请和籴，拟充贮备，蕃人喜悦，边军大收其利。[1]

从上文看，张俭以民生为本的建设性、灵活性经营模式深得民心。他懂得物极必反，故当"私蓄富实"时，便通过"和籴"模式来平衡积蓄，防止"丰收成灾"的发生。灾年时则可利用这些储备之资。故边军与边民均受其利，因而也受到边人与当政者的认可、赞誉。

——先义后利。这是唐以德怀远又一值得称赞的理念。它非权宜之计，而是远瞻性经营理念，民族间交往得以来日方长。如《旧唐书·魏徵传》云：

> 先是，（太宗）遣使诣西域立叶护可汗，未还，又遣使多赍金银帛历诸国市马。徵谏曰："今以立可汗为名，可汗未定，即诣诸国市马，彼必以为意在市马，不为专意立可汗。可汗得立，则不甚怀恩。诸蕃

---

[1] 《旧唐书》卷83《张俭传》。

闻之，以为中国薄义重利，未必得马而失义矣……陛下纵不能慕汉文之高行，可不畏苏则之言乎？"太宗纳其言而止。①

这段讲述的是太宗经营西突厥时发生的一件事。授封西突厥可汗是唐初政治战略的重要部分，而马匹是当时非常急需的重要物资。显然以政治为先导背后，经营西域也有经济需要。但孰先孰后，对二者关系发展却有重要影响。魏徵通过入情入理地分析，认为在授封还未完全落实时，就向西突厥购马，无疑显示出唐朝经营西突厥重利而非为义，即并不是一种以德怀远的理念，如此将会受到其他边疆人士误解，慕义而来就会成为泡影，也会造成一种恶劣影响。他还以史为鉴来论证，此时购马不合时宜。在文字背后透露出一种经营边疆的模式，义先利后。这与张骞提出的以义属之意蕴相同。唐朝正是秉承这种经营模式，后虽西突厥内部变故频频，但始终与唐保持着贡赐关系。唐廷对其内部各方在不犯边的情况下，均采取中立态度，往往扮演调停者身份。如史载太宗时"讽令各保所部，无相征伐"。"谕以敦睦之道"。② 从中展现出，唐廷以和为贵的经营理念。

——以信取之，取信于民。信义是人际交往最为可贵的原则。唐经营边疆民族，比较成功之处也在于此。事例颇多，如《旧唐书·长孙无忌传》载：

> 时突厥颉利可汗新与中国和盟，政教紊乱，言事者多陈攻取之策。太宗召萧瑀及无忌问曰："北番君臣昏乱，杀戮无辜。国家不违旧好，便失攻昧之机；今欲取乱侮亡，复爽同盟之义。二途不决，孰为胜耶？"萧瑀曰："兼弱攻昧，击之为善。"无忌曰："今国家务在戢兵，待其寇边，方可讨击。彼既已弱，必不能来。若深入虏廷，臣未见其可。且按甲存信，臣以为宜。"太宗从无忌之议。突厥寻政衰而灭。③

唐初为稳固政权曾联盟突厥，但颉利可汗屡犯边境，成为重要边患。

---

① 《旧唐书》卷71《魏徵传》。
② 《旧唐书》卷197《突厥传下》。
③ 《旧唐书》卷65《长孙无忌传》。

权宜之下，太宗与之有多次盟约。此段事件背景正是如此。削弱突厥势力，消除边患是当时亟待解决的一件大事。常言道：机不可失，时不再来。显然当时朝中不少人士认为，乘着突厥内乱，主动出击是一个绝佳时机。但与之先有盟约，出击意味着失信。虽大多数人士认为，即便失信，也不可失去机会。但太宗是个维护守信原则之人，他经营边疆成功的一点正是以信取之。故面对多数人的意见时，他表现出犹豫不决的状态。而长孙无忌比较有洞察力，他历陈形势，认为应当采取后发制人策略，这样既不失信于对方，也可以逸待劳。事情发展果如其言。结合前述，正是唐朝这种存信原则，使得突厥衰亡后，诸多属部自觉归唐，可见取信于人是一个长久之策，正面效应往往是在潜移默化中发生，若只图一时之快而失信，只得短暂之利，而失长远之利。

但取信也是有前提的。如《旧唐书·褚遂良传》载："时薛延陀遣使请婚，太宗许以女妻之，纳其财聘，既而不与。"① 褚氏遂上疏。从史文看，他引古论今，意在说明以信取之重要性，认为朝廷不因失一公主而失信于薛延陀。失信于一方，犹如失信于天下，失信于边疆各族。透过其言辞"自君临天下，十有七载，以仁恩而结庶类，以信义而抚戎夷，莫不欣然，负之无力。其见在之人，皆思报厚德；其所生胤嗣，亦望报陛下子孙"。也直面点出太宗经营边疆最成功之处在于以信义取之。透过文本看，以信义取之，比武功成效更显著。整体来观上疏之辞，褚遂良的话深入浅出，入情入理，且真挚透彻，并非有错。但他的前提是错的。从前文所述契苾何力事迹时，就可看出，薛延陀已有诸多背叛行为，劫持何力就是明显一例。太宗为换回忠诚的契苾何力，不得已答应薛延陀请婚。薛延陀在某种程度上是"逼婚"，其想通过联姻唐朝来扩大自己在西北的影响，给各部施压。若成既定事实，薛延陀对唐西北边患威胁就更加重。这是其一。二是何力向太宗献了一计，让其掌权者亲自迎亲，其未做到；太宗所要求的全部聘礼也未如数送到唐廷。基于此种前提，太宗才决定"毁婚"，显然这并不能算是失信。通过前述契苾何力记载来看，太宗本身并非想失信于前者。基于前者的"悖逆"行为与动向，太宗接受契苾何力建议，让薛延陀失信在前，自己"毁婚"在后。故从薛延陀未满足太宗婚聘全部要求来看，太宗举措并不能算是失信于

① 《旧唐书》卷80《褚遂良传》。

对方，失信于众。最终他未采纳褚遂良建议，也是有说服力的。因此，对于这件事，太宗是否失信于薛延陀，必须结合各种记载，综合来看事情的来龙去脉，才能给予合理评价，而非仅凭某一单独记载，妄下论断。

兹需强调，以信取之，是要以对方某种承诺为前提，若前提不能满足，在对方背弃承诺下还要求另一方强制存信，此以信取之就无任何实际意义与价值。褚遂良在论述历史事件时，如在引晋文公存信事迹时，点到了他存信的前提得到了满足。但说到太宗许婚薛延陀时，只突出强调前者应当存信，而并未谈及后者不能满足前者要求这个事实。故太宗未接纳他的谏言是合情合理的。但对褚氏所提出的在经营边疆少数民族方面以信取之，还是应当肯定与认可的。太宗为首的唐高层在经营边疆的一个成功怀远之策正是取信于民。其他人物传记中也多有记载，《旧唐书·裴行俭传》载："累拜安西大都护，西域诸国多慕义归降。"① 《旧唐书·郭孝恪传》云："贞观十六年，累授……行安西都护、西州刺史。其地高昌旧都，士流与流配及镇兵杂处，又限以沙碛，与中国隔绝。孝恪推诚抚御，大获其欢心。"② 不难看出，他们都是以信义取得西域诸国民族之信任与支持的。

2. 因时而动

这是唐朝在经营西北边疆少数民族方面，又一成功点。

——与时而变。较典型的例子是围绕唐从联合到"灭亡"东突厥的人物事迹。

隋唐之际，乘中原内乱时，原在隋朝时衰弱的突厥又再次发展壮大起来。当时联合东突厥壮大自身力量，消灭异己建立政权，是李渊不得不采取的策略。《新唐书·刘文静传》云："唐公乃开大将军府，以文静为司马。文静劝改旗帜，彰特兴，又请与突厥连和，唐公从之。遣文静使始毕可汗，始毕曰：'唐公兵何事而起？'文静曰：'先帝废冢嗣以授后主，故大乱。唐公，国近戚，惧毁王室，起兵黜不当立者。愿与突厥共定京师，金币、子女尽以归可汗。'始毕大喜，即遣二千骑随文静至，又献马千匹。"③ 当唐建立伊始，面对诸多割据势力，彼强我弱时，唐廷最高统治者对东突厥总是

---

① 《旧唐书》卷84《裴行俭传》，以后凡引自此传者不再出注。
② 《旧唐书》卷83《郭孝恪传》，以后凡引自此传者不再出注。
③ 《新唐书》卷88《刘文静传》。

采取忍让态度，这在对待前西突厥处罗可汗上就可见一斑。《旧唐书·突厥传下》载：

> 处罗可汗，隋炀帝大业中与其弟阙达设及特勤大奈入朝……归长安，高祖为之降榻，引与同坐，封归义郡王……先与始毕有隙，及在京师，始毕遣使请杀之，高祖不许。群臣谏曰："今若不与，则是存一人而失一国也，后必为患。"太宗曰："人穷来归我，杀之不义。"骤谏于高祖，由是迟回者久之。不得已，乃引曷萨那于内殿，与之纵酒，既而送至中书省，纵北突厥使杀之。太宗即位，令以礼改葬。

从群臣之谏内容可见，东突厥对唐初压力之大；从"始毕遣使请杀"处罗可汗，也反映出东西突厥的敌对关系之深。反之，从另一层面又透露出，唐伊始就有意以招抚西突厥旧势力为契机，联盟西突厥牵制东突厥，只是时机还不成熟。

唐初对东突厥友好，并未让颉利可汗满足，他凭借强大实力遂成为唐最大边患，这样使二者关系急转，从联合走向敌对。在此情况下，加之唐初百废待兴，故对西域经营表现出一种克制。《新唐书·魏徵传》载：贞观三年"高昌王麹文泰将入朝，西域诸国欲因文泰悉遣使者奉献。帝诏文泰使人厌怛纥干迎之。征曰：'异时文泰入朝，所过供拟不能具，今又加诸国焉，则濒塞州县以乏致罪者众。彼以商贾来，则边人为之利；若宾客之，中国萧然耗矣。汉建武时，西域请置都护、送侍子，光武不许，不以蛮夷弊中国也。'帝曰：'善。'追止其诏。"然此种状况在后来东突厥灭亡，唐国力提升后，即发生转变。结合上下文，从另一角度看，唐初经营东突厥能否成功，对于经营包括西域在内的边疆意义重大。

面对唐初东突厥咄咄逼人，唐廷因时而动采取较灵活方式，《新唐书·突厥传下》载："太宗身勒兵，显责而阴间之，戎始内阻。不三年，缚颉利献北阙下，霆扫风除，其国遂墟。"这是《新唐书》撰者的概括认识，宣唐意味溢于言表。然《旧唐书·突厥传下》撰者对东突厥灭亡的根本原因认识与此有异，传尾史臣曰："当其时焉，不其盛矣！竟灭其族而身死于国者，何也？咸谓太宗有驭夷狄之道，李绩著戡定之功。殊不知突厥之始也，赏罚明而将士戮力。遇炀帝之乱，亡命蓄怒者既附之，其兴也宜哉！颉利之衰也，兄弟构隙而部族离心。"通过前后引文比较，对于唐在东突厥灭亡中的作用，两书都有述及，不过，显然后者看到了本质。一如《旧唐书·张公谨传》载张氏言突厥可取之状曰："颉利纵欲肆情，穷凶极暴，诛害良善，昵近小人，此主昏于上，其可取一也。又其别部同罗、仆骨、回纥、延陀之类，并自立君长，将图反噬，此则众叛于下，其可取二也。突利被疑，轻骑自免；拓设出讨，匹马不归；欲谷丧师，立足无地，此则兵挫将败，其可取三也。塞北霜早，粮糇乏绝，其可取四也。颉利疏其突厥，亲委诸胡，胡人翻覆，是其常性，大军一临，内必生变，其可取五也。华人入北，其类实多，比闻自相啸聚，保据山险，师出塞垣，自然有应，其可取六也。"太宗深纳之。① 唐廷正是抓住其内部这些问题，使隋初离间策略在唐初东突厥内部"重演"。从史书看，东突厥最终灭亡，人祸与天灾因素均有。天灾起催化剂作用，加剧了人祸，东突厥汗国终在内外夹击中灭亡。总的来看，与颉利可汗仁义不施必自毙有直接关联。当然，唐高层能因时而动，采取积极有效措施，也加速了其灭亡。

——未雨绸缪。因时而动表现于人们能够随时而变，还反映在处理事务的前瞻性，即未雨绸缪。这在唐初高层经营西突厥时有重要体现。唐伊始在对付东突厥时，与隋初一样也采取远交近攻策略。远交之一就是西突厥。从隋朝突厥汗国分裂之后，东、西突厥一直处于敌对状态，前引处罗可汗之死即是显例。射匮可汗时依然"与北突厥为敌"。正是基于此，唐初在东、西突厥间展开了远交近攻之策。《旧唐书·突厥传下》云：

> 武德三年，（统叶护可汗）遣使贡条支巨卵。时北突厥作患，高祖厚加抚结，与之并力以图北蕃，统叶护许以五年冬。大军将发，颉利可汗闻之，大惧，复与统叶护通和，无相征伐。统叶护寻遣使来请婚。高祖谓侍臣曰："西突厥去我悬远，急疾不相得力，今请婚，其计安在？"封德彝对曰："当今之务，莫若远交而近攻，正可权许其婚，以威北狄。待之数年后，中国盛全，徐思其宜。"高祖遂许之婚，令高平王道立至其国，统叶护大悦。遇颉利可汗频岁入寇，西蕃路梗，由是未果为婚。

---

① 《旧唐书》卷68《张公谨传》。

相应《新唐书·裴矩传》也云："时突厥数盗边，高祖遣使约西突厥连和，突厥因请婚。帝曰：'彼势与我绝，缓急不为用，奈何？'矩曰：'然北虏方炽，岁苦边，若权顺许，以示外援，须我完实更议之。'帝然其计。"①可见，虽唐初联合西突厥牵制东突厥还未有直接作用显现，但封、裴等人仍然认为联合前者是对付后者的长远之策，不能只顾眼前得失与效果。

换位思考，作为对手，西突厥与唐廷交好也意在打压东突厥。故太宗即位后统叶护可汗再次遣使唐廷，仍热衷于联姻，如同传曰：

> 贞观元年，遣真珠统俟斤与高平王道立来献万钉宝钿金带，马五千匹……颉利可汗不悦中国与之和亲，数遣兵入寇，又遣人谓统叶护曰："汝若迎唐家公主，要须经我国中而过。"统叶护患之，未克婚……为其伯父所杀……太宗闻统叶护之死，甚悼之，遣赍玉帛至其死所祭而焚之。会其国乱，不果至而止。

虽两次联姻均无果而终，但以统叶护可汗与唐交往为始，为西突厥与唐关系建立起了先导作用。太宗在经营此方面有其先见之明。同传载："咄陆可汗泥孰者，亦称大渡可汗。父莫贺设，本隶统叶护。武德中，尝至京师。时太宗居藩，务加怀辑，与之结盟为兄弟。既被推为可汗，遣使诣阙请降。太宗遣使赐以名号及鼓纛。贞观七年，遣鸿胪少卿刘善因至其国，册授为吞阿娄拔奚利邲咄陆可汗。"显然，咄陆可汗父辈与唐建立的良好关系，为咄陆可汗与唐关系起了良好铺垫；其中也可见太宗在经营西突厥方面的高瞻远瞩。从赐封看，太宗对咄陆可汗也极为重视。当然，后者终一生与唐保持友好关系。在一定意义上，他也是与唐关系最好的西突厥大可汗。正基于这种历史积淀与认同，后期西突厥与唐一直保持着朝赐关系。显然，先前经营为唐以后经营起了重要作用，甚至在太宗时对付东突厥中，也展示出了先前经营的效果。

由此来看，经营边疆，要与时俱进，还要注意长远之策与效果的后发性。

---

① 《新唐书》卷 100《裴矩传》。

3. 因地制宜

这是唐经营西域又一成功点，特点在于务实性。主要表现于以下几方面。

——因俗施治。这最主要表现是当地人管当地事，但不可生搬硬套。唐代在经营西域等边疆时，也采用过此模式，很多边疆官员事迹里有突出表现，有些则体现于他们建言献策中。如《新唐书·李大亮传》载："时突厥亡，帝遂欲怀四夷，诸部降者，人赐袍一领、帛五匹……列五品者赢百员。又置降胡河南。诏大亮为西北道安抚大使，使……七姓种落之未附者，峙粮碛口赈其饥。"此时大亮上疏言：

> 臣闻欲绥远者必自近。中国，天下本根，四夷犹枝叶也。残本根，厚枝叶，而曰求安，未之有也。属者突厥倾国入朝，陛下不即俾江淮变其俗，而加赐物帛，悉官之，引处内地，岂久安计哉？今伊吾虽臣，远在荒卤。臣以为诸称藩请附者，宜羁縻受之，使居塞外，畏威怀德，永为藩臣。谓之荒服者，故臣而不内，所谓行虚惠，收实福。河西积困夷狄，州县萧条，加因隋乱，残耗已甚。臣愚愿停招慰，省劳役，使边人得就农晦，此中国利也。[①]

虽李氏话语体现了华夷之辨，但结合当时百废待兴的历史背景与他上疏末尾之语看，唐初实施羁縻政策，反映了当时国力不强，统治者力不从心；反之，从侧面折射出，东突厥灭亡使唐威信大增，周边少数民族向心力也随之加深。具体从上疏内容看，李氏主张因俗施治，可减少治边费用，就当时国情而言，显然合理。

但在平高昌后，是否因俗施治，执行羁縻政策成为唐廷争论的焦点。如《新唐书·西域传上》载：

> 捷书闻，天子大悦，宴群臣，班赐策功，赦高昌所部，披其地皆州县之，号西昌州。特进魏徵谏曰："陛下即位，高昌最先朝谒。俄以掠商胡，遏贡献，故王诛加焉。文泰死，罪止矣。抚其人，立其子，

————————

① 《新唐书》卷99《李大亮传》。

伐罪吊民，道也。今利其土，屯守常千人，屯士数年一易，办装资，离亲戚，不十年陇右且空。陛下终不得高昌圭粒咫帛助中国费，所谓散有用事无用。"不纳。改西昌州曰西州，更置安西都护府，岁调千兵，谪罪人以戍。黄门侍郎褚遂良谏曰："古者先函夏，后夷狄，务广德化，不争荒遐。今高昌诛灭，威动四夷，然自王师始征，河西供役，飞米转刍，十室九匮，五年未可复。今又岁遣屯戍，行李万里，去者资装使自营办，卖菽粟，倾机杼，道路死亡尚不计。罪人始于犯法，终于惰业，无益于行。所遣复有亡命，官司捕逮，株蔓相牵。有如张掖、酒泉尘飞烽举，岂得高昌一乘一卒及事乎？必发陇右、河西耳。然则河西为我腹心，高昌，他人手足也，何必耗中华，事无用？昔陛下平颉利、吐谷浑，皆为立君，盖罪而诛之，伏而立之，百蛮所以畏威慕德也。今宜择高昌可立者立之，召首领悉还本土，长为藩翰，中国不扰。"书闻不省。[①]

从此段文字看，对于平定高昌后该如何治理，显然朝廷有两种意见。魏、褚等人认为当因俗施治，即让麹文泰后人来治理，但太宗却一改往日在平定突厥、吐谷浑后实施的羁縻政策，对高昌采取唐直接派兵驻守治理模式。魏徵等人认为这样会劳民伤财。当后来"西突厥寇西州"，太宗曰："往魏徵、褚遂良劝我立麹文泰子弟，不用其计，乃今悔之。"[②] 他显然认为魏、褚意见是对的。若仅从文献记载看，也许认为太宗在这件事上显然有误。但结合其他文献记载看，太宗做法合理。高昌位置特殊，是进入西域门户，历来成为兵家必争之地，历史上很多政权都通过直接经营高昌来控制西域诸地，太宗做法并非首创。先前麹文泰敢对抗唐朝，就是依靠西突厥，后者是当时与唐争夺西域之劲敌。太宗之所以要以高昌为西州直接经营，显然是为了能够更好控制西突厥，杜绝类似麹文泰反叛之事再次发生。不难推理，若当时唐朝以麹文泰后人统治高昌，西突厥同样会进行"颠覆"或侵扰。透过历代正史看，这样的现象在高昌历史上有过太多事例。而从唐治理西域以后发展看，太宗当时做法是对的，高昌设西州，对唐以后全方位经营西域奠定了一个重

---

① 《新唐书》卷 221 上《西域传上》。
② 《新唐书》卷 105《褚遂良传》。

要基础。故因俗施治并非笼统而论，要因地制宜，并非凡边疆民族聚居区都采取这种模式，更何况麹氏是汉室家族。从唐史看，因俗施治，实施羁縻政策，在经营某些地区确实管用。如《新唐书·西域传上》言于阗时云：

> 王姓尉迟氏，名屋密，本臣突厥，贞观六年，遣使者入献。后三年，遣子入侍。阿史那社尔之平龟兹也，其王伏阇信大惧，使子献橐它三百。长史薛万备谓社尔曰："公破龟兹，西域皆震恐，愿假轻骑羁于阗王献京师。"社尔许之。至于阗，陈唐威灵，劝入见天子，伏阇信乃随使者来。会高宗立，授右卫大将军，子叶护玷为右骁卫将军……留数月遣之，请以子弟宿卫。上元初，身率子弟酋领七十人来朝。击吐蕃有功，帝以其地为毗沙都督府，析十州，授伏阇雄都督。死，武后立其子璥。开元时献马……璥死，复立尉迟伏师战为王。死，伏阇达嗣，并册其妻执失为妃。死，尉迟珪嗣，妻马为妃。珪死，子胜立。至德初，以兵赴难，因请留宿卫。乾元三年，以其弟左监门卫率叶护曜为大仆员外卿、同四镇节度副使，权知本国事。

像于阗这样因俗施治，实施羁縻政策，在唐朝善始善终，并不多见。纵观有唐一代，唐初所实施的一些羁縻督府，也坚持因俗施治原则，往往是善始而不能善终。因为随着各地方民族势力的消长，这些所设的以某个民族为首的羁縻督府很容易被破坏。后东突厥汗国的兴起及对唐朝危害就是一个显例。

就西域而言，涉及是否因俗施治的主要大讨论是安西四镇该如何守卫。《旧唐书·狄仁杰传》① 载，他以百姓西戍疏勒等四镇，极为凋敝，乃上疏曰：

> 臣闻天生四夷，皆在先王封疆之外，故东拒沧海，西隔流沙……南阻五岭，此天所以限夷狄而隔中外也。自典籍所纪，声教所及，三代不能至者，国家尽兼之矣。此则今日之四境，已逾于夏、殷者也……至前汉时，匈奴无岁不陷边，杀掠吏人。后汉则西羌侵轶汉中，

---

① 以下凡引自《旧唐书》卷89《狄仁杰传》者不再出注。

东寇三辅，入河东上党，几至洛阳。由此言之，则陛下今日之士宇，过于汉朝远矣。若其用武荒外，邀功绝域，竭府库之实，以争硗确不毛之地，得其人不足以增赋，获其土不可以耕织。苟求冠带远夷之称，不务固本安人之术，此秦皇、汉武之所行，非五帝、三皇之事业也。若使越荒外以为限，竭资财以骋欲，非但不爱人力，亦所以失天心也。昔始皇穷兵极武，以求广地，男子不得耕于野，女子不得蚕于室，长城之下，死者如乱麻，于是天下溃叛。汉武追高、文之宿愤，藉四帝之储实，于是定朝鲜，讨西域，平南越，击匈奴，府库空虚，盗贼蜂起，百姓嫁妻卖子，流离于道路者万计。末年觉悟，息兵罢役，封丞相为富民侯，故能为天所祐也。昔人有言："与覆车同轨者未尝安。"此言虽小，可以喻大。

这是上疏首段内容，结合历代正史所载各种奏疏，借古喻今，是古代士大夫论证当下问题的一个基本模式，作为武则天时的重臣，狄仁杰也不例外。上述特别谈及汉代经营四夷劳师动众是事实，出现劳民伤财亦是事实。其中必然有政策上的失误，但这并不意味着当时所发动的战役都没有意义。只要透过《汉书》就能明显看出，西汉最大边患是匈奴，边患所造成的损失是巨大的。汉武帝时凭借国力强盛改变了过去被动消极的经营，而采取主动进攻，在这一过程中确实有不少越出底线的武力，加之将领贪污，加大了战争成本，故在劳民伤财中，有一大部分原因并非是经营四夷而引发的，而是统治者内部问题引起的，这点应当明晰。东汉内部问题就更为严重，虽劳民伤财往往表现为因经营四夷而产生，但实质上很多成本加大都是内部问题引起。这在前述两汉经营西域人物事迹时就有展现。这里狄仁杰为论证自己的观点，显然将这些内部所造成的劳民伤财问题回避了。但他却指出了一个很现实的问题，即劳民伤财的武力并不是解决或经营边疆的唯一办法。上疏第二段谈到了当时因养兵戍边的代价：

近者国家频岁出师，所费滋广，西戍四镇，东戍安东，调发日加，百姓虚弊。开守西域，事等石田，费用不支，有损无益，转输靡绝，杼轴殆空。越碛逾海，分兵防守，行役既久，怨旷亦多。昔诗人云："王事靡盬，不能艺稷黍。""岂不怀归，畏此罪罟。念彼恭人，涕零如雨。"此则前代怨思之辞也。上不是恤，则政不行而邪气作……虫螟生而水旱起……虽祷祀百神，不能调阴阳矣。方今关东饥馑，蜀、汉逃亡……征求不息。人不复业，则相率为盗，本根一摇，忧患不浅。其所以然者，皆为远戍方外，以竭中国，争蛮貊不毛之地，乖子养苍生之道也。

可见，庞大的戍边服役与开支，确实加重了百姓负担，故仅靠唐自身士兵来守卫边疆，不是长远之计；反之，完全脱离唐自身兵力，仅靠边疆人士来戍卫也非良策，安史之乱就是个典型例子。狄氏爱惜民力是对的，因俗施治，就一定时期来看能省民力也确是事实。他上疏的第三段就是围绕这点来谈的：

昔汉元纳贾捐之之谋而罢珠崖郡，宣帝用魏相之策而弃车师之田，岂不欲慕尚虚名，盖惮劳人力也。近贞观年中，克平九姓，册李思摩为可汗，使统诸部者，盖以夷狄叛则伐之，降则抚之，得推亡固存之义，无远戍劳人之役。此则近日之令典，经边之故事。窃见阿史那斛瑟罗，阴山贵种，代雄沙漠，若委之四镇，使统诸蕃，封为可汗，遣御寇患，则国家有继绝之美，荒外无转输之役。如臣所见，请捐四镇以肥中国……省军费于远方，并甲兵于塞上……边州之备实矣。况绥抚夷狄，盖防其越逸，无侵侮之患则可矣。何必穷其窟穴，与蝼蚁计校长短哉！

这段内容，他通过从数引汉代至唐太宗经营突厥之例，来增强自己的说服力。之后在第四段又提出建设性意见：

且王者外宁必有内忧，盖为不勤修政故也。伏惟陛下弃之度外，无以绝域未平为念。但当敕边兵谨守备，蓄锐以待敌，待其自至，然后击之，此李牧所以制匈奴也。当今所要者，莫若令边城警守备，远斥候，聚军实，蓄威武。以逸待劳，则战士力倍；以主御客，则我得其便。坚壁清野，则寇无所得。自然贼深入必有颠踬之虑，浅入必无虏获之益。如此数年，可使二虏不击而服矣。

从此段文字观之，他的意见似乎无懈可击，但从唐当时外部环境看，他的这种认识显然缺乏全方位考虑。他所举李牧之例，就显得过于牵强。因为大唐疆域与边疆，远比战国时李牧所处赵国大得多，所面临的外敌也比李牧时的匈奴强大得多。仅靠被动守卫模式，既不能稳定边疆，更不能消除边患。虽然与他持类似想法的人在当时朝中大有人在，但这样的意见未被采纳，是因为在之前已有人对此类想法予以反驳。如《旧唐书·吐蕃传上》载："长寿元年，武威军总管王孝杰大破吐蕃之众，克复龟兹、于阗、疏勒、碎叶等四镇，乃于龟兹置安西都护府，发兵以镇守之。"① 四镇复取后，唐廷内外出现了两场大争论。虽有差异，但实质却是一致的，即西域具有重要的战略地位。

唐廷内大争论的焦点是对四镇的废、立问题。废者认为立四镇劳民伤财，一如狄仁杰的意见；反之，《新唐书·吐蕃传上》载右史崔融献议曰：

> 戎狄为中国患尚矣……汉以百万众困平城，其后武帝赫然发愤，甘心四夷，张骞始通西域，列四郡，据两关，断匈奴右臂，稍稍度河、湟，筑令居，以绝南羌。于是郭候亭燧出长城数千里，倾府库，殚士马，行人使者岁月不绝……夫岂不怀，为长久计然也！匈奴于是孤特远窜，遂开西域，置使者领护。光武中兴，皆复内属，至于延光，三绝三通。太宗文皇帝践汉旧迹，并南山抵葱岭，剖裂府镇，烟火相望，吐蕃不敢内侮。高宗时，有司无状，弃四镇不能有，而吐蕃遂张，入焉耆之西，长鼓右驱，逾高昌，历车师，钞常乐，绝莫贺延碛，以临燉煌。今孝杰一举而取四镇，还先帝旧封，若又弃之，是自毁成功而破完策也。夫四镇无守，胡兵必临西域，西域震则威胁南羌，南羌连衡，河西必危。且莫贺延碛袤二千里，无水草，若北接虏，唐兵不可度而北，则伊西、北庭、安西诸蕃悉亡。②

当时武则天力排众议，听从了崔融建议派兵固守四镇。从行文看，崔融历陈形势，有理有据，从两汉经营西域"断匈奴右臂"到太宗统一西域

---

① 《旧唐书》卷196上《吐蕃传上》。
② 《新唐书》卷216上《吐蕃传上》，以下凡引自此传者不再出注。

"吐蕃不敢内侮",言及高宗时"弃四镇",吐蕃遂张"以临燉煌"对唐形成威胁;崔融以历史的眼光,通过正反面论述,肯定西域在牵制西北强敌方面的作用,说明积极主动经营利大于弊。安史之乱后,唐势力逐渐退出西域,这样吐蕃失去西部牵制,使其广德元年大举东进长安,差点使唐覆灭,也足见西域在唐抵御、牵制吐蕃方面的作用。由此看出,直接派兵驻守,而不采取羁縻政策,在稳边方面有其优越性。

唐朝之外的一场大争论则更能显示出崔融大局着眼的正确性。与唐朝相类,西域也是吐蕃对抗与抵御唐朝的西部重地,故从吐蕃兴盛伊始就一直在谋求西域。在某种意义上,他们比唐人对此更有共识。西域对吐蕃扩展至关重要,安西四镇得而复失对吐蕃无疑是个打击,故唐复取四镇后不久,吐蕃实际掌权者论钦陵"遣使者请和,约罢四镇兵,求分十姓地。武后诏通泉尉郭元振往使,道与钦陵遇"。二者之间即演绎出了一场"口争西域"大讨论,同传载:

> 元振曰:"东赞事朝廷,誓好无穷,今猥自绝,岁扰边,父通之,子绝之,孝乎?父事之,子叛之,忠乎?"钦陵曰:"然!然天子许和,得罢二国戍,使十姓突厥、四镇各建君长,俾其国自守若何?"元振曰:"唐以十姓、四镇抚西土,为列国主,道非有它,且诸部与吐蕃异,久为唐编人矣。"钦陵曰:"使者意我规削诸部为唐边患邪?我若贪土地财赋,彼青海、湟川近矣,今舍不争何哉?突厥诸部碛漠广莽,去中国远甚,安有争地万里外邪?且四夷唐皆臣并之,虽海外地际,靡不磨灭,吐蕃适独在者,徒以兄弟小心,得相保耳。十姓五咄陆近安西,于吐蕃远,俟斤距我裁一碛,骑士腾突,不易旬至,是以为忧也。乌海、黄河,关源阻奥,多疠毒,唐必不能入;则弱甲孱将易以为蕃患,故我欲得之,非窥诸部也。甘、凉距积石道二千里,其广不数百,狭才百里,我若出张掖、玉门,使大国春不耕,秋不获,不五六年,可断其右。今弃不为,亦无虞于我矣。青海之役,黄仁素约和,边守不戒,崔知辩径俟斤掠我牛羊万计,是以求之。"

这场吐蕃与唐朝两方人士争论颇有意蕴。论钦陵所言:"四夷唐皆臣并之,虽海外地际,靡不磨灭,吐蕃适独在者,徒以兄弟小心,得相保耳。"

从中透射出，中国统一多民族发展中的"多"与"一"，即是他对统一与独立发展的关系的认识。这是其一。其二，虽论钦陵声称，自己要求唐"罢四镇兵，求分十姓地"非"规削诸部为唐边患"，但从所言"十姓五咄陆近安西，于吐蕃远，俟斤距我裁一碛，骑士腾突，不易旬至，是以为忧也"一句，则折射出唐西域势力对其威慑与困扰。这无疑回应了崔融的远见卓识。从整个行文看，论钦陵无论如何狡辩，但都道出了西域对吐蕃的重要性，故"使使者固请"约罢四镇兵，求分十姓地。显然，唐朝从论钦陵言辞中也能明白，唐经营西域在抵御、牵制吐蕃方面的重要作用，是故"元振固言不可许"。迫于唐坚持，吐蕃最终也只好遵从之。

就单纯羁縻政策或因俗施治来说，太宗在这方面有清晰认识，如《新唐书·回鹘传下》言及薛延陀时云："明年，以使来益献……固求昏。帝与大臣计曰：'延陀屈强，朕策顾有二：选士十万击之，使无遗种，百年计也；绝昏羁縻，使无边忧，三十年计也。然则孰利？'"可见，单一性羁縻政策背后，就是弱则服，强则叛，是一个常见惯例，也是史书所载世人奏疏中的一句常话。叛后的结果是带来或造成大量边患，历朝历代为治理边患所付出的代价，不比直接派兵经营边疆付得少。纵观历代正史，各朝各代在经营边疆方面往往都是羁縻与直接经营兼有。国弱时，羁縻为主；国强时，主动直接经营占主流。

要之，简单的因俗施治，靠地方人士经营与守卫边疆，实施羁縻政策，虽可减少民力，然从长远看，不足取；但仅靠朝中人士经营与士兵来戍边，也不足取，此势必会劳民伤财，一如狄仁杰所言。将二者有机结合起来，才是治理与守卫边疆最好的选择。直接守卫最大的代价是物资与兵源供应，就地取材则会减少这种代价。

——就地取材。这是因地制宜的另一表现。它包括利用地方人力、物力，这样做往往事半功倍。在经营事迹中有不少表现。《旧唐书·西戎传》载焉耆时云：

> 贞观六年，突骑支遣使贡方物，复请开大碛路以便行李，太宗许之。自隋末雁乱，碛路遂闭，西域朝贡者皆由高昌。及是，高昌大怒，遂与焉耆结怨，遣兵袭焉耆，大掠而去。西突厥莫贺设与咄陆、弩失毕不协，奔于焉耆，咄陆复来攻之。六年，遣使言状，并贡名马。时

西突厥国乱，太宗遣中郎将桑孝彦领左右胃曹韦弘机往安抚之，仍册立咥利失可汗。可汗既立，素善焉耆，令与焉耆为援。十二年，处月、处密与高昌攻陷焉耆五城……十四年，侯君集讨高昌，遣使与之相结，焉耆王大喜，请为声援。及破高昌，其王诣军门称谒。焉耆人先为高昌所虏者，悉归之。由是遣使谢恩，并贡方物。

这段显示出侯君集利用焉耆与高昌旧怨，在平高昌时借助了其力。作为回报，侯氏将高昌以前掠夺焉耆之人与土地归还于后者。这是唐借用地方力量平定地方叛乱的一个案例。又如同传言：

其年，西突厥重臣屈利啜为其弟娶焉耆王女，由是相为唇齿，朝贡遂阙。安西都护郭孝恪请击之，太宗许焉。会焉耆王弟颉鼻叶护兄弟三人来至西州，孝恪选步骑三千出银山道，以颉鼻弟栗婆准为乡导。焉耆所都城，四面有水，自恃险固，不虞于我。孝恪倍道兼行，夜至城下，潜遣将士浮水而渡。至晓，一时攀堞，鼓角齐震，城中大扰。孝恪纵兵击之，虏其王突骑支，首虏千余级。以栗婆准导军有功，留摄国事而还。

从行文看，焉耆突骑支王叛后，并非所有亲属与属下都支持他，这些不愿叛唐的高层人士，便投诚于唐廷。太宗抓住时机，利用这些熟悉焉耆的来降人员为向导，最终一举平定该地，并因俗施治，以来降的原王弟栗婆准摄国事。

又如一个典型例子，《旧唐书·裴行俭传》云：

（上元）三年，吐蕃背叛，诏行俭为洮州道左二军总管……仪凤四年，十姓可汗阿史那匐延都支及李遮匐扇动蕃落，侵逼安西，连和吐蕃，议者欲发兵讨之。行俭建议曰："吐蕃叛换，干戈未息，敬玄、审礼，失律丧元，安可更为西方生事？今波斯王身没，其子泥涅师师充质在京，望差使往波斯册立，即路由二蕃部落，便宜从事，必可有功。"

可见，唐面临吐蕃与西突厥同时叛乱的局面，且二者还联合起来威胁到唐西域军镇。发兵讨伐往往是对付这种叛乱的主要手段，但裴氏却认识到如此会将事态扩大，认为以送波斯王子为借口，到时见机行事。这个前提条件是发动叛乱的并不是所有西突厥民众，而是头领可汗，故对待此事应对症下药。裴氏之前治理过西域。先前经验是他提出此次建议的基础，也是得到高宗信任的基石。如同传言：

> 高宗从之，因命行俭册送波斯王，仍为安抚大食使。途经莫贺延碛，属风沙晦暝……令告将吏，泉井非遥……众皆悦服，比之贰师将军。至西州，人吏郊迎，行俭召其豪杰子弟千余人随己而西。乃扬言绐其下曰："今正炎蒸，热坂难冒；凉秋之后，方可渐行。"都支觇知之，遂不设备。行俭仍召四镇诸蕃酋长豪杰谓曰："忆昔此游，未尝厌倦，虽还京辇，无时暂忘。今因是行，欲寻旧赏，谁能从吾猎也？"是时蕃酋子弟投募者仅万人。行俭假为畋游，教试部伍，数日，遂倍道而进。去都支部落十余里，先遣都支所亲问其安否，外示闲暇，似非讨袭，续又使人趣召相见。都支先与遮匐通谋，秋中拟拒汉使，卒闻军到，计无所出，自率儿侄首领等五百余骑就营来谒，遂擒之。是日，传其契箭，诸部酋长悉来请命，并执送碎叶城。简其精骑，轻赍晓夜前进，将虏遮匐。途中果获都支还使，与遮匐使同来。行俭释遮匐行人，令先往晓喻其主，兼述都支已擒，遮匐寻复来降……

从整体行文观之，反映出裴氏充分运用智谋，兵不血刃就擒拿住首恶分子，也未伤及无辜。透过具体史文看，裴氏与当时西域高层民族人士关系颇好，这是他先前经营的结果。从后来西突厥各部表现观，反叛纯属阿史那匐延都支可汗与李遮匐所为。裴氏审时度势，充分利用西域地方人士，在相对平和的状况下，擒获了两个肇事头目，后来受到了当政者高宗极高的赞赏。他的成功，最值得一提的是能充分利用当地人力资源，在不费唐朝一兵一卒与流血牺牲就完成任务。比之军事讨伐所带来的庞大代价与负面效应，这种因地制宜实施就地取材策略是非常值得肯定的。

借用地方人力剿灭地方反叛，在唐朝经营西域人物事迹中多有展现。实践者，如上述侯君集、裴行俭；建言倡导者，如《新唐书·陈子昂传》云："吐蕃、九姓叛，诏田扬名发金山道十姓兵讨之。十姓君长以三万骑战，有

功,遂请入朝。后责其尝不奉命擅破回纥,不听。"于是陈氏上疏曰:

> 国家能制十姓者,繇九姓强大,臣服中国,故势微弱,委命下吏。今九姓叛亡,北蕃丧乱,君长无主,回纥残破,碛北诸姓已非国有,欲掎角亡叛,唯金山诸蕃共为形势。有司乃以扬名擅破回纥,归十姓之罪,拒而遣还,不使入朝,恐非羁戎之长策也。夫戎有鸟兽心,亲之则顺,疑之则乱,今阻其善意,则十姓内无国家亲信之恩,外有回纥报仇之患,怀不自安……则河西诸蕃自此拒命矣。且夷狄相攻,中国之福。今回纥已破,既无可言;十姓非罪,又不当绝。罪止扬名……慰其酋领矣。

上述点到了武则天时能够驾驭金山道"十姓"的不易局面,以及十姓在讨伐碛北"九姓"叛乱中的功绩。在文字背后也透露出这"十姓"就当时西北形势看,一旦反叛将是朝廷的最大威胁。陈氏对朝廷给予"十姓"擅破回纥罪名给予纠正。透过行文看,唐将田扬名借朝廷给予他的发"十姓"讨伐"九姓"之机,擅借朝廷名义在讨伐"九姓"时攻打了回纥。而武则天听信他人之言,将罪责推给"十姓",由此拒绝"十姓"有功君长入朝觐见,显然有失公平。从陈氏言辞看,真正肇事者是田扬名,擅破回纥罪名当由田氏一人承担,不应归罪"十姓"。后者作为下属只是奉命行事,而并非自主擅借朝廷之命攻打回纥。陈氏从经营边疆民族原则为出发点,认为朝廷做法不符合以德怀远之策,反之,还可能招来祸患。他所言的"夷狄相攻,中国之福",不免有华夷之辨,但就实质而言,指出了在治理边疆中,借助地方力量平定地方叛乱的重要性,于朝廷而言,省去不少人力、物力,有百利而无一害。他入情入理的分析,非常有见地。针对当时唐朝最大威胁吐蕃,他也有类似建设性主张。如同传载其上疏之辞:

> 河西诸州,军兴以来,公私储蓄,尤可嗟痛。凉州岁食六万斛,屯田所收不能偿垦。陛下欲制河西,定乱戎,此州空虚,未可动也。甘州所积四十万斛,观其山川,诚河西喉咽地,北当九姓,南逼吐蕃,奸回不测,伺我边隙。故甘州地广粟多,左右受敌,但户止三千,胜兵者少,屯田广夷,仓庾丰衍,瓜、肃以西,皆仰其饟,一旬不往,士

已桴饥。是河西之命系于甘州矣。且其四十余屯，水泉良沃，不待天时，岁取二十万斛，但人力寡乏，未尽垦发。异时吐蕃不敢东侵者，繇甘、凉士马强盛，以振其入。今甘州积粟万计，兵少不足以制贼，若吐蕃敢大入，燔蓄谷，蹂诸屯，则河西诸州，我何以守？宜益屯兵，外得以防盗，内得以营农，取数年之收，可饱士百万，则天兵所临，何求不得哉？

上述内容分析了河西地区在抵御吐蕃方面的重要作用。但当时此地区面临一个困局，人少地多，这样无以抵挡强势吐蕃来犯。故他建议朝廷派重兵驻守，同时进行屯田，可使官兵自给自足，外可防敌，内省民力。这即是就地取材，在经营边疆与治兵方面因地制宜中一个务实又有远见的建议，但却未被朝廷采纳。故史家在记载这段行文后，带着甚为叹息的语气写道："其后吐蕃果入寇，终后世为边患最甚。"这该是当时朝廷多么大的一个失误与失策。

就地取材范例不少，如《新唐书·郭虔瓘传》云：张孝嵩"在安西劝田训士，府库盈饶。"①《新唐书·西域传上》载焉耆时曰："开元七年，龙懒突死，焉吐拂延立。于是十姓可汗请居碎叶，安西节度使汤嘉惠表以焉耆备四镇。诏焉耆、龟兹、疏勒、于阗征西域贾，各食其征，由北道者轮台征之。讫天宝常朝贺。"可见，玄宗通过地方征当地商贾税来减轻地方民力也是一个因地制宜的绝好办法。

4. 了解区情

了解与熟悉区情、民情是能成功经营边疆与处理民族问题的重要前提，由两《唐书》看，不少人士之所以能够在经营时得心应手正是以此为基础。

——内情了解。从唐朝成功消除东突厥边患整个过程看，得益于太宗手下不少人士对突厥内部问题情况的深入了解。如前述《旧唐书·张公谨传》载其"取突厥六状"，就是基于对东突厥内部政治、经济与地理，特别是内部暴政与政治斗争情况的了解。这为当时唐朝离间东突厥内部，制定正确策略起到了先导作用。其他传记也有类似记载，《旧唐书·郑元璹传》云：

---

① 《新唐书》卷 133《郭虔瓘传》，以后凡引自此传者不再出注。

元璹少在戎旅，尤明军法，高祖常令巡诸军，教其兵事。突厥……寇汾、晋。诏元璹入蕃，谕以祸福，叱罗竟不纳……未几，叱罗遇疾，疗之弗愈，其下疑元璹令人毒之，乃囚执元璹，不得归，叱罗竟死。颉利嗣立，留元璹……经数年。颉利后闻高祖遗其财物，又许结婚，始放元璹来还……寻而突厥又寇并州，时元璹在母丧，高祖令墨缞充使招慰。突厥从介休至晋州……填映山谷。及见元璹，责中国违背之事，元璹随机应对，竟无所屈，因数突厥背诞之罪，突厥大惭，不能报。元璹又谓颉利曰："汉与突厥，风俗各异，汉得突厥，既不能臣，突厥得汉，复何所用？且抄掠资财，皆入将士，在于可汗，一无所得。不如早收兵马，遣使和好，国家必有重赉，币帛皆入可汗，免为劬劳，坐受利益。大唐初有天下，即与可汗结为兄弟，行人往来，音问不绝。今乃舍善取怨，违多就少，何也？"颉利纳其言，即引还。太宗致书慰之曰："知公已共可汗结和，遂使边亭息警，燧火不然。和戎之功，岂唯魏绛，金石之锡，固当非远。"元璹自义宁已来，五入蕃充使，几至于死者数矣。贞观三年，又使入突厥，还奏曰："突厥兴亡，唯以羊马为准。今六畜疲羸，人皆菜色，又其牙内炊饭化而为血。征祥如此，不出三年，必当覆灭。"太宗然之。无几，突厥果败。[1]

由行文观，元璹在唐初与突厥对抗中，几次都不辱使命；对突厥灭亡的预见性也相当准确。这一方面应得益于他善于观察事物，其一如《新唐书》本传言"性察慧"[2]；其二如上引，他在突厥有生活经历。他的出使维护了唐尊严，也直接促成唐初与颉利可汗结盟。他最后出使时，还从突厥的牲畜与民众生活状况即能断定出突厥将灭，足见其对突厥游牧民族风土民情了解至深。这种深入地方了解区情并为后来唐朝经营提供可用之资的事迹颇多，如《旧唐书·王孝杰传》载：

高宗末……从工部尚书刘审礼西讨吐蕃……为贼所狱。吐蕃赞普见孝杰，垂泣曰："貌类吾父。"厚加敬礼，由是免死，寻得归。则天

时，累迁右鹰扬卫将军。孝杰久在吐蕃中，悉其虚实。长寿元年，为武威军总管，与左武卫大将军阿史那忠节率众以讨吐蕃，乃克复龟兹、于阗、疏勒、碎叶四镇而还。则天大悦，谓侍臣曰："昔贞观中具绫得此蕃城，其后西陲不守，并陷吐蕃。今既尽复于旧，边境自然无事。孝杰建斯功效，竭此款诚，遂能裹足徒行，身与士卒齐力。如此忠恳，深是可嘉。"乃拜孝杰为左卫大将军。①

从上文看，王孝杰正是得益于他"久在吐蕃中，悉其虚实"，故而后来能在与吐蕃的战役后，复取西域安西四镇。可见，他在吐蕃时做了一个有心人。

——边情了解。在众多了解边情，成功经营边疆人物当中，唐太宗是帝王中的典型。如《新唐书·西域传上》言焉耆之战时云："始，帝语近臣曰：'孝恪以八月十一日诣焉耆，阅二旬可至，当以二十二日破之，使者今至矣！'俄而遽人以捷布闻。"可见，太宗对捷书到来时间能够掌握得如此精准，显然是他对边情交通里数的熟知，与自己军队行军速度的掌握，以及他对所派军事人员能力的深度把握。由此，既可明白太宗在经营边疆成功的一个重要因素，就是知己知彼。

在此方面官员中唐休璟是个尤为出众的人士。如《旧唐书》本传②载：

> 永淳中，突厥围丰州，都督崔智辩战殁。朝议欲罢丰州，徙百姓于灵、夏，休璟以为不可，上书曰："丰州控河遏贼，实为襟带，自秦、汉已来，列为郡县，田畴良美，尤宜耕牧。隋季丧乱，不能坚守，乃迁徙百姓就宁、庆二州，致使戎羯交侵，乃以灵、夏为边界。贞观之末，始募人以实之，西北一隅，方得宁谧。今若废弃，则河傍之地复为贼有，灵、夏等州人不安业，非国家之利也。"朝廷从其言，丰州复存。

可见，唐氏之前在丰州等地做过官，对这些地方非常熟悉，故而能够向朝廷提出远见之策。具体从其上书内容看，他对丰州环境形势甚为了解，

---

① 《旧唐书》卷93《王孝杰传》。

② 以下凡引自《旧唐书》卷93《唐休璟传》者不再出注。

且对前朝在此地经营教训与本朝先前对此地的成功经营也颇为熟知，故而在利弊得失比较中，将自己所陈意见做到有理有据，这必然会得到当政者采纳。他对边疆了解，使其在西域经营与建设性意见方面也多有显现。同传云："垂拱中，迁安西副都护。会吐蕃攻破焉耆，安息道大总管、文昌右相韦待价及副使阎温古失利，休璟收其余众，以安西土。迁西州都督，上表请复取四镇。则天遣王孝杰破吐蕃，拔四镇，亦休璟之谋也。"由史文观之，休璟在经营西域之文治与武功方面都有重要贡献。特别是武则天时他对安西四镇复取建议，无疑是基于他在西域掌政时期，对当时四镇在牵制吐蕃中的作用有深入认识。他对吐蕃区情的熟知与洞识，使其在与后者军事较量中，颇为引人注目。同传言：

> 久视元年秋，吐蕃大将麹莽布支率骑数万寇凉州……休璟以数千人往击之，临阵登高，望见贼衣甲鲜盛，谓麾下曰："自钦陵死，赞婆降，麹莽布支新知贼兵，欲曜威武，故其国中贵臣酋豪子弟皆从之。人马虽精，不习军事，吾为诸君取之。"乃被甲先登，与贼六战六克，大破之，斩其副将二人，获首二千五百级，筑京观而还。是后休璟入朝，吐蕃亦遣使来请和，因宴屡觇休璟。则天问其故，对曰："往岁洪源战时，此将军雄猛无比，杀臣将士甚众，故欲识之。"则天大加叹异……

透过他对下属分析当时吐蕃内部政治变迁与军事状况，足见他对其内情了解之深。他身先士卒，在战场上所向披靡是对他先前话语的绝好印证。甚至他克敌制胜，连吐蕃地方人士都颇为震惊与敬仰，进而吐蕃请和后，使者还请求亲眼看见休璟之尊容，这更烘托出他的威望之高。知己知彼，百战不殆，可说是对休璟在文治武功方面的最好概括。史家对此，还有综合性描述。同传曰：

> 休璟尤谙练边事，自碛石西逾四镇，绵亘万里，山川要害，皆能记之。长安中，西突厥乌质勒与诸蕃不和，举兵相持，安西道绝，表奏相继。则天令休璟与宰相商度事势，俄顷间草奏，便道施行。后十余日，安西诸州表请兵马应接，程期一如休璟所画。则天谓休璟曰：

"恨用卿晚。"……又谓魏元忠……等曰："休璟谙练边事，卿等十不当一也。"

此段所引武则天对休璟的两句赞辞，无疑是对他在熟悉边情方面的经典总结。同时，这也是对他先前成功经营边疆的一个绝好回应。不难推理，武则天时有这样熟悉边情的在朝人士，并能得到器重，正是武则天经营边疆成功的要素。

对内情了解也能使自己分清敌友。这对于处理民族事务相当重要。《旧唐书·薛仁贵传》载：

> 苏定方之讨贺鲁也，于是仁贵上疏曰："臣闻兵出无名，事故不成，明其为贼，敌乃可伏。今泥熟仗素干，不伏贺鲁，为贼所破，虏其妻子。汉兵有于贺鲁诸部落得泥熟等家口，将充贱者，宜括取送还，仍加赐赉。即是矜其枉破，使百姓知贺鲁是贼，知陛下德泽广及也。"高宗然其言，使括泥熟家口送还之，于是泥熟等请随军效其死节。①

由上文看，薛氏在伐贺鲁时，所持原则是征讨当直指首恶分子，这样才名正言顺，并不能将所有西突厥高层视为叛乱分子。泥熟就是一位，贺鲁对其有怨。故在薛氏劝谏下，唐朝将所获其家口归还于他。此既彰显了此次讨伐的正义性，又未伤及无辜，还赢得了泥熟这样熟悉西突厥情况的人加入自己队伍。实际上，透过相关史文看，唐在讨伐贺鲁时就十分重视吸收西突厥内部投诚人士，这对于平叛至关重要。由此得出的启示是，处理民族问题时，要分清敌友，团结一切可以团结的力量，建立统一战线，是讨灭敌人最有效的方法，但前提是熟悉对方内外情况。

——风土地理的了解。从史册看，唐在经营西域时注意对风土人情的了解，还专门派人去采风，如《新唐书·西域传上》言："西域平。帝遣使者分行诸国风俗物产，诏许敬宗与史官撰《西域图志》。"再如，玄奘的《大唐西域记》就是在太宗要求下而完成的。对唐而言，了解地方风土民情，无论是政治层面因俗施治，军事建置，人员配置；还是经济层面

---

① 《旧唐书》卷83《薛仁贵传》，以后凡引自此传者不再出注。

物资交流，以及文化层面各种互动等经营边疆事务，都有着十分重要的作用。特别是对地理战略情况了解，将西域置身于唐整个边疆中的地位与经营策略制定都显得弥足珍贵。如前述针对安西四镇废立问题，崔融在上疏历陈西域在抵御吐蕃重要性时，就能清楚反映他对西北边疆地理形势有很深把握，故其论述有极强说服力，从而得到武则天认可。类似《新唐书·李泌传》也有反映。

> 始，朱泚乱，帝约吐蕃赴援，略以安西、北庭。既而浑瑊与贼战咸阳，泚大败，吐蕃以师追北不甚力，因大掠武功而归。京师平，来请如约。帝业许，欲遂与之。泌曰："安西、北庭，控制西域五十七国及十姓突厥，皆悍兵处，以分吐蕃势，使不得并兵东侵。今与其地，则关中危矣。且吐蕃向持两端不战，又掠我武功，乃贼也，奈何与之？"遂止。①

李泌之言与前述崔融之辞，实质是一致的。从中可见，他对西北地理与政治形势的了解，进而能提出具有见地之谏言。

5. 廉谨经营

在成功事例中，这点比较明显。清廉严谨治边一直被世人所推崇。史家亦是如此，通过其史笔，世人得以领略当时这方面的不少人和事。《旧唐书·李素立传》载：

> 突厥铁勒部相率内附，太宗于其地置瀚海都护府以统之，以素立为瀚海都护。又有阙泥孰别部，犹为边患。素立遣使招谕降之。夷人感其惠，率马牛以馈素立，素立唯受其酒一杯，余悉还之。为建立廨舍，开置屯田……永徽初，迁蒲州刺史，及将之任，所余粮储及什物，皆令州司收之，唯赍己之书籍而去。道病卒，高宗闻而特为废朝一日，谥曰平。②

---

① 《新唐书》卷139《李泌传》。
② 《旧唐书》卷185上《良吏传上》。

李氏以民为本与清廉之举得到边人爱戴，也受到高宗特殊哀悼形式，可见其当时影响、感人之深。高宗给予他谥号“平”，可谓最好的盖棺论定。此类事迹不少，不难想见唐前期经营边疆辉煌背后之原因。又如《旧唐书·杜暹传》云：

> 开元四年……仍往碛西覆屯。会安西副都护郭虔瓘与西突厥可汗史献、镇守使刘遐庆等不叶，更相执奏，诏暹按其事实。时暹已回至凉州，承诏复往碛西，因入突骑施，以究虔瓘等犯状。蕃人赍金以遗，暹固辞不受。左右曰：“公远使绝域，不可失蕃人情。”暹不得已受之，埋幕下，既去出境，乃移牒令收取之。蕃人大惊，度碛追之，不及而止……十二年，安西都护张孝嵩迁为太原尹，或荐暹往使安西，蕃人伏其清慎，深思慕之，乃夺情擢拜黄门侍郎，兼安西副大都护。暹单骑赴职。明年，于阗王尉迟眺阴结突厥及诸蕃国图为叛乱，暹密知其谋，发兵捕而斩之，并诛其党与五十余人，更立君长，于阗遂安。暹以功特加光禄大夫。暹在安西四年，绥抚将士，不惮勤苦，甚得夷夏之心。[1]

从行文看，杜暹的“清慎”受到西域地方人士尊重与仰慕，故而二次出使西域时，得到地方人士推崇。他甚至为减少开支，在无任何护送的情况下，“单骑赴职”，这种毫无畏惧之魄力，也足使西域人士感佩。是故，在后来于阗等密谋叛乱未果时，他能在地方人士帮助下，很快得到内情，并顺利平息事态。这得到当朝者嘉奖，也得到史家赞誉。

“甚得夷夏之心”的清廉事迹，又如《旧唐书·赵憬传》载：“贞元四年，回纥请结和亲。诏以咸安公主降回纥，命检校右仆射关播充使。憬以本官兼御史中丞为副。前后使回纥者，多私赍缯絮，蕃中市马回以规利。憬一无所市，人叹美之。”[2] 赵氏清廉为人所赞美，此段行文中所提到的关播，同样以廉谨著称。《关播传》云：贞元四年“令播……持节充送咸安公

---

① 《旧唐书》卷98《杜暹传》。
② 《旧唐书》卷138《赵憬传》。

主及册可汗使，奉使往来，皆清俭谨慎，蕃人悦之。"① 不难看出廉洁、严谨在治边中的正面效应。唐史上严谨与清廉治边成功人士不乏其人。又如《旧唐书·范希朝传》载：

> 有党项……凌犯为盗，日入厮作，谓之"刮城门"。居人惧骇，鲜有宁日。希朝周知要害，置堡栅，斥候严密，人遂获安。异蕃虽鼠窃狗盗，必杀无赦，戎虏甚惮之，曰："有张光晟苦我久矣，今闻是乃更姓名而来。"其见畏如此。蕃落之俗，有长帅至，必效奇驼名马，虽廉者犹曰当从俗，以致其欢，希朝一无所受。积十四年，皆保塞而不为横。②

由上文观之，范氏成功之处在于有恶必惩与清廉一无所受。这两样势必使对方产生敬畏。故其成就能够比一般治边人士显要。上引末尾之言是对他成就最好的注脚。

在治理边疆事务中，要有严谨态度，还要有清廉作风，以民生为本的持重精神。这点是赢得对方敬畏与信赖的重要基石。

二 上层人物经营西域多民族的失败之处

翻开两《唐书》，经营"事迹"失败处也历历在目，对当下也有重要启示。

1. 民族歧视

反观前述，唐朝在治边时大体能做到以德怀远，故为唐经营边疆留下了辉煌一页。从前引唐官员不少治边上疏辞中看，有不少人有重华夏贱夷狄思想，这是那个时代大环境使然，无可非议。但这种思想一旦越出底线，就会在治边中出现严重问题。即便是先前讲述的一些有名人士在经营方面表现成功时，也有其严重失误的反映。杜暹即是一位。唐与西域突骑施第二汗国首次危机，即是缘于杜暹吏治不当而引发的。如《旧唐书·突厥传下》云：

---

① 《旧唐书》卷130《关播传》。
② 《旧唐书》卷151《范希朝传》。

  时杜暹为安西都护，公主遣牙官赍马千匹诣安西互市。使者宣公主教与暹，暹怒曰："阿史那氏女，岂合宣教与吾节度耶！"杖其使者，留而不遣，其马经雪寒，死并尽。苏禄大怒，发兵分寇四镇。会杜暹入知政事，赵颐贞代为安西都护，城守久之，由是四镇贮积及人畜并为苏禄所掠，安西仅全。苏禄既闻杜暹入相，稍引退，俄又遣使入朝献方物。

  从行文看，这次交恶完全是由杜暹的民族歧视引发的；更为甚者是他"杖其使者，留而不遣"造成"其马经雪寒，死并尽"的惨剧，使得唐与苏禄的友好关系首次被打破，也使西域四镇陷于危机当中。不过，后来苏禄审时度势，主动将恶化关系缓和。但自此，未恢复到最初友好状态。也许缘于苏禄在西域的影响力及这次纷争首先因唐官员而起，故唐廷对苏禄的报复行为并未纠缠。

  民族歧视所引发的另一显例，就是对内属的三姓葛逻禄见死不救。如《新唐书·突厥传下》载：

  长安中，以阿史那献为右骁卫大将军，袭兴昔亡可汗、安抚招慰十姓大使、北庭大都护……葛逻禄、胡屋、鼠尼施三姓已内属……于是突骑施阴幸边隙，故献乞益师，身入朝，玄宗不许。诏左武卫中郎将王惠持节安慰。方册拜突骑施都督车鼻施啜苏禄为顺国公，而突骑施已围拨换、大石城，将取四镇。会嘉惠拜安西副大都护，即发三姓葛逻禄兵与献共击之。帝将诏王惠与相经略，宰相臣璟、臣颋曰："突骑施叛，葛逻禄攻之，此夷狄自相残，非朝廷出也。大者伤，小者灭，皆我之利。方王惠往抚慰，不可参以兵事。"乃止。献终以娑葛强狠不能制，亦归死长安。

  可见，对于已内属的葛逻禄要为唐平叛，唐廷却不合时宜地采取以夷制夷方针，这既不符合太宗一向所坚持的以义属之的基本理念，也是严重失信的民族歧视表现。由相关记载看，这种错误做法，最终不仅未使"大者伤，小者灭，皆我之利"，反而导致葛逻禄战败，臣服于突骑施，使后者势力更大，使唐更难以驾驭。

《新唐书·北狄传》言及契丹时也有一个显例,即因唐将的民族歧视直接引发唐朝与契丹的一场大战。通过史家实录能清晰看出,叛乱直接诱发因素是唐官员赵文翙"数侵侮"对方而致。对方借这次造势而反,最终演绎成一场契丹与唐朝间叛乱与平叛的军事大战。唐朝可谓兴师动众,平叛沿途各地生灵涂炭,双方都付出巨大代价,如著名将领,复取西域安西四镇的王孝杰就卒于此次平叛中。此事件的教训是深刻的,应引以为戒。

2. 贪赃枉法

——受贿与祸乱。在处理民族问题时,贪赃枉法处理不公,势必会引发更多严重纠纷。如《旧唐书·突厥传下》言及突骑施第一汗国时言:

> 突骑施乌质勒者,西突厥之别种也……乌质勒卒。其长子娑葛代统其众,诏便立娑葛为金河郡王……初,娑葛代父统兵,乌质勒下部将阙啜忠节甚忌之,以兵部尚书宗楚客当朝任势,密遣使赍金七百两以赂楚客,请停娑葛统兵。楚客乃遣御史中丞冯嘉宾充使至其境,阴与忠节筹其事,并自致书以申意。在路为娑葛游兵所获,遂斩嘉宾,仍进兵攻陷火烧等城,遣使上表以索楚客头。

从行文看一目了然,因唐官员宗楚客贪赃枉法,引发娑葛不小祸乱。只是最终由大都护郭元振主持公正,使事态未恶化,如《新唐书·突厥传下·突骑施》载:"大都护郭元振表娑葛状直,当见赦,诏许,西土遂定。"若无郭氏主持公道,势必又会引发唐与突骑施娑葛间一场战乱。

唐与吐蕃较量中,后者就利用过前者某些将领贪财心理,使唐损失惨重。《旧唐书·王伾传》云:元和中"伾检校工部尚书……朔方灵盐节度使。先是,吐蕃欲成乌兰桥于河……先贮材木,朔方节度使每遣人潜载之,委于河流,终莫能成。至是,蕃人知伾贪而无谋,先厚遗之,然后并役成桥,仍筑月城围守之,自是朔方御寇不暇,边上至今为恨。"[1] 王伾先前在伐吐蕃中有功绩,因此职位得到提升,但吐蕃却利用他贪财心理,贿赂他,建成乌兰桥,且此后借助该桥顺利进入朔方为寇,唐为御寇无宁日。由此

---

[1] 《旧唐书》卷133《王伾传》。

看出，王㳠损公肥私，贪图钱财所带来的恶果。

——贪掠与枉杀。唐朝将领在征伐西域中，因贪赃枉法而毁誉当时也有不少。前述平高昌中的侯君集是个典型例子。他的劣行首先是"配没无罪人"，再者为"私取宝物"，三是导致将士的上行下效的盗窃行径。他们的恶劣做法，无疑会引起当地民众的不满，同时也给西域诸国眼中的唐朝及将领以负面印象。易言之，它是一件失民心之事，势必会使原有支持唐的西域诸国倒向西突厥。从前述看，高昌平定后就有类似现象。其中不免会有侯氏及士兵贪赃枉法事件的恶劣影响。他虽因岑文本求情而被释放，但自此后，其宦途一落千丈。

唐平定贺鲁时，更恶劣的此类事件再次上演，如《新唐书·突厥传下》载：永徽四年"遣左屯卫大将军程知节为葱山道行军大总管，率诸将进讨……前军苏定方击贺鲁别帐鼠尼施于鹰娑川，斩首虏获马甚众……会副总管王文度不肯战，降怛笃城，取其财，屠之。"从行文末尾看，王文度不仅渎职"不肯战"，且在降服西域怛笃城后掠其财，还屠杀降者，这是何等恶行。而身为大总管的程知节未制止王氏行为，从《旧唐书·程知节传》看，他还直接参与屠城事件，如云："讨贺鲁。师次怛笃城，有胡人数千家开门出降，知节屠城而去，贺鲁遂即远遁。"[1]《旧唐书·苏定方传》有呼应的具体记载：

> （永徽中）从左卫大将军程知节征贺鲁……率五百骑驰往击之，贼众大溃……所弃甲仗，绵亘山野，不可胜计。副大总管王文度害其功，谓知节曰："虽云破贼，官军亦有死伤，盖决成败法耳，何为此事？自今正可结为方阵，辎重并纳腹中，四面布队，人马被甲，贼来即战，自保万全。无为轻脱，致有伤损。"又矫称别奉圣旨，以知节恃勇轻敌，使文度为其节制，遂收军不许深入。终日跨马，被甲结阵，由是马多瘦死，士卒疲劳，无有战志。定方谓知节曰："本来讨贼，今乃自守，马饿兵疲，逢贼即败。怯懦如此，何功可立！又公为大将，阃外之事，不许自专，别遣军副，专其号令，理必不然。须囚絷文度，飞表奏之。"知节不从。至恒笃城，有胡降附，文度又曰："比我兵回，

---

[1] 《旧唐书》卷68《程知节传》。

彼还作贼，不如尽杀，取其资财。"定方曰："如此，自作贼耳，何成伐叛？"文度不从。及分财，唯定方一无所取。师还，文度坐处死，后得除名。①

可见，王文度是个心胸狭窄之人，对苏定方因战功卓著，嫉妒又怀恨，不仅矫旨，还利用程氏节制苏定方，贻误战机，使军队士气大减。结合前引与此段最后部分，王与程二人，不仅失信于恒笃城降者，屠杀之，还取其资财；对于苏定方的先前正义劝阻置若罔闻，一意孤行。多行不义必自毙，王文度、程知节都因此而受到惩治。他们此种屠杀降者又劫财的恶劣行迹，无疑增加了唐朝讨平贺鲁的成本与难度。平叛本是正义之战，而王文度等人的行为，不免玷污了此役本身性质。一如苏定方反驳王氏之辞："自作贼耳，何成伐叛？"从此段后叙看，苏氏在经营边疆中清廉守信之举，受到了最高统治者的赞赏与世人的赞誉。

无独有偶，此类恶性事件，其他传记也有记载，如《新唐书·薛仁贵传》载：

> 铁勒……等部，先保天山，及（郑）仁泰至，惧而降，仁泰不纳，虏其家以赏军，贼相率遁去。有候骑言："虏辎重畜牧被野，可往取。"仁泰选骑万四千卷甲驰，绝大漠，至仙萼河，不见虏，粮尽还。人饥相食，比入塞，余兵才二十之一。仁贵亦取所部为妾，多纳赇遗，为有司劾奏，以功见原。②

从行文观之，郑仁泰的贪婪不仅表现于不纳降者，"虏其家以赏军"，且还听信荒谬取资之辞，而损兵折将。薛仁贵作为一名枭将，名著当时，因一时贪财好色，而名誉渐损。除此，他先前也有屠杀降者行迹，如《旧唐书·薛仁贵传》言："领兵击九姓突厥于天山……时九姓有众十余万，令骁健数十人逆来挑战，仁贵发三矢，射杀三人，自余一时下马请降。仁贵恐为后患，并坑杀之。"虽此举未受到当朝皇帝任何追究，但无疑为后

---

① 《旧唐书》卷 83《苏定芳传》。
② 《新唐书》卷 111《薛仁贵传》，以后凡引自此传者不再出注。

来潜在的降者设置了"障碍"。

有时贪赃、杀降者所带来的恶果是直接与显著的，如《旧唐书·高仙芝传》云："九载，将兵讨石国，平之，获其国王以归。仙芝性贪，获石国大块瑟瑟十余石、真金五六驼驼、名马宝玉称是。"① 实际上，从《新唐书·高仙芝传》看，他对石国是谋财害命，如传云："讨石国，其王车鼻施约降，仙芝为俘献阙下，斩之，由是西域不服。其王子走大食，乞兵攻仙芝于怛逻斯城，以直其冤。"② 这次滥杀直接导致本来已投降的石国王子又联合大食来讨伐唐军，终引发唐与大食间首次直面交锋——怛逻斯之战。结果唐军大败，损失惨重。虽高仙芝在经营边疆中战功卓著，但此事却是他戎马生涯中的最大污点。历史教训是深刻的。

——苛敛与叛乱。唐朝有些经营边疆的官员因苛敛边人，而引发不少叛乱。《新唐书·突厥传下》云："始，降户之南也，单于副都护张知运尽敛其兵，戎人怨怒；及姜晦为巡边使，遮诉禁弓矢无以射猎为生，晦悉还之。乃共击张知运，禽之，将送突厥；朔方行军总管薛讷、将军郭知运追之，众溃，释知运去。"这次叛乱，可能有其他原因，但从行文看，与张知运先前抚之无道有着直接关系，特别是"尽敛其兵，戎人怨怒"。

从史册看，唐有些官员对治边中此类问题也有深刻认识。《旧唐书·杜佑传》载，元和元年河西党项潜导吐蕃入寇，边将邀功，亟请击之。杜佑上疏曰：

> 臣伏见党项与西戎潜通，屡有降人指陈事迹，而公卿廷议，以为诚当谨兵戎，备侵轶，益发甲卒，邀其寇暴。此盖未达事机，匹夫之常论也……昔冯奉世矫汉帝之诏，击莎车，传其王首于京师，威震西域，宣帝大悦，议加爵土之赏。萧望之独以为矫制违命，虽有功效，不可为法，恐后之奉使者争逐发兵，为国家生事，述理明白，其言遂行。国家自天后已来，突厥默啜兵强气勇，屡寇边城，为害颇甚。开元初，边将郝灵佺亲捕斩之，传首阙下，自以为功，代莫与二，坐望荣宠。宋璟为相，虑武臣邀功，为国生事，止授以郎将。由是讫开元

---

① 《旧唐书》卷104《高仙芝传》。
② 《新唐书》卷135《高仙芝传》。

之盛，无人复议开边，中国遂宁，外夷亦静。此皆成败可征，鉴戒非远。

且党项小蕃，杂处中国，本怀我德，当示抚绥。间者边将非廉，亟有侵刻，或利其善马，或取其子女，便贿方物，征发役徒。劳苦既多，叛亡遂起，或与北狄通使，或与西戎寇边，有为使然，固当惩革。《传》曰："远人不服，则修文德以来之。"《管子》曰："国家无使勇猛者为边境。"此诚圣哲识微知著之远略也。今戎丑方强，边备未实，诚宜慎择良将，诚之完葺，使保诚信，绝其求取，用示怀柔。来则惩御，去则谨备，自然彼怀，革其奸谋，何必遽图兴师，坐致劳费……①

从杜氏言辞看，唐经营边疆的过程中，不少武将借开边之利贪图功名利禄，这是当时唐经营边疆中的一种不良风气。安史之乱后，唐朝已不复昔日辉煌，国力不足，此时有些武将仍想借平定边乱为由，兴师动众来邀功，杜佑此次上疏正是以史为鉴来谈这种风气的危害与眼前党项叛乱之实质。从上引第二段看，杜佑通过一一列举，指出党项叛乱完全是由边将苛敛其众，暴政引发的。唐边将这种失民心之举，必然引发党项诸部倒向周边其他势力。杜佑认为当朝者应对此追究责任，而非兴师动众去讨伐这些官逼民反的党项人士。他所引"远人不服，则修文德以来之"点出了问题实质；认为当务之急，应是以德怀远来实施羁縻政策。这既是对太宗以义属之理念的继承，又是当时国力不支现状的反映。

3. 不守信义

唐经营西域一个成功点是以信取之。与之对应，不守信义则是一个失败点。

——大开杀戒，杀降者。投降是为活命，是投诚的表现。但是唐朝某些将领却对手无寸铁的投降人士予以屠杀，显然不守信义。这样做只能使自己处于不义地位。生存是人的第一本性，若屠杀降者，失人心，就不会再有投降者，这势必壮大敌人队伍，减弱自己力量。历史上白起长平之战，坑杀四十万投降赵军后，所带来的巨大负面效应是一个世人常引以为戒的典型例子。上文所谈不少贪赃枉法屠杀降者的唐将领之举，是这方面的显

---

① 《旧唐书》卷147《杜佑传》。

例。除前述各例之外，史册还有不少记载。唐太宗未掌权时，就认为杀降者不义。如上述，唐初时前西突厥处罗可汗之死的记载。从中反映出唐高层内部，李渊及其群臣与其子李世民在面对东突厥要求杀死"来归"的西突厥处罗可汗时，前后二者态度不一致。李世民认为，在民族结交时当以信义为前提，这是他一直倡导与实践的，当然受益也匪浅。这有时需要一个长时段才能看到效应；反之，不守信义，可能得一时之权益，但从长远来看，则必受其害。无论是处理民族间还是民族内部问题都是如此。

此类事件在事迹记载中也有反映。《旧唐书·裴行俭传》云：

> 调露元年，突厥阿史德温傅反……于是以行俭为定襄道行军大总管……擒其大首领奉职而还……行俭既回，阿史那伏念又伪称可汗，与温傅合势，鸠集余众。明年，行俭复总诸军讨之……纵反间说伏念与温傅，令相猜贰。伏念恐惧，密送降款，仍请自效。行俭不泄其事，而密表以闻。数日，有烟尘涨天而至，斥候惶惑来白，行俭召三军谓曰："此是伏念执温傅来降，非他。然受降如受敌，但须严备。"更遣单使迎前劳之。少间，伏念果率其属缚温傅诣军门请罪，尽平突厥余党。高宗大悦，遣户部尚书崔知悌赴军劳之。侍中裴炎害行俭之功，上言："伏念为总管程务挺、张虔勖子营逼逐，又碛北回纥等向南逼之，窘急而降。"由是行俭之功不录，斩伏念及温傅于都市。行俭叹曰："浑、浚前事，古今耻之。但恐杀降之后，无复来者。"因称疾不出。

从行文观之，因朝廷内部官员的倾轧，使原本已投降裴氏的阿史那伏念等人士被遭斩首。从前文看，裴氏经营边疆以惠政而著称，深得边疆人士的爱戴。他的一个成功点就是以信取民。此段最后所引其叹辞，"但恐杀降之后，无复来者"就是对杀降不守信义恶果与负面效应的最好概括。他的"因称疾不出"是从行动上来抗议裴炎此类不义之举及当朝者对此事的错误决定。

时人与史家对此有评价，《旧唐书·裴炎传》记此事后云："炎致国家负义而杀降，妒能害功，构成阴祸，其败也宜哉！"① 这是对裴炎的口诛笔

---

① 《旧唐书》卷 87《裴炎传》。

伐，也是对此类事件恶果的总结。"其败也宜哉"更是史家以此事来观其不良结局的盖棺论定。

——不守公平，贪利。这是此方面又一表现。如《旧唐书·西戎传》言：

> 永泰、大历已后，（党项羌）居石州，依水草。至是永安城镇将阿史那思昧扰其部落，求取驼马无厌，中使又赞成其事，党项不堪其弊，遂率部落奔过河。元和九年五月，复置宥州以护党项。十五年十一月，命太子中允李寮为宣抚党项使。以部落繁富，时远近商贾，赍缯货入贸羊马。至大和、开成之际，其藩镇统领无绪，恣其贪婪，不顾危亡，或强市其羊马，不酬其直，以是部落苦之，遂相率为盗，灵、盐之路小梗。

可见，唐中后期以来，边将对党项部众的苛敛、求索无厌及后来在物资交易中无信义的不公贸易与豪取强夺，致使后者不堪重负，相率为盗，甚至出现联合周边其他势力叛乱之事，一如前述杜佑上疏辞。史家直笔精神让世人能看到唐中后期经营边疆中的败笔与这真实一幕。意图不难理解，前车之鉴，后事之师。

4. 滥杀无辜

这是唐某些官员经营西域中又一失败点。最典型的是唐朝在经营西突厥史上的一个重大冤案。西突厥内乱爆发后，内属络绎不绝，从两《唐书》看，大的首领先后有阿史那弥射、阿史那步真等。弥射是西突厥内乱后最早内属唐朝的大头领，如《旧唐书·突厥传下》载："其族兄步真欲自立为可汗，遂谋杀弥射弟侄二十余人。弥射既与步真有隙，以贞观十三年率所部处月、处密部落入朝，授右监门大将军。其后步真遂自立为咄陆叶护，其部落多不服，委之遁去。步真复携家属入朝，授左屯卫大将军。"可见，步真与弥射是近亲，内属之前二者就有势力之争。从"弥射既与步真有隙，以贞观十三年率所部处月、处密部落入朝"一句看，弥射内属却有步真逼迫因素，但并不表明弥射力量比后者单薄，不得人心；反之，步真却"谋杀弥射弟侄二十余人"，在弥射内属后"自立为咄陆叶护"，但"其部落多不服，委之遁去，步真复携家属入朝"。可见，步真内属缘于不得人心所致。换言之，形势所逼，实属无奈之举。既然二者同一族属，从侧面不难推断，弥射在部落中威望与德行远高于步真，他内属之举有出于不愿同族相斗之故。虽唐朝对他们一视同仁，但二者内属背景与动机不同，也造成两人在身为唐之臣子时态度不一，以致造成了步真诬陷，唐吏治不清，枉杀弥射的惨剧。同传云：

> 及讨平贺鲁，乃册立弥射为兴昔亡可汗……步真授继往绝可汗……龙朔中，又令弥射、步真率所部从飐海道大总管苏海政讨龟兹。步真尝欲并弥射部落，遂密告海政云："弥射欲谋反，请以计诛之。"时海政兵才数千，悬师在弥射境内，遂集军吏而谋曰："弥射若反，我辈即无噍类。今宜先举事，则可克捷。"乃伪称有敕，令大总管赍物数百万段分赐可汗及诸首领。由是弥射率其麾下，随例请物，海政尽收斩之。其后西蕃盛言弥射非反，为步真所诬，而海政不能审察，滥行诛戮。

由此段更明显看出，步真内属纯属权宜之举。因此时机一到，他照旧"欲并弥射部落"，故诬告时臣飐海道大总管苏海政"弥射欲谋反，请以计诛之"。很显然，他想借刀杀人，也借机破坏弥射诸部与唐关系，达到自己兼并前者的目的。而"海政不能审察，滥行诛戮"，结果造成"其部鼠尼施、拔塞干叛走，海政追平之"。自此后，西突厥诸部与唐关系一直不太融洽，使其内部形成了更大混乱。同传云："则天临朝，十姓无主数年，部落多散失。"

5. 不合时宜的分而治之

分则弱，合则强，这是一个公认的事实，但这并不意味着在任何情况下实施分则弱，就能带来良好效果。常言道：一山不能容二虎。历史上西汉对乌孙分而治之，结果两昆弥内部引发矛盾，并未减轻西汉经营负担；反之，分则弱，也削弱了乌孙整体对抗匈奴的力量。所以对传统经营边疆分而治之策略，还是要辩证地去看待它的效应。唐朝在经营西域西突厥时就有这方面失败的例子。如上述在平定贺鲁之后，随着西突厥各部的臣属，唐朝即展开了对西突厥故地的实质性建置，主要实施两可汗制，即采取因俗施治与分而治之的策略。显然，其目的是想通过分割力量牵制对方，防止其统一坐大与唐廷对抗。但此做法当因时而异，因人而异，不一定在任何情况下都奏效。隋炀帝晚年在经营东突厥方面就犯过类似错误，而唐朝也不例外，若上述在两可汗情况下，阿史那步真（继往绝可汗）为吞并对方力量，诬陷对方，唐吏治不清，造成阿史那弥射（兴昔亡可汗）的冤死惨案，反而造成西突厥内部更大混乱。可见，分而治之并非万全之策，若用得不恰当，有时甚至会背道而驰。从唐经营西突厥而言，分而治之的确使其力量变弱，不能与唐廷作对；但同时，也使其不能有效地抵抗其他势力，如突骑施坐大，再加外部势力，东突厥、吐蕃等入侵，反而最终使唐朝驾驭西突厥故地各种势力能力变弱。

6. 固守旧念——惯性思维

这是唐朝在经营西域，尤其是西突厥衰落后，所犯的一个原则性错误。它违背了因时而异，顺势而为的基本原则。这种惯性思维，也许是缘于西突厥阿史那氏与唐朝多年来的特殊关系，故唐廷总是倾向于以其后裔来管理西突厥故地诸族，包括突骑施；然而事与愿违。如《新唐书·突厥传下》载：

> 以阿史那怀道子昕为十姓可汗，领突骑施所部，莫贺达干怒曰："平苏禄，我功也。今立昕，谓何？"即诱诸落叛。诏嘉运招谕，乃率妻子及蠹官首领降，遂命统其众。后数年，复以昕为可汗，遣兵护送。昕至俱阑城，为莫贺咄所杀。莫贺咄自为可汗，安西节度使夫蒙灵察诛斩之，以大蠹官都摩支阙颉斤为三姓叶护。

可见，突骑施称藩后出现的纷争与个别叛乱，显然与唐廷派往统领突骑施的人选不当有直接关系，即在某种意义上，唐未按因俗施治来行事，也未做到因地制宜。阿史那氏在西域已衰，但这时唐廷仍两次固执用西突厥阿史那氏后裔统领突骑施诸部，故遭失败。最后也不得不按既定状况行事，以"大蠹官都摩支阙颉斤为三姓叶护"，即用突骑施人士来统领其部。结合史册记载，此处反映了两种情况：一是突骑施虽名为西突厥之别种，但曾一直处于阿史那氏西突厥统治之下，显然也遭受过不少蹂躏、剥削。那么突骑施对阿史那氏的敌对，也肯定是根深蒂固的，唐朝派以阿史那怀道子昕为十姓可汗，领突骑施所部，当然会遭到抵制与反对。二是突骑施与唐朝交情短，也很浅，又曾出现过摩擦，故唐廷对其信任度远不及与之交情较长、较深的西突厥阿史那氏。不难推理，这也使得唐朝三番五次犯同样的错。在西突厥衰落，突骑施乌质勒兴起之时就有过这样的事，到这次平定突骑施内乱之后仍然照旧行事，结果都最终受挫。

7. 轻敌受害

在唐经营西域战事中，也有因轻敌而受害的例子。《旧唐书·郭孝恪传》载：

> ……讨龟兹，破其都城。孝恪自留守之，余军分道别进，龟兹国相那利率众遁逃。孝恪以城外未宾，乃出营于外，有龟兹人来谓孝恪曰："那利为相，人心素归，今亡在野，必思为变。城中之人，颇有异志，公宜备之。"孝恪不以为虞。那利等果率众万余，阴与城内降胡表里为应。孝恪失于警候，贼将入城鼓噪，孝恪始觉之，乃率部下千余人入城，与贼合战。城中人复应那利，攻孝恪。孝恪力战而入，至其王所居，旋复出，战于城门，中流矢而死，孝恪子待诏亦同死于阵。贼竟退走，将军曹继叔复拔其城。太宗闻之，初责孝恪不加警备，以致颠覆；后又怜之，为其家举哀……孝恪性奢侈，仆妾器玩，务极鲜华，虽在军中，床帐完具。尝以遗行军大总管阿史那社尔，社尔一无所受。太宗闻之曰："二将优劣之不同也。郭孝恪今为寇虏所屠，可谓自贻伊咎耳。"

从行文观之，郭氏之死的直接原因是轻敌。结合传其他记载看，他的轻敌是由于先前他在平定高昌、焉耆中过于顺利，并得到嘉奖。常言道：骄兵必败。他对当地人所报告的龟兹潜在危险，视若无睹，失于警惕而殒命敌手。从另一个角度看，是他未充分利用当地人力资源信息，对当地内部情况缺乏应有了解。再进一步看，是他玩物丧志所致。从上引最后行文看，一个身处一线的将领，精力本应全心全意治军，但他的部分精力却被其贪图享受所占，故太宗认为："郭孝恪今为寇虏所屠，可谓自贻伊咎耳。"一针见血地点到了实质。

8. 祸起萧墙

经营西域中因内部不合而引发的问题也有不少。《新唐书·郭虔瓘传》载：

　　陕王为安西都护，诏虔瓘为副。虔瓘与安抚招慰十姓可汗使阿史那献数持异，交诉诸朝。玄宗遣左卫中郎将王惠贵诏书谕解曰："朕闻师克在和，不在众，以虔瓘、献宿将，当舍嫌室隙，戮力国家。自开西镇，列诸军，戍有定区，军有常额，卿等所统，蕃汉杂之，在乎善用，何必加募？或云突骑施围石城，献所致也；葛逻禄称兵，虔瓘所沮也。大将不协，小人以逞，何功可图？昔相如能诎廉颇，寇恂不容贾复，宜各旷然，终承朕命。今赐帛二千段及他珍器，俾谅朕意。"虔瓘奉诏。

　　常言道：天时不如地利，地利不如人和。在治理边疆中当权者内部不合与争斗，对责任互相推诿，不仅于事无补，反而可能会造成属下与民众的无所适从，进而可能被敌人利用，贻害地方。唐玄宗的劝诫之辞正是如此。

　　内部不团结在军事行动中常会引发更大灾祸。如《新唐书·薛仁贵传》载：

　　咸亨元年，吐蕃入寇，命为逻娑道行军大总管，率将军阿史那道真、郭待封击之，以援吐谷浑。待封尝为鄯城镇守，与仁贵等夷，及是，耻居其下，颇违节度。初，军次大非川，将趋乌海，仁贵曰："乌海地险而瘴，吾入死地，可谓危道，然速则有功，迟则败。今大非岭宽平，可置二栅，悉内辎重，留万人守之，吾倍道掩贼不整，灭之矣。"乃约贵，至河口，遇贼，破之，多所杀掠，获牛羊万计。进至乌海城，以待后援。待封初不从，领辎重踵进，吐蕃率众二十万邀击取之，粮仗尽没，待封保险。仁贵退军大非川，吐蕃益兵四十万来战，王师大败。仁贵与吐蕃将论钦陵约和，乃得还，吐谷浑遂没……有诏原死，除名为庶人。

　　由行文看，郭待封由于嫉妒薛仁贵，在唐军与吐蕃战斗中，因渎职使唐军从主动转为被动，最终败北。无独有偶，从先前不少例子也可看出，当时边将或内部官员因邀功互相倾轧，使唐朝在经营边疆中受挫颇多，特别是一些重要将领的损失，如《新唐书·王孝杰传》云：

会契丹李尽忠等叛，有诏起白衣为清边道总管，将兵十八万讨之。军至东硖石谷，与贼接。道隘虏众，孝杰率锐兵先驱，出谷整阵，与贼战，而后军总管苏宏晖以其军退，援不至，为虏所乘，军溃，孝杰坠谷死，士相蹂且尽……时张说以管记还白状，后问之，说具陈："孝杰乃心国家，敢深入，以少当众，虽败，功可录也。"乃赠夏官尚书……以其子无择为朝散大夫。遣使者斩宏晖，使未至而宏晖已立功，遂赎罪。①

从上文看，正是苏宏晖援军不致，使王孝杰所率唐军覆灭，因此损失了王孝杰这样一位经营边疆的大将。从前文看，他在武则天时期复取安西四镇立下汗马功劳，此次正因为唐内部将领在战事中不协调、不配合，故而损失惨重。

常言道：内因决定外因。内部不团结，必然就会使敌对势力有虚可乘，这无异于搬起石头砸自己的脚，教训是深刻的。

纵观两《唐书》"事迹"撰述，成败因素很多，但交叉点即在于用人的得与失，换言之，所用之人德行和能力的高与低决定了经营的胜败。

第二节　《新五代史》对经营西域人物事迹之记载

北宋欧阳修私撰写的《新五代史》② 比之《旧五代史》晚修，补充了前者中所没有的一些史事。故本节主要看看此书中所记载人物的经营事迹。

《四夷附录三》尾史论曰："五代，四夷见中国者，远不过于阗、占城。史之所纪，其西北颇详，而东南尤略，盖其远而罕至，且不为中国利害云。"③ 不难看出，五代中原多故，对西域鞭长莫及；加之联通西域与中原的河西走廊因各种势力与双方关系的差异，都使这一时期西域诸地与中原政权往来表现出些许差异。史书对关系史记载也颇为简单。五代与西北民

---

① 《新唐书》卷 111《王孝杰传》。
② 两本五代史原名分别为《五代史》与《五代史记》，后人为区别这两部史书，称前者为《旧五代史》，后者为《新五代史》。
③ 《新五代史》卷 74《四夷附录三》，以下凡引自此篇者不再出注。

族关系最主要体现在与契丹关系，其次是与甘州回鹘、吐蕃、吐谷浑、党项等关系，可见地缘对民族关系起了直接作用。而以上这些民族都曾深入西域。五代经营这些民族也直接或间接体现了经营西域民族一角。故这里所谈经营西域人物事迹撰述，主要以此为基点。欧阳修记载这些事迹的主导思想，犹如《四夷附录一》所言："虽尝置之治外，而羁縻制驭恩威之际，不可失也。其得之未必为利，失之有足为患，可不慎哉！"① 五代虽然短暂，但经营西北民族方面得与失还是值得后人借鉴的。

一 总体经营反映：礼尚往来

地区间政治、经济、文化差异产生了互补性。五代时内地与西北诸地关系直接推动力正是这点。先前历史积淀与传承影响，也会对后世民族关系发展产生作用。五代与西北诸地民族也是如此。回鹘是个典型。《四夷附录三·回鹘》云：

> 唐尝以女妻之，故其世以中国为舅……当五代之际，有居甘州、西州者尝见中国，而甘州回鹘数至，犹呼中国为舅，中国答以诏书亦呼为甥。梁乾化元年，遣都督周易言等来，而史不见其君长名号，梁拜易言等官爵，遣左监门卫上将军杨沼押领还蕃。至唐庄宗时，王仁美遣使者来，贡玉、马，自称"权知可汗"，庄宗遣司农卿郑续持节册仁美为英义可汗。是岁，仁美卒，其弟狄银立，遣都督安千想等来。同光四年，狄银卒，阿咄欲立。天成二年，权知国事王仁裕遣李阿山等来朝，明宗遣使者册仁裕为顺化可汗。晋高祖时又册为奉化可汗……

由上文看，唐、回鹘关系是五代与之关系发展的一个重要推动力，而五代高层也以继唐代民族关系为起点，与回鹘间在朝贡和赐封模式下，形成礼尚往来。这种以历史认同为基点，经营回鹘策略增进了二者交往，也为后世关系发展产生良性影响。这种历史连锁反应与认同关系，在五代与于阗间也有突出表现。同传言：

---

① 《新五代史》卷72《四夷附录一》，以下凡引自此篇者不再出注。

　　五代乱世，中国多故，不能抚来四夷。其尝自通于中国者仅以名见，其君世、终始，皆不可知。而于阗尤远……晋天福三年，于阗国王李圣天遣使者马继荣来贡红盐……晋遣供奉官张匡邺……高居海为判官，册圣天为大宝于阗国王……而居海颇记其往复所见山川诸国。

　　由行文前部分看，国家稳定强大是能够真正经营边疆的一个重要前提；国家动荡不安则会严重影响民族关系的发展。可见，自强是一个国家能够维护民族关系和谐的一个基点。从行文观，李圣天名号显然是受到唐直接影响。从他对后晋态度，可看出他以历史认同为契机，建立起了于阗与内地王朝的关系。而后晋也能采取默认方式，并有来必往，主动册封李氏，显示出"宗主"地位。高居海通过他的亲身经历与视野，向世人展示当时西北一路的风土人情与历史遗迹。因出使之地是于阗，故于阗是他记载的重心，如同篇言：

　　圣天衣冠如中国，其殿皆东向，曰金册殿，有楼曰七凤楼。以蒲桃为酒，又有紫酒、青酒，不知其所酿，而味尤美。其食，粳沃以蜜，粟沃以酪。其衣，布帛。有园圃花木。俗喜鬼神而好佛。圣天居处，尝以紫衣僧五十人列侍，其年号同庆二十九年。其国东南曰银州、卢州、湄州，其南千三百里曰玉州，云汉张骞所穷河源出于阗，而山多玉者此山也。

　　这段于阗之记，其一通过李圣天衣帽与其宫殿建筑格局，突出了于阗王对唐的认同；其二展示了当地风物与民生；其三反映了当时于阗佛教发展；其四指出了于阗政治范围；其五强调了当地特产——玉石。玉是当时于阗与周边及内地交往的一个重要载体。玉蕴含着政治、经济、文化价值，故欧阳修还特意将于阗河及捞玉作了介绍。从史文看，于阗从上到下对玉都有需求。借高居海记录，世人也可看到于阗与周边民族，特别是与吐蕃的敌对关系。同篇载："自灵州渡黄河至于阗，往往见吐蕃族帐，而于阗常与吐蕃相攻劫。匡邺等至于阗，圣天颇责诮之，以邀誓约。"可见，这是吐蕃继唐后争夺西域之余音。李圣天与后晋结好也有抵御吐蕃之政治意图。反观五代与周边民族关系，统治者与西北某些民族搞好关系，也有牵制一些大民族势力对其威慑的用意。如《王景崇传》云："会回鹘入贡，言为党项所隔不得通，愿得汉兵为援，（后汉）高祖遣景崇以兵迎回鹘。"① 因地缘关系，党项是当时内地政权一个重要威胁，故五代统治者在与西北诸族礼尚往来时，也意在远交近攻。

由上文可见，礼尚往来促进了民族间的交流与了解，不仅益于当时，也为后世民族关系继续发展做了铺垫。高居海《使于阗记》是当时与后世了解五代西域自然与人文风情的一个重要资料，也是五代与西域友好交往的一个历史证据。

二 个性经营体现

1. 后唐明宗的守信经营

诚信是交往的一个基石。以张骞凿空西域伊始，成为各代经营西域的一个成功案例。五代君王中也不乏此类人物及事迹。《药彦稠传》云：

> 沙陀三部落人也……长兴中为静难军节度使，党项阿埋、屈悉保等族抄掠方渠，邀杀回鹘使者，明宗遣彦稠与灵武康福会兵击之，阿埋等亡窜山谷。明宗以谓党项知惧，可加约束而绥抚之。使者未至，彦稠等自牛儿族入白鱼谷，尽诛其族，获其大首领连香等，遣人上捷。明宗谓其使者曰："吾诛党项，非有所利也。凡军中所获，悉与士卒分之，毋以进奉为名，重敛军士也。"已而彦稠以党项所掠回鹘进奉玉两团及遗秦王金装胡禄等来献，明宗曰："吾已语彦稠矣，不可失信。"因悉以赐彦稠。又逐盐州诸戎，取其所掠男女千余人。②

从前论可知，因地缘之故，党项是五代内地政权的一个重要威胁。由上文看，其直接阻碍回鹘与内地政权交往，所以五代高层往往采取远交近攻策略来对付党项，后唐明宗也是如此。他以守信为原则，通过沙陀药彦稠等人以收获经济效益为手段，来对付党项效果显著。在五代史上，昏庸之君是常有的，后唐明宗算是比较英明的一位，这在他经营西北民族及用人方面都有展现。

---

① 《新五代史》卷 53《王景崇传》。
② 《新五代史》卷 27《药彦稠传》。

2. 王晏球的以逸待劳

契丹是当时五代强敌，五代政权在与契丹交往中往往处于劣势。交战也是败多胜少，一是缘于对方强大，二是五代政权内部存在问题。领军人物能力的高低往往决定战争胜败。《王晏球传》有显著反映。

> 契丹自中国多故，强于北方，北方诸夷无大小皆畏伏，而中国之兵遭契丹者，未尝少得志。自晏球击败秃馁，又走惕隐，其余众奔溃投村落，村落之人以锄耰白梃所在击杀之，无复遗类。惕隐与数十骑走至幽州西，为赵德钧擒送京师。明宗下诏责诮契丹。契丹后数遣使至中国，求归惕隐等，辞甚卑逊，辄斩其使以绝之。于是时，中国之威几于大震，而契丹少衰伏矣，自晏球始也。①

由上文看，王氏战绩改变了契丹一直以来的强势姿态，明宗也借势试图转圜自身在契丹面前的劣势局面，但欲速则不达。传云："晏球攻定州，久不克，明宗数遣人促其破贼，晏球以谓未可急攻。其偏将……等宣言曰：'晏球怯耳！'乃驱兵以进，兵果败……由是诸将不敢复言攻。"面对急功近利的失败教训，王氏以逸待劳则显示出高超的一面。传载："晏球乃休养士卒，食其三州之赋，悉以俸禄所入具牛酒，日与诸将高会。久之，都城中食尽，先出其民万余人，数与秃馁谋决围以走，不果，都将马让能以城降，都自焚死。"史家对其成功也做了较为客观分析与总结："晏球为将有机略，善抚士卒。其击秃馁，既因败以为功，而诸将皆欲乘胜取都，晏球返，独不动，卒以持久弊之。自天成三年四月都反，明年二月始克之，军中未尝戮一人。"可见，王氏依据客观情况及时调整战略，以静制动，后发制人，终使兵不血刃取得胜利。这在五代对付契丹战役中是很少见的。

3. 康福的知己知彼

了解民情，熟悉内情是成功经营的一半。这在先前成功经营事迹中多有反映，五代经营西北民族中也不乏其人其事。如《康福传》云：

---

① 《新五代史》卷46《王晏球传》，下同。

为将无佗能，善诸戎语，明宗尝召入便殿，访以外事，福辄为蕃语以对。枢密使安重诲恶之，常戒福曰："无妄奏事，当斩汝！"福惧，求外任。灵武……偏将李从宾作乱……而重诲以谓灵武深入夷境，为帅者多遇害，乃拜福凉州刺史……河西军节度使。福入见明宗，涕泣言为重诲所挤。明宗召重诲为福更佗镇，重诲曰："福为刺史无功效而建节旄，其敢有所择邪！"明宗怒，谓福曰："重诲遣汝，非吾意也。吾当遣兵护汝，可无忧。"乃令将军牛知柔以兵卫福。行至方渠，而羌夷果出邀福，福以兵击走之。至青冈峡，遇雪，福登山望见川谷中烟火，有吐蕃数千帐，不觉福至，福分其兵马三道，出其不意袭之。吐蕃大骇，弃车帐而走，杀之殆尽，获其玉璞……羊马甚众，由是威声大振。福居灵武三岁，岁常丰稔，有马千驷，蕃夷畏服。言事者疑福有异志，重诲亦言福必负朝廷。明宗遣人谓福曰："我何少汝而欲负我！"福言："受国恩深，有死无二。"因乞还朝，不许。福章再上，即随而至，明宗不之罪，徙镇彰义。历静难、雄武，充西面都部署。①

由行文观之，康福的成功首先得益于他"善诸戎语"，故而比之一般人，他能较方便了解到对方情况。是故，他受到后唐明宗器重。但是这样有才能的人，也易遭到权贵重臣妒忌与排挤。纵观史册，五代政权不稳的一个核心因素，就是权臣内部倾轧。康福的遭遇，在五代内部司空见惯。时势造英雄，正是战事紧急，康福得以重获"新生"、申冤，施展才能。从行文后半部分看，他经营边疆民生建设成效颇著，使"蕃夷畏服"。但好景不长，历史又重演，即遭谗言。康福的智慧被明宗及时查省，使其在经营西北方面得以善终。

4. 张希崇的因地制宜

养边守边最好的方式是因地制宜，这在以上康福记载中已有体现，《张希崇传》有比较具体的展现，如其云："灵州地接戎狄，戍兵饷道，常苦抄掠，希崇乃开屯田，教士耕种，军以足食，而省转馈，明宗下诏褒美。希崇抚养士卒，招辑夷落，自回鹘、瓜、沙皆遣使入贡。"② 可见，张氏在边

---

① 《新五代史》卷46《康福传》。
② 《新五代史》卷47《张希崇传》。

疆就地取材的民生建设，使守边者得以自足，也吸引了周边其他民族，促进了地区间的经济交流。

5. 冯晖的恩威并施

在五代经营西北民族中，冯晖是一个文韬武略与经营颇有成效的典型。

——推以恩信。这是史家评价他经营有道的一个原则。《冯晖传》载：

> 灵武自唐明宗巳后，市马籴粟，招来部族，给赐军士，岁用度支钱六千万，自关以西，转输供给，民不堪役，而流亡甚众。青冈、土桥之间，氐、羌剽掠道路，商旅行必以兵。晖始至，则推以恩信，部族怀惠，止息侵夺，然后广屯田以省转饷，治仓库、亭馆千余区，多出俸钱，民不加赋，管内大治，晋高祖下诏书褒美。①

行文前后明显是在对比，前部分说明（后唐）明宗后，朝廷在灵武兴师动众，民不堪命，引发民众叛乱侵夺，可谓官逼民反；但冯晖到任后，则能以义属之，各族感恩，祸乱得以停息。他因地制宜，让军士自给自足，加强民生建设，故而减轻了当地百姓负担，得到了后晋高祖嘉奖。从一正一反差异比较中，烘托出冯晖经营有道而得民心。从成功看，他对当地祸乱问题不是采取强压或者"堵"的模式，如"商旅行必以兵"，这样治标不治本。他则是依据问题实质，对症下药，从根源上消除了问题产生的土壤，从而药到病除，治标又治本。

——"马首是瞻"。头领是一个群体的核心人物，群体以其马首是瞻。故掌握这个人物，就能有效控制整个群体。冯晖深知此点，这在他经营党项中有突出表现。同传云：

> 党项拓拔彦超最为大族，诸族向背常以彦超为去就。晖之至也，彦超来谒，遂留之，为起第于城中，赐予丰厚，务足其意。彦超既留，而诸部族争以羊马为市易，期年有马五千匹。晋见晖马多而得夷心，反以为患，徙镇静难，又徙保义。岁中，召为侍卫步军都指挥使，领河阳节度使，晖于是始觉晋有患己意。

————————

① 《新五代史》卷49《冯晖传》，下同。

显然，冯晖"留住"党项关键人物，也就掌握了党项主动权，换言之，让党项以自己为马首是瞻，其成效显著。但是五代政权内部猜忌与权臣倾轧，使其成功未受嘉奖，反遭排挤。但有勇有谋的冯晖并未一直受制于人。他抓住时机，又获复任机会，并一展才能与智慧。同传载：

> 是时，出帝昏乱，冯玉……等用事，晖曲意事之，因得复镇灵武。时王令温镇灵武，失夷落心，大为边患。晖即请曰："今朝廷多事，必不能以兵援臣，愿得自募兵以为卫。"乃募得兵千余人，行至梅戍，蕃夷稍稍来谒，晖顾首领一人，指其佩剑曰："此板桥王氏剑邪？吾闻王氏剑天下利器也。"俯而取诸腰间，若将玩之，因击杀首领者，其从骑十余人皆杀之。裨将药元福曰："今去灵武尚五六百里，奈何？"晖笑曰："此夷落之豪，部族之所恃也，吾能杀之，其余岂敢动哉！"已而诸族皆以兵扼道路，晖以言譬谕之，独所杀首领一族求战，即与之战而败走，诸族遂不敢动。晖至灵武，抚绥边部，凡十余年，恩信大著。

从此段前部分看，冯晖在灵武时颇得"夷心"，但自他被调离后，新任王令温却又蹈先前覆辙，"失夷落心，大为边患"。前后巨大反差给了冯晖机会，也使当政者能够应允前者的主动请愿。常言道：擒贼先擒王，即擒拿"马首"式人物至关重要。由于多年经营，使他能够非常熟悉对方内情，故他通过杀一儆百，显示出对制造先前"边患"头领的惩治，维护了后晋宗主地位，掌握了经营主动权。从中可看出，因为"边患"事出有因，他并未将所有边患分子视为敌人，而是抓住对方要害，先发制人。他这一策略，短时间内就震慑住对方，后来又通过抚绥策略获得对方信任。这种逆取顺守是先前各代不少经营西域人物的成功经验，此模式也可谓是先堵后疏，一种处理棘手民族问题的重要方略。加之，他智勇双全，使其能够善始善终。

成功是值得肯定的，失败同样给世人以启示，上文已有不少事例。一是经营者于对方内部情况不熟悉，处理问题招致失败。二是经营者对地方民众的压榨引发叛乱。三是经营者内部不团结，容易让人有机可乘。如《桑维翰传》载："契丹屯中渡，破栾城，杜重威等大军隔绝，维翰曰：'事急矣！'乃见冯玉等计事，而谋不合。又求见帝，帝方调鹰于苑中，不暇见，维翰退而叹曰：'晋不血食矣！'"① 统治上层内部斗争及所带来的渎职与轻视对方，招致的必然是祸患与灭亡。桑氏最后叹息之辞是有先见之明的，上举诸例中也多有反映。

此处列举虽短短数例，然而对于今天经营边疆仍有可借鉴之处。

第三节　元修三史对宋、辽、金经营西域人物事迹的撰述

元代所修《辽史》《金史》《宋史》均有多寡不同的经营西域人物事迹撰述。

一　《辽史》对经营西域人物事迹的展现

向西部的经营发展终辽一代，西域西辽政权建立是集大成者。辽时，西域大部分属其管辖。它经营的总方针策略，如《百官志二》云："辽制，属国、属部官，大者拟王封，小者准部使。命其酋长与契丹人区别而用，恩威兼制，得柔远之道。"② 西辽因俗施治与直接治理相结合，成效是比较显著的。因《辽史》相对简略，故经营"事迹"多为事目，但从仅有的较详记录者，也能略窥得失一二。

1. 圣宗的明察得失

辽高层经营边疆包括西域，总方针是合理的，但在具体经营中，有些官员却假公济私，进而也引发不少边患，一些当朝者对此有清晰认识。《圣宗纪六》载："戊子，西南招讨奏项部有宋犀族输贡不时，常有他意，宜以时遣使督之。诏曰：'边鄙小族，岁有常贡。边臣骄纵，征敛无度，彼怀惧不能自达耳。第遣清慎官将，示以恩信，无或侵渔，自然效顺。'"③ 从圣宗言辞看，他并未偏袒官员，责怪对方，而是明察秋毫，知道自己官员苛政引发了对方敌视，故对症下药，欲选任"清慎官将"

---

① 《新五代史》卷29《桑维翰传》。
② 《辽史》卷46《百官志二》。
③ 《辽史》卷15《圣宗纪六》。

实施惠政改变对方态度。简言之，圣宗认为，是否得地方民心关键在于民生之得失。他之所以能合情合理处理此问题，也基于他熟悉内情。换言之，知己知彼，往往会事半功倍，亦如《萧普达传》言："普达深练边事，能以悦使人。"①

2. 萧孝友的物极必反

从前代经营得失看，单一线性武力压制会引发后患，但过分姑息放纵同样会引来祸水，萧孝友经营西北得失对此有明确展现。《萧孝友传》云："先是，萧惠为招讨使，专以威制西羌，诸夷多叛。孝友下车，厚加绥抚，每入贡，辄增其赐物，羌人以安。久之，寖成姑息，诸夷桀骜之风遂炽，议者讥其过中。"②从行文看，萧惠"专以威制西羌"引发叛乱，后任萧孝友反其道而行之，取得良好效应，但物极必反。从行文后部分看，萧氏"厚加绥抚"走向极端，便是过分忍让，这种忍让姑息竟成为对西羌一些恩将仇报分子的纵容，进而形成了他们的桀骜不驯。换言之，过分溺爱反受其害。可见，经营中惠民不能衍化为纵民，要与时俱进，讲求适度持中原则是关键。犹如弹簧，过分压制与拉伸都会引来不良后果。

3. 耶律大石西迁与西辽的建立

辽经营西域人物中，耶律大石可谓是最集中的典型。史云：他为"太祖八代孙也。通辽、汉字，善骑射，登天庆五年进士第，擢翰林应奉，寻升承旨。辽以翰林为林牙，故称大石林牙。历泰、祥二州刺史，辽兴军节度使"。③可见他是个辽汉兼通、文武双全的人物。辽与西域诸国关系发展及大石前期经历，为辽金之际其西进与西辽建立起了重要作用。西辽占有西域大部分地区，是个地方政权，这为后之蒙古统一西域创造了历史条件。因西辽史作为辽史组成部分，也作为西域史重要篇章，元修《辽史》中对其给予应有重视，记录了其政权兴衰全过程。从中体现出，撰者也认为西辽是辽在西域的一个延续，给了前者一个历史定位。元人主要记述了他西行④与西辽之建立，其中透射出他的经营之道。

① 《辽史》卷92《普达传》。
② 《辽史》卷87《萧孝友传》。
③ 《辽史》卷30《天祚帝纪四》。本小节凡引本篇者不再出注。
④ 对此学者有过专门探讨，参见纪宗安《耶律大石西行纪略》，《新疆大学学报》1987年第2期。

——西进背景。从史看，大石"出走"一为躲避金灭辽之锋芒，保存实力；二是缘于对辽末代皇帝天祚帝昏庸无能的失望。如《天祚帝纪三》云：

> 天祚既得林牙耶律大石兵归，又得阴山室韦谋葛失兵，自谓得天助，再谋出兵，复收燕、云。大石林牙力谏曰："自金人初陷长春、辽阳，则车驾不幸广平淀，而都中京；及陷上京，则都燕山；及陷中京，则幸云中；自云中而播迁夹山。向以全师不谋战备，使举国汉地皆为金有。国势至此，而方求战，非计也。当养兵待时而动，不可轻举。"不从。大石遂杀乙薛及坡里括，置北、南面官属，自立为王，率所部西去。①

可见，他深谙世事，知己知彼；在敌强我弱时，认为最好是"养兵待时而动，不可轻举"。但良策却被不谙世事，独断专行的天祚帝拒绝。轻率之举无异于自投罗网。他迫于无奈终选择"出走"；虽生不逢时，他却善于把握时势，待机而动。

——西进过程。大石最初"出走"是北行，而非西行。史载：

> 北行三日……见白达达详稳床古儿……献马四百，驼二十，羊若干。西至可敦城，驻北庭都护府，会……十八部王众，谕曰："我祖宗艰难创业，历世九主，历年二百。金以臣属，逼我国家，残我黎庶，屠翦我州邑，使我天祚皇帝蒙尘于外，日夜痛心疾首。我今仗义而西，欲借力诸蕃，翦我仇敌，复我疆宇。惟尔众亦有轸我国家，忧我社稷，思共救君父，济生民于难者乎？"遂得精兵万余，置官吏，立排甲，具器仗。

他凭借自身才能和辽对北原有属国、属部影响，汇聚人众，在他动员下欲"仗义而西"，"借力诸蕃，翦我仇敌，复我疆宇"。可见，北行是为西行做准备。面临强敌，他即使有精兵万余也远非彼方对手，向西拓展后，

---

① 《辽史》卷29《天祚帝纪三》。

再等待时机东归复国，当是最好抉择。这种西进背景与前代没落之时匈奴、突厥、回鹘等颇为相似。因比之东、南空间及政权力量，西部发展空间相对较广，西域势力也相对较弱。

在做必要准备后，他带领人马决议西行；途中充分施展了他各方面才能。史曰：

> 明年二月甲午，以青牛白马祭天地、祖宗，整旅而西。先遗书回鹘王毕勒哥曰："昔我太祖皇帝北征，过卜古罕城，即遣使至甘州，诏尔祖乌母主曰：'汝思故国耶，朕即为汝复之；汝不能返耶，朕则有之。在朕，犹在尔也。'尔祖即表谢，以为迁国于此，十有余世，军民皆安土重迁，不能复返矣。是与尔国非一日之好也。今我将西至大食，假道尔国，其勿致疑。"毕勒哥得书，即迎至邸，大宴三日。临行，献马……羊三千，愿质子孙为附庸，送至境外。所过，敌者胜之，降者安之。兵行万里，归者数国，获驼……财物，不可胜计。军势日盛，锐气日倍。

可见，他西行很注意外交，充分利用先辈与回鹘良好关系，为顺利西进开辟了道路，扩充了实力。他的外交才能发挥到极致，军事与政治领导才能也得到充分展现，"所过，敌者胜之，降者安之"。臣服国多，收获也颇多，从而士气大振。他借这股士气继续向西拓展，面临的对手也越来越强。史云：

> 至寻思干，西域诸国举兵十万，号忽儿珊，来拒战。两军相望二里许。谕将士曰："彼军虽多而无谋，攻之，则首尾不救，我师必胜。"遣六院司大王萧斡里剌……等将兵二千五百攻其右；枢密副使萧剌阿不……等将兵二千五百攻其左；自以众攻其中。三军俱进，忽儿珊大败……驻军寻思干凡九十日，回回国王来降，贡方物。

由上文看，这场"寻思干"之役规模很大。对方人多士气逼人，大石临危不惧，沉着应对。先"谕将士"鼓励士气，指挥若定，用三把利刃同时进攻，直插对方三要害，使对方首尾不得救；而且他身先士卒，终取得以少胜多的胜利。① 从此段末尾句看，其影响也颇深。至此，西进势头得以暂缓，开始建立和稳定政权。

——西辽政权真正创立与复国抱负破灭。由史观之，他在真正西行前，在北部也有过政权建置，但当时面临强敌金，只是权宜之计，真正政权建立是在西域。史载：

> 西至起儿漫，文武百官册立大石为帝，以甲辰岁二月五日即位，年三十八，号葛儿罕。复上汉尊号曰天祐皇帝，改元延庆。追谥祖父为嗣元皇帝……册元妃萧氏为昭德皇后。因谓百官曰："朕与卿等行三万里，跋涉沙漠，夙夜艰勤。赖祖宗之福，卿等之力，冒登大位。尔祖尔父宜加恤典，共享尊荣。"自萧斡里剌等四十九人祖父，封爵有差。

这是西辽真正建立。其承袭了辽与中原建置制度。大石与开国功臣"共享尊荣"使政权内部人士更精诚团结，并效忠于他。这为西辽拓展与兴盛奠定了基础。

大石从"出走"北行到西进，始终不忘"翦我仇敌，复我疆宇"。史载：

> 延庆三年，班师东归，马行二十日，得善地，遂建都城，号虎思斡耳朵，改延庆为康国元年。三月，以六院司大王萧斡里剌为兵马都元帅……护卫耶律铁哥为都监，率七万骑东征。以青牛白马祭天，树旗以誓于众曰："我大辽自太祖、太宗艰难而成帝业，其后嗣君耽乐无厌，不恤国政，盗贼蜂起，天下土崩。朕率尔众，远至朔漠，期复大业，以光中兴。此非朕与尔世居之地。"申命元帅斡里剌曰："今汝其往，信赏必罚，与士卒同甘苦，择善水草以立营，量敌而进，毋自取祸败也。"行万余里无所得，牛马多死，勒兵而还。大石曰："皇天弗顺，数也！"

从上文看，他建都后就着手复国计划。在东归前誓师中，他总结了辽朝兴亡原因。其将辽的衰亡未归罪于金，而从其内部找原因，是一种实事求是，

---

① 具体阐述，参见钱伯泉《大食与辽朝的交往和耶律大石的西征——辽朝与喀喇汗王朝关系史探微》，《社会科学战线》1995年第2期。

客观公正的态度，无愧于后人对他的称颂。从言辞"此非朕与尔世居之地"可知，西域并非是他的归宿，并无意长期居于此地，原大辽之地才是他安身立命之处。西行是为东归做准备的权宜之计，而复国是西行的最终指向。故他对首次东归复国行动极为重视，计划周密、配备精良，对统帅还特意强调了治军的根本原则："信赏必罚，与士卒同甘苦，择善水草以立营，量敌而进，毋自取祸败也。"这其实也是他成功治军、建立伟业的一个反映。但事与愿违，他是个识时务之人，面对残酷现实，未一意孤行，以"皇天弗顺，数也！"结束了复国抱负。这正是他的可贵之处，懂得适度原则；加之开明的民族宗教政策，如《新元史》言："契丹本举国事佛，及耶律大石西迁，其地盛行回回教。① 大石听其信仰，不之禁，故上下相安。"② 因此他能成就伟业。甚至逝世后，"大石"也常常成为西辽政权与统治者称号。《辽史》中西辽史的绝大部分内容都是关于大石的记载，可见撰者对其重视程度。后世对西辽史补充多为大石如何统治西域与后继者记载。对比后继者行迹，大石成功统治西域诸地，得益于开明政策；反之，末代失国，从表面看是蒙古西征之故，实际上是苛政与暴敛不得民心所致，这在下述《元史》"人物事迹"中就有体现。

——盖棺论定。因大石曾经"出走"有违理学倡言的"忠君"，故《辽史》本篇后论对西辽虽有肯定意味，但也颇有微辞，如"大石既帝淳而王天祚矣，复归天祚。天祚责以大义，乃自立为王而去之。幸借祖宗余威遗智，建号万里之外。虽寡母弱子，更继迭承，几九十年，亦可谓难矣。然淳与雅里、大石之立，皆在天祚之世。有君而复君之，其可乎哉？诸葛武侯为献帝发表，而后立先主为帝者，不可同年语矣。故著以为戒云"。这显然是从正统观念与名教思想出发的。诸葛亮虽为忠臣，但他的忠常被称为"愚忠"。从史书看，大石也是忠臣，然他不是昏庸的天祚帝忠臣，而是大辽忠臣，故一生致力于光复大业，将辽之命脉在西域得以延续。故他的另立为王与西辽建立，除遭个别微辞外，却得到大多数世人的赞许③，如耶律楚才诗云："后辽兴大石，西域统龟兹。万里威声震，百年名教垂。"④

---

① 即伊斯兰教。
② 《新元史》卷 118《古出鲁克传》。
③ 参见杨世彝、周公《简论耶律大石的爱国思想及其表现》，《青海师范大学学报》1988 年第 1 期；杜娟《耶律大石西迁对中亚地区的影响》，《云南民族大学学报》2014 年第 3 期。
④ 耶律楚材：《湛然居士文集》卷 12《怀古一百韵寄张敏之》，中华书局，1986。

二 《金史》对经营西域人物事迹的反映

从史书看，当时与金来往的西域政权主要是西辽与回鹘。比之辽，金经营西域内容显然要少得多，大多数记载也颇简略。其中有金派使者出使西辽记述，可视为经营"事迹"。因辽为金所灭，故西辽与金大多时间处于敌对状态，最显著反映是《粘割韩奴传》中一段史文。

> 皇统四年，回纥遣使入贡，言大石与其国相邻，大石已死。诏遣韩奴与其使俱往，因观其国风俗……奉使大石。韩奴去后不复闻问。
>
> 大定中，回纥移习览三人至西南招讨司贸易，自言："本国回纥邹括番部，所居城名骨斯讹鲁朵，俗无兵器，以田为业，所获十分之一输官。耆老相传，先时契丹至不能拒，因臣之。契丹所居屯营，乘马行自旦至日中始周匝。近岁契丹使其女婿阿本斯领兵五万北攻叶不辇等部族，不克而还，至今相攻未已。"诏曰："此人非隶朝廷番部，不须发遣，可于咸平府旧有回纥人中安置，毋令失所。"是岁，粘拔恩君长撒里雅寅、特斯率康里部长孛古及户三万余求内附，乞纳前大石所降牌印，受朝廷牌印。诏……慰问，且观其意。秃里余睹、通事阿鲁带至其国见撒里雅，具言愿归朝廷，乞降牌印，无他意也。因曰："往年大国尝遣粘割韩奴自和州往使大石，既入其境，大石方适野，与韩奴相遇，问韩奴何人敢不下马，韩奴曰：'我上国使也，奉天子之命来招汝降，汝当下马听诏。'大石曰：'汝单使来，欲事口舌耶？'使人掉下，使韩奴跪，韩奴骂曰：'反贼，天子不忍于尔加兵，遣招汝。尔纵不能面缚请罪阙下，亦当尽敬天子之使，乃敢反加辱乎。'大石怒乃杀之。此时大石林牙已死，子孙相继，西方诸部仍以大石呼之。"余睹……还奏，并奏韩奴事。①

上引文中，"大石"一词出现十次，显然并非都指"耶律大石"本人。"言大石与其国相邻"，"遣粘割韩奴自和州往使大石"等句中"大石"显然指西辽；而文中"大石曰""大石怒"均当时西辽国君。从这些记载反映出耶律大石影响之深。同时也能看出，大石所确立的西辽与金对峙关系，

---

① 《金史》卷 121《忠义传一》。

一直影响着后继者。行文所记出使西辽的金使粘割韩奴之死就是个典型反映。反之，金加强与西域其他诸地，特别是回纥关系，也意在抑制西辽对金西边威胁，如上文言金对回纥积极经营也确实收到内附效应；从另一个角度看，西域部分地区与金建立关系也主要是利用二者矛盾，来削弱或消除西辽对其控制。从上引第二段看，粘割韩奴面对西辽主，维护金尊严，宁死不屈，精神可嘉，也受到当政者赞誉与嘉奖，同传云："世宗嘉韩奴忠节，赠昭毅大将军，召其子……谕之曰：'汝父奉使万里，不辱君命，能尽死节，朕甚闵之。'"但是从韩奴与西辽主对话中，又不免折射出他较为鲁莽的一面，即不讲求外交辞令与策略，故不仅未获得西辽国情信息，还惹来杀身之祸。比之先前各代谈及的不少成功人物，他们往往都能忍辱负重，不但获悉了对方情况，后来依此还为当政者经营西域建言献策。

契丹为西北一族，金在经营时为了能使其融入新社会中，金高层也实施了一些民族融合政策。《唐括安礼传》云：

> （大定）十七年，诏遣监察御史完颜觌古速行边，从行契丹押剌四人……自边亡归大石……（金世宗）闻之，诏曰："大石在夏国西北。昔窝斡为乱，契丹等响应，朕释其罪，俾复旧业，遣使安辑之，反侧之心犹未已。若大石使人间诱，必生边患。遣使徙之，俾与女直人杂居，男婚女聘，渐化成俗，长久之策也。"于是遣同签枢密院事……徙西北路契丹人尝预窝斡乱者上京、济、利等路安置。[①]

可见，在辽金新旧交替、纷乱之际，契丹人心不稳。结合前引，特别是辽大石的能力极高，已招揽辽之旧部，意在反金复辽。金世宗为防止更多契丹人"亡入"大石，故实施民族杂居，婚嫁自由策略，意在民族融合，使契丹民众融入新政权中。结合其他史书看，这点显然是奏效的。如《元史·耶律楚材传》云："太祖定燕，闻其名，召见（楚材）……帝伟之，曰：'辽、金世仇，朕为汝雪之。'对曰：'臣父祖尝委质事之，既为之臣，敢仇君耶！'帝重其言。"[②] 从对话看，作为契丹人耶律楚材及其前辈，已认

---

① 《金史》卷88《唐括安礼传》。
② 《元史》卷146《耶律楚材传》。

同女真金主的既定最高统治地位。

三 《宋史》中经营西域人物事迹记载

从辽、金、宋三史看，元代编纂者将西域作为辽属国，把宋当外国述之，体现了它们与西域关系的异同。虽如此，元代编纂者也注意到，比起辽、金与西域，宋与西域关系则带有深厚历史渊源。从所记看，明显道出宋经营西域有厚重历史底蕴，也有着现实需要。

（一）历史认同与现实需要经营的综合体现

这方面最显著的表现是西域诸国向宋遣使朝贡与宋对前者赐封、派使。而值得一提的是，此过程中二者互称舅舅与外甥，如《于阗传》载："遣部领阿辛上表称'于阗国偻儸有福力量知文法黑汗王，书与东方日出处大世界田地主汉家阿舅大官家'。"这与篇首文"于阗国，自汉至唐，皆入贡中国。安、史之乱，绝不复至。晋天福中，其王李圣天自称唐之宗属，遣使来贡。高祖命供奉官张匡邺持节册圣天为大宝于阗国王"相得益彰。①《高昌传》也云："其王始称西州外生（甥）师子王阿厮兰汉，遣都督麦索温来献。"这些反映了前代经营是宋经营西域的历史根基，二者认同也是建立在此基础之上。此方面间接性反映，尤令人瞩目的，如《高昌传》载："契丹使来，谓其王云：'高敞（昌）本汉土，汉使来觇视封域，将有异图，王当察之。'"②这与传中"高昌国，汉车师前王之地……（唐）西州也"形成照应。此处值得注意的是，从与宋有敌对关系的辽使者口中说出"高敞本汉土"之语，充分显示了前代中原王朝经营西域的重大历史影响，更直接折射出契丹人对宋经营西域目的之认识。显然，宋经营西域确实有抵制辽之用意，犹如汉经营西域为图"断匈奴右臂"。只是宋面临内忧外患，积贫积弱的局面，不可能达到汉唐经营西域来抵制边患的程度。但所实施的"既来之，则安之"的羁縻策略还是值得认可的。《于阗传》有一段生动感人记载：

---

① 《宋史》卷 490《于阗传》，以后凡引自此传者不再出注。
② 《宋史》卷 490《高昌传》，以后凡引自此传者不再出注。

　　大中祥符二年，其国黑韩王遣回鹘罗厮温等以方物来贡。厮温跪奏曰："臣万里来朝，获见天日，愿圣人万岁，与远人作主。"上询以在路几时，去此几里。对曰："涉道一年，昼行暮息，不知里数。昔时道路尝有剽掠，今自瓜、沙抵于阗，道路清谧，行旅如流。愿遣使安抚远俗。"上曰："路远命使，益以劳费尔国。今降诏书，汝即赍往，亦与命使无异也。"

　　行文反映了史家对于阗使者不畏艰辛远道而来的敬佩之情，也体现了对方强烈的诚意和内向化意识。《高昌传》中载王延德等人高昌行程及所见所闻更充分证明这点，特别是其中一些对高昌继承唐文化与接待宋使场面的描写：

　　用开元七年历，以三月九日为寒食，余二社、冬至亦然……佛寺五十余区，皆唐朝所赐额，寺中有《大藏经》、《唐韵》、《玉篇》、《经音》等……有敕书楼，藏唐太宗、明皇御札诏敕，缄锁甚谨……时四月，师子王避暑于北廷，以其舅阿多于越守国，先遣人致意于延德曰："我王舅也，使者拜我乎？"延德曰："持朝命而来，礼不当拜。"复问曰："见王拜乎？"延德曰："礼亦不当拜。"阿多于越复数日始相见，然其礼颇恭。师子王邀延德至其北廷……其王烹羊马以具膳，尤丰洁……至七日，见其王及王子侍者，皆东向拜受赐……既而王之儿女亲属皆出，罗拜以受赐，遂张乐饮宴，为优戏，至暮。明日泛舟于池中，池四面作鼓乐。又明日游佛寺，曰应运太宁之寺，贞观十四年造。

　　这些记述内涵丰富，展现了唐经营西域的深远影响，说明了后者对前者历史与文化的认同，更反映了在此基础上西域强烈的内向化；也包含着这样一个事实：前代经营西域为宋经营西域起到了铺垫、推动作用。两者政治往来，也为经济交流起了助推作用。《吐蕃传》载："厮啰居鄯州，西有临谷城通青海，高昌诸国商人皆趋鄯州贸卖，以故富强。"① 反之，宋经营西域在某种程度上也减轻了辽裹挟西部力量对抗宋的压力，间接反映如

---

　　① 《宋史》卷492《吐蕃传》。

《于阗传》载："神宗尝问其使去国岁月，所经何国及有无钞略。对曰：'去国四年，道途居其半，历黄头回纥、青唐，惟惧契丹钞略耳。'因使之图上诸国距汉境远近，为书以授李宪。"又如《高昌传》云："令（宋使）延德先还其国，其王九月始至。亦闻有契丹使来，谓其王云：'高敞本汉土，汉使来觇视封域，将有异图，王当察之。'延德侦知其语，因谓王曰：'契丹素不顺中国，今乃反间，我欲杀之。'王固劝乃止。"这说明宋、辽对立延伸到了西域，也间接反映了二者经营西域的现实目的之一，都为加强与后者关系以抵御、减弱对方，即御敌安边。这相类于前代北方和中原政权经营西域之目的。这点无论从中国多民族史发展看，还是从史家撰述内容及思想看，都具有普遍意义。

（二）单个人物事迹展现

从史书看，因当时民族关系发展，宋经营西域事迹比金多，比辽少。就仅有的所记人物事迹也有可圈可点之处。

1. 陈希亮的知情法办

宋与西域诸地朝贡贸易不少，但于阗是个重要对象，故在经营中，涉及此地之人事占有一定的分量。关乎使者事例，如《陈希亮传》云：

> 于阗使者入朝，过秦州，经略使以客礼享之。使者骄甚，留月余，坏传舍什器，纵其徒入市掠饮食，民户皆昼闭。希亮闻之曰："吾尝主契丹使，得其情。使者初不敢暴横，皆译者教之，吾痛绳以法，译者惧，其使不敢动矣。况此小国乎？"乃使教练使持符告译者曰："入吾境，有秋毫不如法，吾且斩若。"取军令状以还。使者至，罗拜庭下，希亮命坐两廊饮食之，护出其境，无一人哗者。①

从行文前部分看，表面上是于阗使者胡作非为，目无法纪，但有着丰富经验的陈希亮却深知，肆无忌惮背后真正原因不是地方使者，而是传译者纵容教唆使然。故他抓住问题要害，直指译者，立下军令状，违法必斩，此举一出立竿见影。可见，处理问题的关键在于了解问题产生的根本原因，

---

① 《宋史》卷298《陈希亮传》。

从而对症下药,进而药到病除。

2. 阎询的谙悉边情

北宋时,契丹是最大的对峙力量,故出使契丹成为常态,而有些使者做了有心人,阎询就是一位。《阎询传》载:"使契丹。询颇谙北方疆理,时契丹在靴淀,迓者王惠导询由松亭往,询曰:'此松亭路也,胡不径葱岭而迂枉若是,岂非夸大国地广以相欺邪?'惠惭不能对。"① 其中足见阎询对契丹统治范围的熟悉。王惠意欲绕道夸赞契丹势力之大,既未得逞,反遭讥讽,可谓自取其辱。反之,阎询的见多识广则提升了宋使形象。

3. 游师雄的怀远之见

礼尚往来是友好交往的重要体现。往来中供需费用免不了,鉴于此,宋与西域诸地交往时,有官员则建议压制远人贡数。但熟悉交往重要性的一些地方官吏则不这么认为,如《于阗传》载:"绍圣中,其王阿忽都董娥密竭笃又言,缅药家作过,别无报效,已遣兵攻甘、沙、肃三州。诏厚答其意。知秦州游师雄言:'于阗、大食、拂菻等国贡奉,般次踵至,有司惮于供赉,抑留边方,限二岁一进。外夷慕义,万里而至,此非所以来远人也。'从之。自是讫于宣和,朝享不绝。"从文之伊始看,宋与于阗交好,对于牵制西北敌对势力作用颇为重要;从经济交流来说也可形成互补,游师雄也深谙此点,故面对有司短见,他提出了怀远之见。结合前后史文,游氏建议旨在长远考虑,易言之,若只关注眼前利益得失,势必将来会因小失大,故得到当政者认可,也使北宋与西域诸地产生了长久良性互动,这对于二者历史、文化认同意义深远,也为后代关系继续发展起了推动作用。

4. 王延德使高昌记

西域有不远千里来中土者,作为回敬,宋朝皇帝也派使节前往西域。《高昌传》中王延德《使高昌记》向世人展示了宋经营西域留给后人的一份珍贵历史记载。史文再现了当时此地自然与人文景观,反映了地方风土特色,特别是在气候炎热与干燥情况下,当地民众还能克服自然条件困难,因地制宜,生活颇为惬意。他们将多种文化兼收并蓄,既是一个乐舞之乡,也是多种宗教并存之地。王氏还记述了高昌兼并诸地情况,展示出其所统

---

① 《宋史》卷333《阎询传》。

范围之广，民众之多，跨越了天山南北。

　　总之，宋代经营西域虽无丰功伟绩，但却能继承前代延续友好交往，为后世关系做了进一步铺垫，也为世人了解当时二者关系和西部自然人文风貌留下了难得的历史画卷。从历史角度看，王延德《使高昌记》是宋及他出使西域经营的一个亮点①；从民族关系史看，它是宋与西域友好交往的一个历史见证。

---

① 参见顾吉辰《王延德与〈西州使程记〉》，《新疆社会科学》1985 年第 2 期；张睿丽《王延德出使高昌使命补证》，《西域研究》2003 年第 3 期；钱伯泉《〈王延德历叙使高昌行程所见〉的笺证和研究》，《西域研究》2010 年第 4 期。

第四章 明清民国：正史"经营西域人物事迹"撰述嬗变期

明清是封建社会步入衰老期，也是统一的多民族国家进一步深化发展期。随着历史积淀，西域与内地交往更加频繁，也推进了这时期正史"经营西域人物事迹"撰述。民国是个新旧交替时代，传统史学以深厚根基，还在延续着生命；同时在国家民族陷入严重危机之时，面对新的历史内容，旧史学的回潮著述中多少也渗透着新的思想。这些均在《清史稿》有突出表现。故这时期可称得上是正史"事迹"撰述嬗变期。

第一节 《元史》对蒙、元时期经营西域人物事迹的描述

从明初修的《元史》看，蒙、元时期在经营西域过程中，有西征中大肆杀戮的一面；也有来者不拒，唯才是举、因地制宜与因俗施治的一面。此处主要谈谈后者。

一 高层经营西域事迹综合反映

西部一直是蒙、元时期经营的重要区域，除征伐中有血腥一面外，在经营中也有值得后人认可与赞誉的一面。这在诸多上层人物的事迹中有所展现。

西部边患终于蒙、元一代，如何处理边患分子，往往决定着经营西部的成败，此方面值得一提的事例，如《英宗纪二》云："诸王怯伯数寇边，至是遣使来降，帝曰：'朕非欲彼土地人民，但吾民不罹边患，军士免于劳役，斯幸矣。今既来降，当厚其赐以安之。'"[1] 可见，英宗对西部曾经寇

---

[1] 《元史》卷28《英宗纪二》。

边的来降者，晓之以理，动之以情；不仅既往不咎，还给予厚赐。可谓既来之，则安之。这种怀远之举，对经营西域必然起正面效应。实际上，从蒙、元史看，对待西域来降者，当政者一直采取接纳态度，对有才能者委以重任，这是蒙、元得以征服与统一西域的一个重要成功点。

当西域诸地已经归属，又该如何处理元与之关系，蒙、元作为宗主也有一定原则底线，这里有可称颂的例子，如《文宗纪四》载："西域诸王卜赛因遣使忽都不丁来朝。庚申，中书、枢密臣言：'西域诸王不赛因，其臣怯列木丁矫王命来朝，不赛因遣使来言，请执以归。臣等议，宗藩之国，行人往来，执以付之，不可。宜令乘驿归国以自辨。'制可。"① 可见，西域怯列木丁与其王有隙。对待前者，中书、枢密臣子并未按照后者要求以武力将其遣返，而是礼节性地以不参与内政为主旨，归送前者回国。这种谨慎适度做法显然是适宜的。

在蒙古西征中，对于拒不投降的城池，以成吉思汗为代表的众多高层人物，在攻克此地后对民众往往格杀勿论，但也有例外，《察罕传》中就有反映。从史文看，察罕虽为武将，并在西征中战功赫赫，但他并不是一个屠夫，在对待所攻克地域子民方面，他先后力劝成吉思汗及其将领，明辨敌我，不要屠杀无辜百姓。在血腥的西征中，察罕的良言降低了战争的残酷性，也为西部之民归服蒙古留下了余地。这正是典型的逆取顺守。其他传记也有类似事迹。《安童传》言：

> 中统初……方十三，位在百僚上……四年，执阿里不哥党千余，将置之法，安童侍侧，帝（世祖）语之曰："朕欲置此属于死地，何如？"对曰："人各为其主，陛下甫定大难，遽以私憾杀人，将何以怀服未附。"帝惊曰："卿年少，何从得老成语，此言正与朕意合。"由是深重之。②

行文正面赞誉了安童的聪明才智。虽年纪轻轻，但看问题却颇有远见。而从所引对话中，则折射出世祖在经营西域方面持逆取顺守之策，目的在于以德怀远，使未附者怀服而归。

---

① 《元史》卷 35《文宗纪四》。
② 《元史》卷 126《安童传》。

对归服民众，要建官吏治。前代经营的成功原则是民生为重，这种理念在元代也有事迹展现。《刘好礼传》言："治益兰……民俗不知陶冶，水无舟航。好礼请工匠于朝，以教其民，迄今称便。或言榷盐酒可以佐经费，好礼曰：'朝廷设官要荒，务以绥远，宁欲夺其利耶！'言者惭服。"① 刘氏利民言行都反映出他的治边理念，即认为朝廷边远之地设官，不为盘剥百姓，与民争利，而是为利民生，安一方，维护朝廷统治，故他的一番言辞，使听者信服。

以上事迹所对应的经营对象是众人，故可视为是综合性反映；而更能体现蒙、元时期经营卓有成效的，则是对西域精英人物的经营与其反馈的事迹展现。

二 用贤使能：西域民族人士励精图治事迹反映

从成吉思汗伊始，蒙、元不少统治者对待西域人士亦采取来者不拒，唯才是举，使他们及后人得以在统治过程中各有所用。为蒙、元发展做出了重要贡献，这是可大书特书的一页。对此《元史》中对西域民族人士撰述有清晰反映。主要有以下这样几类人物。

1. 蒙古时期投诚西域的民族人物

蒙古西征中，不少西域地方人士投诚，当政者对他们接纳、信任与委任，则使他们得以施展才华，为蒙古发展立下了汗马功劳。《曷思麦里传》载：

> 初为西辽阔儿罕近侍，后为谷则斡儿朵所属可散八思哈长官。太祖西征，曷思麦里率可散等城酋长迎降，大将哲伯以闻。帝命曷思麦里从哲伯为先锋，攻乃蛮，克之，斩其主曲出律。哲伯令曷思麦里持曲出律首往徇其地，若可失哈儿……斡端诸城，皆望风降附。又从征你沙不儿城，谕下之。帝亲征至薛迷思干……曷思麦里收其珍宝以还。取玉儿谷、德痕两城。继而憨颜城亦下。帝遣使趣哲伯疾驰以讨钦察。命曷思麦里招谕曲儿忒……等城，悉降。至谷儿只部及阿速部，以兵拒敌，皆战败而降。又招降黑林城，进击斡罗思于铁儿山，克之，获

① 《元史》卷167《刘好礼传》。

其国主密只思腊，哲伯命曷思麦里献诸术赤太子，诛之……会帝亲征河西，曷思麦里持所获珍宝及七宝伞迎见于阿剌思不剌思，帝顾群臣曰："哲伯常称曷思麦里之功，其躯干虽小，而声闻甚大。"就以所进金宝，命随其力所胜，悉赐之……①

由行文可知，曷思麦里是地方人士，对当地颇为了解，故成吉思汗充分利用他这点。他英勇善战，多次在攻城中被指定为先锋，且有劝服抚顺的政治才能，故几次被委任为招抚大员来劝降诸地头领，成效显著；他廉洁奉公，因此受到蒙古大将哲伯，特别是成吉思汗的奖赏。由此也可见蒙古在经营西域时能够充分利用地缘人才，进而为西征增加力量，也充分发挥了受降者才能，可谓因才施治。

投诚者在高层吸纳下，有受用于西征者，也有经营他地者。如《塔本传》云：

伊吾庐人……好扬人善……塔本初从太祖讨诸部，屡厄艰危……征辽西……军士有妄杀人者，塔本戒之曰："国之本，民也。杀人得地，何益于国。且杀无罪以坚敌心，非上意。"太祖闻而喜之，赐金虎符，俾镇抚……诸郡，号行省都元帅，管内得承制除县吏，死囚得专决……治兴平。兴平兵火伤残，民惨无生意。塔本召父老问所苦，为除之，薄赋敛，役有时。民大悦，乃相与告教，无违约束，归者四集。塔本始至，户止七百，不一二年，乃至万户。出己马以宽驿人；贷廉吏银，其子钱不能偿者，焚其券。农不克耕，亦与之牛，比岁告稔，民用以饶……盗李仙……等作乱，塔本止诛首恶，宥其诖误……卒……遗命葬以纸衣瓦棺。赠推诚定远佐运功臣……追封营国公，谥忠武。②

段首"好扬人善"点出塔本为人，照应了以下他不妄杀所攻之地民众的言行。人随地归，得地无人，徒劳之举。从劝谏止杀言辞，可反映出他

---

① 《元史》卷 120《曷思麦里传》。
② 《元史》卷 124《塔本传》，下同。

考虑问题的长远与深度性，故得到成吉思汗赏识，使其才有所用。他的怜惜百姓、民生建设与勤俭持政，使其政绩卓著，故蒙、元高层委以重任。百姓赞誉，高层重用，良性循环。史家笔墨中表达了一种赞美。爱屋及乌，作为其子孙也受到当政者重用。同传言：

> 阿里乞失铁木儿，嗣父职……为治一遵先政，兴学养士，轻刑薄徭，虽同僚不敢私役一民……子阿台……当袭父职……始至，请……税课八之一，细民不征。世祖即位，来朝，赐金虎符。诸侯王道出平滦，供给费银七千五百两，户部不即偿，阿台自陈上前，尽取偿以归。置甲乙籍，籍民丁力，民甚便之。至元十年，进阶怀远大将军。岁饥，发粟赈民，或持不可，阿台曰："朝廷不允，愿以家粟偿官。"于是全活甚众。僚属始至，阿台必遗之盐……什器，曰："非有他也，欲其不剥民耳。"姻族穷者，月有常给；民有丧不能葬者，与之棺……资粮。滦为孤竹故国，乃庙祀伯夷、叔齐，以励风俗。

由行文看，阿里乞失铁木儿有父之风范；无独有偶，其孙阿台更是继承祖辈遗风，在民生经营方面更胜一筹，尤其是他融入于当政之地百姓生活中的大公无私，在那个时代实在难得。即便今日，也不禁让人产生敬畏之感。用好人，用对人，一方百姓受益，也为元朝增辉不少；同时，也反映出元高层的用人得当。

从史书看，不少西域畏兀儿投诚之人，特别是有才能者及后裔被蒙、元得以重用，在各个岗位与行业方面显示出其特色才能。如《哈剌亦哈赤北鲁传》云：

> 畏兀人也。性聪敏，习事。国王月仙帖木儿亦都护闻其名，自唆里迷国征为断事官……西辽主鞠儿可汗……诸子师……归太祖，一见大悦，即令诸皇子受学焉……从帝西征。至别失八里东独山，是城空无人，帝问："此何城也？"对曰："独山城。往岁大饥，民皆流移之它所。然此地当北来要冲，宜耕种以为备。臣昔在唆里迷国时，有户六十，愿移居此。"帝曰："善。"遣月朵失野讷佩金符往取之，父子皆留居焉。后六年，太祖西征还，见田野垦辟，民物繁庶，大悦。问哈剌

亦哈赤北鲁，则已死矣。乃赐月朵失野讷都督印章，兼独山城达鲁花赤。①

这是因地制宜、知人善任的一个典范。成吉思汗对哈剌亦哈赤北鲁父子的信任是他们能够在西域荒废之地经营，得以产生良田美景，人民富庶的一个重要前提。丰收景象是他们对前者的承诺与信任的实证；同时眼见为实，耳听为虚，此情此景又是成吉思汗对自己经营西域民族人物成功的重要反映。

成吉思汗爱惜各种人才，是他得以建立江山的重要基点，这在使用文人方面也有重要表现，如《塔塔统阿传》中就展现出，这位西域人士为蒙、元在制度、文化、礼仪开创性建设方面贡献颇多。一是官方印章或说印信制度的采用；二是畏兀儿体蒙古文字的诞生；三是待人接物的礼仪执行。从乃蛮到蒙、元，他的渊博知识与高尚品质，尤其是忠孝、廉洁都得到了高层赏识。蒙、元高层对西域人物能者居上的原则，也是很有见地的。

前述有三代被器重者，兄弟同辈被受用者也有事例，如《岳璘帖穆尔》载：

> 回鹘人……兄倜理伽普华，年十六，袭国相……时西契丹方强，威制畏兀，命太师僧少监来临其国，骄恣用权，奢淫自奉。畏兀王患之，谋于倜理伽普华曰："计将安出？"对曰："能杀少监，挈吾众归大蒙古国，彼且震骇矣。"遂率众围少监斩之。以功，加号倜理杰忽底……左右有疾其功者，谮于其王曰："少监珥珠，先王宝也，倜理伽普华匿之，盍急索勿失。"其王怒，索宝甚急。倜理伽普华度无以自明，乃亡附太祖，赐……食二十三郡……以弟岳璘帖穆尔为质……从太祖征讨，多战功。皇弟斡真求师傅，帝命岳璘帖穆尔往，训导诸王子以孝弟敦睦、仁厚不杀为先，帝闻而嘉之。从平河南，徙鄭县民万余户入乐安。俄授河南等处军民都达鲁花赤……所得上方赏赍，悉輂归故郡，以散亲旧。且盛陈汉官仪卫以激厉之，国人美慕。道出河西，所过榛莽，或时乏水，为之凿井置堠，居民使客相庆称便。太祖即位，以中原多

---

① 《元史》卷124《哈剌亦哈赤北鲁传》。

盗,选充大断事官。从斡真出镇顺天等路,布德化,宽征徭,盗遁奸革,州郡清宁。①

撰者目的虽是叙述岳璘帖穆尔,但其兄投诚蒙古在先,并对前者被蒙古接纳与起用有直接关系,故有其兄弃暗投明事迹的一段追述。此可作为他后来蒙、元时做出成就的铺垫。透过他在蒙、元时的丰功伟绩,可见他的文韬武略。他在高层任用下,施展了才华与成就了治民方略。这也是蒙、元宗主信任与重用他的最好回报的反映。

从前述西域诸地某些高层人物,背西辽投蒙古事迹看,他们更换宗主与西辽灭亡真正原因是一致的,即西辽末世政治统治的腐败黑暗与苛敛暴政。易言之,西辽正是在众叛亲离与蒙古征伐的夹击中,最终走向灭亡。这是西辽末期经营西域失败的展现,而又是蒙古西征中招抚政策得当,赢得西域高层之心的侧面反衬。

当时西域诸国大多数信仰伊斯兰教。成吉思汗在蒙古建设中的开明政策之一就是不分民族、宗教,广纳贤才。兹有一典型,如《赛典赤赡思丁传》云:

> 一名乌马儿,回回人……其国言赛典赤,犹华言贵族也。太祖西征,赡思丁率千骑以文豹白鹘迎降,命入宿卫,从征伐,以赛典赤呼之而不名。太宗即位,授丰、净、云内三州都达鲁花赤;改太原、平阳二路达鲁花赤;入为燕京断事官。宪宗即位,命同塔剌浑行六部事,迁燕京路总管,多惠政,擢采访使。帝伐蜀,赛典赤主馈饷,供亿未尝阙乏……②

元时回回遍天下,其大部分先祖是成吉思汗西征时,从西域带来的。回回③初意指穆斯林。赛典赤就是一例,他任官职于蒙、元多位君主,在蒙、元经营中原与边疆中政绩颇多,其精明能干不仅体现于正面战场,还

---

① 《元史》卷124《岳璘帖穆尔传》。
② 《元史》卷125《赛典赤赡思丁传》。
③ 马良骏对中国回回民族来源与回回一词内涵有着集中性的论述,参见《考证回教历史》,新疆人民出版社,1994,第1~5页。

反映在地方治理及军事后勤服务等方面，可谓文武兼备。从他的成就中，能折射出成吉思汗最初的慧眼识英雄。

综上所述，成吉思汗西征伴随的就是他的西域经营，除有过血腥战功外，让受降上层人物放开手脚，各有所用，则是他成功经营西域的最典型表现。这些西域人物在蒙古各种建设方面也事迹颇多。这种成功的经营原则也被其后世子孙所继承。

2. 元时在朝廷任职的文武官员

此方面有突出事迹的人很多，史文清晰记述了他们在京师的受任情况，也充分展示了他们各方面才能与对蒙、元的贡献。如《孟速思传》载：

> 畏兀人，世居别失八里……幼有奇质，年十五，尽通本国书。太祖闻之，召至阙下，一见大悦，曰："此儿目中有火，它日可大用。"以授睿宗……复事世祖于潜藩，日见亲用。宪宗崩，孟速思言于世祖曰："神器不可久旷，太祖嫡孙，唯王最长且贤，宜即皇帝位。"诸王塔察儿……咸是其言。世祖即位，眷顾益重。南征时，与近臣不只儿为断事官。及诸王阿里不哥叛，相拒漠北，不只儿有二心，孟速思知之，奏徙之于中都，亲监护以往，帝以为忠。数命收召豪俊，凡所引荐，皆极其选。诏与安童并拜丞相，固辞。帝语安童及丞相伯颜、御史大夫月鲁那演等曰："贤哉孟速思，求之彼族，诚为罕也。"孟速思为人刚严谨信。早居帷幄，谋议世莫得闻。至元四年卒……帝尤哀悼，特谥敏惠。武宗朝，赠推忠同德佐理功臣……追封武都王，改谥智敏。[1]

成吉思汗所招降的畏兀儿人，在经营西域时产生了重要作用，在蒙、元朝中也发挥过不少作用。此段所言的孟速思显然就是一位。行文最初片语，不免有些夸耀，但从另一视角展现出，成吉思汗用人不讲求短期效益，而是着眼于长远，即他所说的"它日可大用"。从孟速思后来在朝中事迹看，确实验证了成吉思汗先前"大用"的预言。孟速思洞察时事之深，知人善任之准，一如史家所言"刚严谨信"。他是个运筹于帷幄之中，决胜于

---

① 《元史》卷 124《孟速思传》。

千里之外的人士。故此，世祖甚至欲将其提拔到丞相地位。虽文中将孟速思"固辞"原因没有交代，但结合前代汉武帝时的（原匈奴休屠王太子）金日磾与唐太宗时的西域人物契苾何力事迹，他们都有类似经历。其中一个直接原因是，他们所属族裔不属于朝廷最高统治者族属，皇帝对他们过高尊崇会惹来朝中人士的非议；换言之，为了免于当朝皇帝"重外轻里"之嫌与高层争议，他们能够以大局为重，回报知遇之恩。"固辞"是显而易见之事。从中也可见，他们能力之强，品性之高，受当朝者信任之深。

从上述看，元世祖忽必烈承先祖成吉思汗风范，也是个不分民族，唯才是举的君王，又如《廉希宪传》曰：

> 世祖为皇弟，希宪年十九，得入侍，见其容止议论，恩宠殊绝。希宪笃好经史，手不释卷。一日，方读《孟子》，闻召，急怀以进。世祖问其说，遂以性善义利仁暴之旨为对，世祖嘉之，目曰廉孟子，由是知名……岁甲寅，世祖以京兆分地命希宪为宣抚使。京兆控制陇蜀，诸王贵藩分布左右，民杂羌戎，尤号难治。希宪讲求民病，抑强扶弱……诏以希宪为中书右丞，行秦蜀省事……进拜平章政事。[①]

行文显示出希宪儒学造诣之高，也反映出他所持儒家仁义为本的民生理念。故受到当政者的"恩宠殊绝"。他的现实作为不仅回报了前者，也践行了自己的治世理念。行文用词处处反映出，撰者是以非常赞赏的态度来记这位在政有为者。

3. 元时在地方上任职的军政人员

《元史》涉及这方面的西域民族人物，比前者更多。在这些人物传中，史家记述了他们的各种才能、政绩与个人成就，如《脱烈海牙传》载：

> 畏兀氏。世居别失拔里之地……由中书宣使，出为宁晋主簿。改隆平县达鲁花赤，均赋兴学，劝农平讼，桥梁、水防、备荒之政，无一不举。及满去，民勒石以纪其政。拜监察御史……出佥燕南道肃政廉访司事，务存大体，不事苛察。在任六年，黜污吏百四十有奇。召

---

① 《元史》卷126《廉希宪传》。

为户部郎中，转右司员外郎……起为吏部尚书，量能叙爵，以平允称。①

可见，撰史书者特别突出他们的贤能与勤政。很多传文还特别彰显了此方面人物在政治生涯中的高尚人品道德。如《布鲁海牙传》云："畏兀人……廉谨……世祖即位，择信臣宣抚十道，命布鲁海牙使真定。真定富民出钱贷人者，不逾时倍取其息，布鲁海牙正其罪，使偿者息如本而止，后定为令。"② 这凸显了他清正廉明，也反映出撰者对其能力与道德的认同。这是对元朝在一定程度上能不分民族，任人唯贤的一个肯定，更是明代撰者为当时政治服务提供的借鉴。

4. 元时从西域到内地的各种社会学家

其中以语言、翻译、史学家等居多。从立传情况看，撰者特别注重记述多方面才能的翻译家与当政者对他们的唯才是用。如《迦鲁纳答思传》载：

畏兀儿人，通天竺教及诸国语……国师西番人，言语不相通。帝命迦鲁纳答思从国师习其法，及言与字，期年皆通。以畏兀字译西天、西番经论，既成，进其书，帝命镂版，赐诸王大臣。西南小国星哈剌的威二十余种来朝，迦鲁纳答思于帝前敷奏其表章，诸国惊服。③

行文充分显示了迦鲁纳答思语言学与翻译方面的才能及成就，以及在边疆经营中的重要作用；同时也折射出当朝者对西域等边疆人士或后裔，能够因才施治，使其才有所用。这既是当政者的用人得当施政反映，也是受用者施展才华的展现。

5. 蒙、元时期西域地方高层人物

蒙、元还有因地制宜与因俗施治经营西域人物的事例。这方面最典型的是对高昌王的经营。《元史》撰者将其作为蒙元功臣来看待，集中撰述的

① 《元史》卷 137《脱烈海牙传》。
② 《元史》卷 125《布鲁海牙传》。
③ 《元史》卷 134《迦鲁纳答思传》。

篇章是《巴而术阿而忒的斤传》。他是蒙、元第一代高昌主，该传载：“巴而术阿而忒的斤亦都护，亦都护者，高昌国主号也。”① 此传以他为中心上下追述了回鹘高昌王史。传作者持略远详近的原则，重点记述了蒙、元一代高昌主的行迹。蒙、元之前的记载大多都带有传说性质，不乏天人感应，这是中国古代史家常有的思想反映。不过，从中也能折射出高昌回鹘先辈与唐、辽，特别是与西辽有深厚的关系，其曾为臣于后者。西辽后期政治腐败，对属国剥削更是不言而喻，故蒙古兴起之后，高昌王欲通过自主投诚方式，借其力摆脱西辽的统治，而这也正是当时成吉思汗所希望的；当然，高昌为蒙古统一西域，也做出了重要贡献。传云：

岁己巳，闻太祖兴朔方，遂杀契丹所置监国等官，欲来附。未行，帝遣使使其国。亦都护大喜，即遣使入奏曰：“臣闻皇帝威德，即弃契丹旧好，方将通诚，不自意天使降临下国，自今而后，愿率部众为臣仆。”是时帝征大阳可汗，射其子脱脱杀之。脱脱之子……四人，以不能归全尸，遂取其头涉也儿的石河，将奔亦都护，先遣使往，亦都护杀之。四人者至，与大战于襜河。亦都护遣其国相来报，帝复遣使还谕亦都护，遂以金宝入贡。辛未，朝帝于怯绿连河，奏曰：“陛下若恩顾臣，使臣得与陛下四子之末，庶几竭其犬马之力。”帝感其言，使尚公主也立安敦，且得序于诸子。与者必那演征罕勉力、锁潭、回回诸国，将部曲万人以先。纪律严明，所向克捷。又从帝征你沙卜里，征河西，皆有大功。

从行文看，成吉思汗对高昌很重视。其中所谈到的联姻关系贯串蒙、元一代。从传看，前后有六位蒙古公主嫁于高昌。这种以联姻为纽带，为双方关系的加强起了重要作用。无论在元朝统一中国过程中，还是西域海都等叛乱中，各高昌主都表现出了其作为属臣最忠诚的一面。传载：

马木剌的斤嗣。将探马军万人，从宪宗伐宋合州，攻钓鱼山有功……海都……之乱，畏兀儿之民遭乱解散，于是有旨命亦都护收而

① 《元史》卷122《巴而术阿而忒的斤传》，下同。

抚之，其民人在宗王近戚之境者，悉遣还其部，畏兀儿之众复辑。十二年，都哇……等率兵十二万围火州，声言曰：“阿只吉、奥鲁只诸王以三十万之众，犹不能抗我而自溃，尔敢以孤城当吾锋手？”亦都护曰：“吾闻忠臣不事二主，吾生以此城为家，死以此城为墓，终不能从尔也。”受围凡六月，不解。都哇以书系矢射城中曰：“我亦太祖皇帝诸孙，何以不附我？且尔祖尝尚公主矣。尔能以女与我，我则休兵；不然则急攻尔。”其民相与言曰：“城中食且尽，力已困，都哇攻不止，则相与俱亡矣。”亦都护曰：“吾岂惜一女而不以救民命乎！然吾终不能与之相见。”以其女也立亦黑迷失别吉，厚载以茵，引绳缒城下而与之，都哇解去。其后入朝，帝嘉其功……妻以公主曰巴巴哈儿……又赐钞十万锭以赈其民。

以上一些言语与场面的描述，既是撰者对高昌亦都护品德的赞扬，也是他们所要表达的“忠孝”理念。从后叙看，终蒙、元一代各高昌主都做到了这点，即便是腐败的元末时依旧如故。反之，蒙、元统治者对各高昌主也给予了很高的赐封；终一代不易其高昌主之位。明初百废待兴，分裂割据叛乱时有发生，撰者这样的笔锋，无疑是在为当朝君臣关系的处理而服务，尤其是为忠君行为而歌功颂德；从维护统一与国家安定而言，这也是必然的表现。

第二节　《明史》所记经营西域人物事迹

从清人所修《明史》看，与前代一样，明朝经营西域与西北民族势力是相联系的。故本书经营西北民族即是经营西域的展现，人物事迹也穿插其中，未有单独记述，故以下围绕民族关系史来反映经营得失。

一　高层经营西北民族政治事迹得失反映

1. 西部诸卫建立

明代元而建，这决定了明初边防最大经营对象就是北部蒙古势力。明太祖采取的是政治“招抚”与武力打击相结合的方式。除正面经营外，为防止东西两线作战，也积极经营西部边防，派使者出使西域劝谕归降。再者从东北到西北设置诸卫，意在切断北部鞑靼与瓦剌潜在的两翼力量，也加强了明朝前期对北部蒙古势力的防范与抵御。成祖时西部主要表现就是哈密卫的设置。《哈密传》言：

> （永乐）四年春，甘肃总兵官宋晟奏，脱脱为祖母所逐。帝怒，敕责其头目曰："脱脱朝廷所立，即有过，不奏而擅逐之，是慢朝廷也。老人昏耄，头目亦不知朝廷耶？即迎归，善匡辅，俾孝事祖母。"由是脱脱得还，祖母及头目各遣使谢罪。三月立哈密卫，以其头目马哈麻火者等为指挥千百户等官，又以周安为忠顺王长史，刘行为纪善，辅导。冬，授头目十九人为都指挥等官。明年，宋晟奏，头目陆十等作乱，已诛，虑他变，请兵防御。帝命晟发兵应之，而以安克帖木儿妻子往依鬼力赤，恐诱贼侵哈密，敕晟谨备。①

从行文看，成祖时对哈密的管控很严格，应急措施也很到位。最后一句，帝"以安克帖木儿妻子往依鬼力赤，恐诱贼侵哈密，敕晟谨备"。反衬出，哈密卫之设对付鞑靼的作用。当然，哈密卫设置也意在加强明朝与西域关系。传文通过围绕哈密卫立废问题争论的记述，说明了它的重要性；传文里以明成祖之见为始："初，成祖之封忠顺王也，以哈密为西域要道，欲其迎护朝使，统领诸番，为西陲屏蔽。"这样防止了成祖在与鞑靼的对峙中东西两线，或者说北部与西部两线作战的可能。而在后来以时臣霍韬之语为终："保哈密所以保甘、陕也，保甘肃所以保陕西也。若以哈密难守即弃哈密，然则甘肃难守亦弃甘肃乎？"尤其是后者认识带有普遍性。在某种意义上，西部诸卫设置使明前期从太祖到成祖间实现了"断北部蒙古右臂"的愿望，也加强了西部的经营。这从后来瓦剌兴起，势力范围延及西域对明朝所造成的边患中也能折射出。

2. 经营瓦剌得失反映

成祖时对付北部势力采取扶持瓦剌打压鞑靼的措施，降低了后者对明朝的威胁，但也使瓦剌坐大。面对气势汹汹的瓦剌，对明朝北、东、西部威胁已早有显迹，边将也屡屡上疏，但中后期宦官擅权的明廷高层只是消

---

① 《明史》卷329《西域传一》，以下凡引自此传者不再出注。

极应对。从《瓦剌传》① 看，这时的明朝在经营北部蒙古方面，已完全没有了明太祖与成祖时掌控全局的姿态与力度。明朝高层的绥靖政策，未让瓦剌也先知足，反而更加使他扩张之心膨胀，对此洞察力极深的时人早有觉察，也提出了建议，但腐败的明廷上层对此大多是置若罔闻，终造成了明朝历史上最耻辱的一幕"土木堡之变"。如《杨士奇传》言："正统初，士奇言瓦剌渐强，将为边患，而边军缺马，恐不能御。请于附近太仆寺关领，西番贡马亦悉给之。士奇殁未几，也先果入寇，有土木之难，识者思其言。"②

若说瓦剌兴盛快，衰亡更快，传载："（景泰）六年，阿剌知院攻也先，杀之。鞑靼部孛来复杀阿剌，夺也先母妻并其玉玺。也先诸子火儿忽答等徙居干赶河，弟……等往依哈密。伯都王，哈密王母之弟也。英宗复辟三年，哈密为请封，诏授伯都王都督佥事，兀忽纳指挥佥事。自也先死，瓦剌衰，部属分散，其承袭代次不可考。"可见，在对待也先余绪，特别是涉及哈密稳定，英宗不计前嫌，能够顺势而为给予赐封，这对于加强对方与明朝良好关系是必要的。如传载：

> 弘治初，瓦剌中称太师者……皆遣使朝贡。土鲁番据哈密，都御史许进以金帛厚啖二部，令以兵击走之。其部长卜六王者，屯驻把思阔。正德十三年，土鲁番犯肃州。守臣陈九畴因遗卜六王彩币，使乘虚袭破土鲁番三城，杀掳以万计。土鲁番畏逼，与之和。嘉靖九年，复以议婚相仇隙。土鲁番益强，瓦剌数困败，又所部辄自残，多归中国，哈密复乘间侵掠。卜六王不支，亦求内附。朝廷不许，遣出关，不知所终。

由上文看，明朝中后期还曾利用瓦剌二部对付过东进的"土鲁番"。但面对"土鲁番益强"局面瓦剌则更加衰败。明朝的接纳，是以德怀远之策，也是降低敌对势力的一个举措，但从上引最后一句看，这种接纳未做到持之以恒。从长远观之，显然是失策的。这与明初太祖、成祖之时形成了鲜

---

① 此小节凡引自《明史》卷 328《瓦剌传》者不再出注。
② 《明史》卷 148《杨士奇传》。

明对比。救人于危难之中,将来势必有可用或回报之时。这从先前各代与以前之相关行文就可以反映出。

3. 鞑靼的复兴与明朝中后期高层经营失败的展现

从史文看,鞑靼复兴是明史上边害最严重时期,前代也鲜少能与之相匹敌。翻开本纪从天顺元年鞑靼孛来寇宁夏到隆庆五年"俺答封贡",即"隆庆和议"①,一百多年里几乎年年都有鞑靼入寇记录;从东北到西北无处不留有鞑靼犯边记载。通过文本看,这与明朝消极防御有关,是明朝中后期内政逐渐腐化使边防更加脆弱的结果。《明史》这方面着墨颇多,也意在透过边防腐败,反映明中后期高层对西北边疆民族经营的失败与明衰亡的原因。《兵志三》云:

> 是时,俺答诸部强横……烟火萧然。巡抚都御史陈讲请"以兵六千戍老营堡东界之长峪,以山西兵守大同。三关形势,宁武为中路,莫要于神池,偏头为西路,莫要于老营堡,皆宜改设参将。雁门为东路,莫要于北楼诸口,宜增设把总、指挥。而移神池守备于利民堡,老营堡游击于八角所,各增军设备"。帝悉许之。规画虽密,然兵将率怯弱,其健者仅能自守而已。②

由上文看,在边防事务上明朝不乏远见卓识者,可是一落实到具体情况就是"规画虽密,然兵将率怯弱,其健者仅能自守而已"。史文间显然就透露出,这是明朝内政腐败的外延表现。对此撰者也善于通过时人之语来总结。如《倪岳传》载:

> 善断大事。每盈廷聚议,决以片言,闻者悦服……前后陈请百余事,军国弊政剀抉无遗……论西北用兵害尤切,其略云:
> 近岁毛里孩……大为边患。盖缘河套之中,水草甘肥,易于屯牧,故贼频据彼地,拥众入掠。诸将怯懦,率婴城自守。苟或遇敌,辄至挫衄。既莫敢折其前锋,又不能邀其归路。敌进获重利,退无后忧,

---

① 刘夏蓓:《中国西北少数民族通史·明代卷》,民族出版社,2009,第271页。
② 《明史》卷91《兵志三》。

致兵锋不靖，边患靡宁。命将徂征，四年三举，绝无寸功。或高卧而归，或安行以返。析圭担爵，优游朝行，辇帛舆金，充牣私室。且军旅一动，辄报捷音，赐予滥施，官秩轻授。甚至妄杀平民，谬称首级。敌未败北，辄以奔遁为辞。功赏所加，非私家子弟即权门厮养。而什伍之卒，转饷之民，则委骨荒城，膏血野草。天怒人怨……非细故也。京营素号冗怯。留镇京师，犹恐未壮根本，顾乃轻于出御，用亵天威。临阵辄奔，反堕边军之功，为敌人所侮……彼有门庭之喻，此无陛楯之严，可乎？[①]

以上通过直接引用倪岳之语，将明朝边防与守卫丑陋无比、堕落腐化的内幕揭露得淋漓尽致，窘态毕现。从明朝言，这是北患严重的实质原因。《明史》撰者清人不仅注意总结明朝在边防上失利的原因，也很看重时人对边防事务方面的建言献策，尤其是治理边防的具体措施和建议。在这方面，比之上文已反映的，《倪岳传》有更具体详细的描述，从中透露出倪岳对西北边事了如指掌，能有"破"有"立"。他一方面通过直接揭露问题，提出具体建议；另一方面通过批驳时人消极的"御敌之策"来提出自己的观点。很显然，倪岳一是希望明廷通过改革内政来治理边防腐败，他的言辞中已点出边吏清廉与否是边防能否有效应对或抵御边患的根本所在；二是他希望整顿边防军队，增加防御设施等来增强边防的战斗力与御敌的有效性与长远性。《明史》对其建议也做了总结："因陈重将权、增城堡、广斥堠、募民壮、去客兵、明赏罚、严间谍、实屯田、复边漕数事。"紧接着撰者笔锋一转，说道："时兵部方主用兵，不能尽用也。"从史文看，明中后期有不少时人关于边防好的建议，终都以"不能尽用"或"不能用"这种类似言辞而"作罢"。撰者显然在告诉世人，这是明中后期边防衰弱与经营边疆失败之原因，更是明衰亡之实质。翻开历代正史，绝大多数政权，包括中原王朝衰亡都有类似原因。反之，这又间接地助长了"敌人的力量"。

4. 明朝后期经营"土鲁番"事迹反映

明朝与"土鲁番"关系最直接的反映就是对哈密的争夺，这一历史过

---

① 《明史》卷 183《倪岳传》，下同。

程可用哈密"三立三绝"①来展现。一些经营西北人物传有反映。《王琼传》云：

> 土鲁番据哈密，廷议闭关绝其贡，四年矣。至是，其将牙木兰为酋速檀满速儿所疑，率从二千求内属。沙州番人帖木哥、土巴等，素为土鲁番役属者，苦其征求，亦率五千余人入附。番人来寇，连为参将云昌等所败。其引瓦剌寇肃州者，游击彭濬击退之。贼既失援，又数失利，乃献还哈密。求通贡，乞归羁留使臣，而语多谩。琼奏乞抚纳，帝从兵部尚书王时中议，如琼请。霍韬难之，琼再疏请诏还番使，通贡如故。自是西域复定。②

可见，"土鲁番"通过控制哈密，势力已延及河西。从"引瓦剌寇肃州"可折射出它与北方草原西部蒙古关系，也更加反映出明初积极经营西域，并在西部设立一系列卫所之原因。哈密等卫被废使明朝在西部失去了抵御西域与北部势力的最主要屏障，"土鲁番"进入河西易如反掌，进而演变为"甘肃军民素苦土鲁番侵暴"的结果。"土鲁番"东进势头如此强烈，有自身原因，但与明朝边防的脆弱也有直接关系。明前后期高层西北边防经营成败与经营西北民族得失成正比。

二 明朝对西北民族势力在经济经营方面得失反映

透过史册看，西北主要民族势力与明朝政治经营关系的起伏，往往都是因经济问题或说生存问题而引发的。经济层面经营得失也有不少事迹展现。

1."自觉"通贡反映与明朝上层经营得失折射

从史文观之，凡是与明地域相近的周边民族绝大多数都是自觉朝贡或要求通贡，有时甚至不惜用武力来强迫"通贡"。因朝贡意味着有回赐，一来一往就是"贡赐贸易"，这是历史上中原王朝与周边少数民族经济贸易交流的基本方式。当然，通贡对双方都有利，只是边疆之民显得更紧迫一些。

---

① 《明史》卷 329《西域传一·哈密》。
② 《明史》卷 198《王琼传》。

《西域传四》云：诸蕃"且利市易，络绎道途。商人率伪称贡使，多携马、驼、玉石，声言进献"。① 这些足见西北地区对中原经济的依赖。侧面描述，如《西域传一》载明朝因与"土鲁番"政治关系恶化而闭关绝贡，对此类似经济制裁举动，西域诸地反映强烈，迫使"土鲁番"让步。同传言："时诸番以朝廷闭关绝贡不得入，咸怨（土鲁番王）阿黑麻，阿黑麻悔，送还陕巴及哈密之众，乞通贡如故……自是哈密复安，土鲁番亦修贡惟谨"。可见明对土鲁番经济制裁起到了良好效应。通贡虽双方有利，但若不讲原则底线，势必会造成一方负担过重。如《黄骥传》载仁宗初，他上疏之言：

> 西域贡使多商人假托，无赖小人投为从者，乘传役人……赏赉优厚。番人慕利，贡无虚月，致民失业妨农。比其使还，多赍货物，车运至百余辆。丁男不足，役及妇女。所至辱驿官，鞭夫隶，无敢与较者。乞敕陕西行都司，惟哈密诸国王遣使入贡者，许令来京，止正副使得乘驿马，陕人庶少甦。至西域所产，惟马切边需，应就给甘肃军士。其……硇之类，皆无益国用，请一切勿受，则来者自稀，浮费益省。②

"番人慕利，贡无虚月"点出了"通贡"实质。从行文看，大量朝贡人员入京与返回也增加了明百姓负担。"至西域所产，惟马切边需"则指明了朝贡中对明朝的利益。可见，在经济经营方面要注意互通有无，立定适度规范原则。结合上文政治经营看，经济策略往往比政治付出代价更低一些，也更具有深度性。

2. 茶马互市经营中的得失反映

纵观历代正史，在中原与西北经贸往来中，最基本内容是茶马贸易。从中可看出，包括西域在内的西北少数民族对中原茶叶依赖性是最显眼的，这涉及民生根本问题，明代也不例外。《食货志四》云："番人嗜乳酪，不得茶，则困以病。故唐、宋以来，行以茶易马法，用制羌、戎，而明制尤

---

① 《明史》卷332《西域传四》。
② 《明史》卷164《黄骥传》。

密……设茶马司……西方诸部落，无不以马售者。"① 该志对明代茶马互市
得失也有总结："明初严禁私贩，久而奸弊日生。泊乎末造，商人正引之
外，多给赏由票，使得私行。番人上驷尽入奸商，茶司所市者乃其中下也。
番得茶，叛服自由；而将史又以私马窜番马，冒支上茶。茶法、马政、边
防于是俱坏矣。"可见，明代以茶易马法与之边防盛衰步调基本相一致，从
侧面透射出明本身国政盛衰；同时，撰者也注意到明代以茶易马法的破坏
首先是缘于自身管理不善，以史为鉴溢于言表。

透过史文正反面描述观之，茶马互市是双方经济互补的一个基本现象。
不过，对于西北民族而言更涉及基本生存问题，故当不能通过正常贸易来
解决，就会诉诸武力来夺取或逼迫对方就范。

3. 经营西域诸地民生的具体史实反映

——整治于阗。中原王朝经营对西域发展产生了重要影响，这在前史
里一目了然；《明史》"西域传"所述诸多内容同样能反映出这点。如所记，
元朝亡后，西域地方"各自割据，不相统属"，"地大者称国，小者止称地
面。迄宣德朝……多至七八十部"。这是元末至明前期西域社会情况。而明
朝经营后，某些区域社会民生则呈现出欣欣向荣的景象，如于阗"元末时，
其主暗弱，邻国交侵。人民仅万计，悉避居山谷，生理萧条。永乐中，西
域惮天子威灵，咸修职贡，不敢擅相攻，于阗始获休息。渐行贾诸蕃，复
致富庶。桑麻黍禾，宛然中土"。② 可见明朝经营于阗前后，社会经济状况
之差异。

——救济哈密难民。《哈密传》载："哈密屡破，遗民入居者旦暮虞寇。
（土鲁番）阿黑麻果复来攻，固守不下，讫散去。诸人自以穷窘难守，尽焚室
庐，走肃州求济。边臣以闻，诏赐牛具、谷种，并发流寓三种番人及哈密之
寄居赤斤者，尽赴苦峪及瓜、沙州，俾自耕牧，以图兴复。"这些内容反映出
西域一些人的内向性意识，也体现了明朝对西域以德怀远的民族政策。

综上所述，西域诸地对内地有经济上的需求，又有政治庇护与排解纷
争的仰赖。纵观《明史》，能否把握住明朝高层经营西域得失的一个核心
点，也是上述各类经营人物事迹成败总结的一个着眼点。

---

① 《明史》卷80《食货志四》，下同。
② 《明史》卷332《西域传四》。

第三节　《清史稿》对经营西域—新疆
人物事迹之撰述

因清代上承古代下启近代，《清史稿》撰者处于新老交替时期，故此书既有继承传统正史的一面，也有反映近代的一面。由于清廷经营时间长、力度大且有各种相应政策，故此书中有众多经营西域人物的事迹。不过由于史书本身问题，大多数事迹记载都颇为简单，故下文主要以较详细者来展开论述。

一　安边与定边

从清朝前期统一西域到清末纷乱之中收复安定新疆，清代对于西域—新疆安边与定边主要处于历史首尾两端，而其背景与内容也从清初封建时代拓边、定边转到了近代抵御外强与维护国土完整。易言之，清初康乾是统一西域，设官建置，奠定西域格局的核心时期，而清末经营新疆则成为保家卫国的时期。

1. 反叛必究

清初，特别是康乾时期，在边疆包括西域在内对任何反叛势力都是有乱必讨。

——康熙亲征平准部。对于清代，常有"康乾盛世"之说。康熙之盛，首先表现的就是为清代统一全国起到了先导作用。而在西域，最突出的体现就是面对准噶尔叛乱，康熙亲征之举。[①] 这体现了清廷对此事极为重视，也反映出此次平叛的重要性，还表明了清廷当政者对维护西域、漠北与内地统一的决心。换个视角看，针对反叛，皇帝亲征，无疑就是以儆效尤，向世人宣示朝廷对任何反叛势力的零容忍。这对朝中内外，特别是对边疆民族势力威慑力无疑是巨大的。

——乾隆力行平疆乱。从史书看，乾隆时天山南北均有过叛乱，而当朝者对每次叛乱抑或分裂势力都是不惜武力，必定讨平。[②]《阿里衮传》里对平定大小和卓之乱有详细的描述，其首先反映出的是这次叛乱跨越区域

---

① 《清史稿》卷78《地理志二十五·外蒙古》

② 综述性文字参见谢小华、霍华《乾隆平定西域战图》，《历史档案》2008年第1期。

之大，破坏范围之广。其次体现的是乾隆皇帝对参加此次平叛中的重要将领之选定、升降、奖惩，平叛中所需军资支持与调配等情况，足见清廷当权者对此次平叛的重视，及维护西域统一与稳定边疆的力度之大。其中尤为显著的是在平叛中对无作为或延误军机的高层将领，力行革职，这无疑为其他将领敲响了警钟，促使他们在后续平叛中能够尽心尽力。相应的，对于有功之人，或者说表现极佳的将领，乾隆则给予重奖。奖惩分明，既体现了皇帝处理问题的公平公正，也是对以后处理此类事件的原则展示。与康熙相仿，乾隆对平叛的"大动干戈"就是以儆效尤，这对边疆图谋不轨者起到了巨大的震慑作用。

从上述文字看，清廷前期对于西域分裂与割据行为从不姑息养奸，这正是清朝前期维护统一、打击与防范分裂势力的一个成功所在。当然，纵观康乾经营边疆，处理民族问题的核心理念准确地说，是有张有弛，恩威并施。

2. 以德怀远

对于处理边疆问题，特别是对反叛势力，动用武力是必需的，也是行之有效的。但从防微杜渐来观，武力是权宜之计，文治则是长久之策。犹如治理洪水，堵是应急措施，疏导才是久远、良性循环之举。清前期统治者也认识到此点的重要性，故他们对西域之民，特别是高层人士采取以德施治。相比其他皇帝，《清史稿》对乾隆此方面，有不少较为详细的事迹记述。一如《高宗纪三》云："二十四年……九月庚戌……论剿贼功，晋封回人鄂对为贝子，阿什默特、哈岱默特为公，复敏珠尔多尔济公爵。癸丑，定西域祀典。命阿桂赴阿克苏办事。晋封玉素布为贝勒。丙寅，改甘肃安西镇为安西府……除回城霍集占等苛敛。"[①] 赐封是先前各代怀远的重要举措，对于边疆平叛中有作为的地方人士更是不言而喻。通过此段文字看，乾隆在经营中也能继承这种优良传统，针对地方人士功绩多寡给予授封不同品级头衔。结合"除回城霍集占等苛敛"一句看，一场干戈之后的善后之举，特别是针对地方上、下同时并行之策，无疑是一种很好的安抚之策。

关于安抚之举，又如《军礼志》中一段较为概括性的描述：

> 高宗每行猎，自旧藩四十九旗暨喀尔喀、青海诸部分班从围，绥

---

① 《清史稿》卷 12《高宗纪三》。

辑备至。洎平西域，远藩如左右哈萨克，东西布鲁特，安集延，布哈尔，朝谒踵集，唯恐后时。土尔扈特亦皆挈部众越数万里来庭。帝尝御布固图昌阿抚慰之，旋赐名曰"伊绵"，国语会极归极也。①

从上文看，乾隆这种治理模式，使得西域诸地高层人士不远千里，争先恐后"朝谒踵集"，归于清朝。史家言语中有夸耀成分，但这却反映了乾隆治理西域远人的一个成功所在。

这里特别值得一提的是，此段中言及的"土尔扈特亦皆挈部众越数万里来庭"。乾隆安抚土尔扈特是一个典型事例，被世人传为佳话。土尔扈特的回归，一方面是缘于不堪忍受沙俄的压榨；另一方面是缘于对历史、故地与清朝的认同，这表现最突出的是他们进入伊犁后，"以投诚为词，（向清廷）献其祖所受明永乐八年汉篆敕封玉印及玉器、宣窑磁器等物"②。而乾隆对他们的友好接待与妥善安置，则体现了对土尔扈特蒙古诸部的历史认同与此举的认可，显示了清廷诚意与清朝国威。结合相关记载看，土尔扈特之举也是乾隆先前怀远举措的一个正面效应反映。

清中后期国家上层走向腐败，但就怀远而言，高层中也有事迹反映。《藩部六》云："道光二年，修科布多众安庙。三月，科布多参赞大臣那彦宝奏定蒙民、商民贸易章程。杜尔伯特、扎哈沁、明阿特、额鲁特均准给票与商民贸易。六年，回疆军兴，杜尔伯特汗、王、公、扎萨克等献驼马助军。十二月，以杜尔伯特汗齐旺巴勒楚克等复输驼助军，上嘉赉之。"新疆蒙古诸部在保卫边疆，维护统一中起着非常重要的作用。从以上行文看，以道光为代表的清廷高层，对新疆蒙古诸部之前文化建设、民生经济举措，对后来清廷平定南疆之乱时显示出其良性效应。当然，对于蒙古各部的"感恩"助军举动，当政者也给予回赐。这种良性循环效应，在以后新疆御敌与平叛中得到很好体现。

在清后期处置边患时，武功不可避免，但某些有远见卓识的疆吏人性化的处理方式，既减少了军队损失，也在一定意义上恢复了清朝在边疆民众中的威信，促进了民族关系发展。最显耀的人物莫过于刘锦棠，史言：

---

① 《清史稿》卷 90《礼志九》。
② 《清史稿》卷 523《藩部六》。

（光绪）二年三月，次肃州。五月，锦棠北逾天山，会金顺军先攻乌鲁木齐，克之。白彦虎遁走托克逊。九月，克玛纳斯南城，北路平，乃规南路。令曰：“回部为安酋驱迫，厌乱久矣。大军所至，勿淫掠，勿残杀。王者之师如时雨，此其时也。”三年三月，锦棠攻克达坂城，悉释所擒缠回，纵之归。南路恟惧，翼日，收托克逊城，而占彪及孙金彪两军亦连破诸城隘，合罗长祜等军收吐鲁番，降缠回万余。帕夏饮药死，其子伯克胡里戕其弟，走喀什噶尔。①

虽然新疆当时出现了大规模边患，但刘氏审时度势，在用武力平叛时，也能清晰地认识到“敌友”之异，故他并未大开杀戒，而是严肃军纪，对百姓秋毫无犯，让平叛成为一场得民心、振国威的正义之战。《刘锦棠传》有着呼应记载。

（光绪）三年春，逾岭西南攻达坂……且释降回数千，给赀粮纵归。或请其故，曰：“俾归为我宣播朝威也，吾欲以不战胜之。”自是破吐鲁番、托克逊，南路门洞开，阿古柏如失左右手……饮药死……锦棠入喀喇沙尔城，庐舍漂没，乃徙和硕特帐房河东数百户，实后路，复库尔勒……连下库车、拜城。其南缠回苦安集延淫暴久，重以彦虎奔扰，益不堪命，旦夕望我军如时雨。比至，各城阿奇木伯克、阿浑玉子巴什各携湩酪，持牛羊来犒师。抵阿克苏，锦棠先入城，受降毕，回皆伏服。②

此段上引刘氏之语说明了他严肃军纪，对当地民众秋毫无犯的原因。尤其是他突出“吾欲以不战胜之”，即兵不血刃，以赢得民心来使对方不攻自破。从后叙看，正如其言，他的仁义之举孤立了敌人，使祸者自毙，且赢得了当地民众的热烈欢迎。后来新疆建省，他在疆任巡抚时采取了一系列以德怀远民生建设之策，如“立城垣、坛庙、学校、驿传，又广屯田，兴水利”等，因此更加深受百姓爱戴。当后来离疆时，传云：

① 《清史稿》卷412《左宗棠传》。

② 《清史稿》卷454《刘锦棠传》。

"锦棠悉召诸部酋长大酺, 遂发。所过, 黄童白叟望风相携负以迎, 往往拥车数日不得走。"他离任时善后事务也做得颇为人性化。透过史家笔锋, 可清晰看到他得民心的一系列举措, 故出现了离别时众人依依不舍的震撼场面。清后期边疆吏治腐败, 动辄引发民乱, 刘氏却为边疆带来了一场难得的清风细雨, 化解了当时人们苦不堪言的贫瘠之心, 进而也被史家载入史册。

3. 未雨绸缪

作为边疆的一部分, 新疆往往处于多事之秋。清中后期, 对于叛乱更多表现得是临阵磨枪, 疲于应付。但在军政人员安边经营当中, 也涌现出了一些未雨绸缪者。《托明阿传》载: "从巡抚武隆阿征回疆……(道光)二十七年, 起授乌鲁木齐提督。调陕西, 擢绥远城将军, 整饬戎政, 勤于训练。"[1] 养兵千日, 用兵一时。很多边疆危机时刻, 得失就在于调兵遣将是否具有良好作战能力。从这段引文看, 托明阿在此方面有先见之明, 在治理边疆时, 懂得预防为主。他首先从军政抓起, 注重士兵日常训练, 这样一旦遇有边事, 就能迅速有效地去解决。

这样的人物事迹, 又如《乌兰泰传》云: "由火器营鸟枪护军从征回疆有功……军政卓异……善训练, 讲求火器。"[2] 可见, 他与托明阿一样注重军队平时训练。他比后者更高明之处在于能够与时俱进, 讲求使用新式武器, 这样能更有效地应对与解决边防事务, 在敌我较量中可抢占先机与减少自我损失。反之, 对敌方而言, 则显示出更强的威慑力。

预防为主, 除了训练, 后勤作业也很重要。如《马玉昆传》曰:

以武童从宋庆攻捻, 积功至都司……任柱等困庆登州, 玉昆锐身驰救, 围立解, 繇是以骁果名……剿秦、陇回, 数获胜……嗣从金顺出嘉峪关, 连下乌鲁木齐、昌吉、玛纳斯, 擒其渠黑瞎子。天山南北告宁, 赏黄马褂, 予世职。玉昆居西域先后十余年, 收复名城以十数, 暇辄使部下屯垦辟地利。李鸿章疏荐将才, 谓可继宋庆。[3]

---

① 《清史稿》卷 403 《托明阿传》。
② 《清史稿》卷 402 《乌兰泰传》。
③ 《清史稿》卷 461 《马玉昆传》。

清末，新疆财政困难，军队开支是个重要问题。从行文看，具有丰富经验的马氏，针对此种情况，在边疆治理中，不是等、靠、要，而是因地制宜，自主经营，不仅解决了将领生活问题，也为军队万一遇有战事，提供了后备资源。这是防患于未然的另一种经营模式。

要之，这些举措无疑使边防紧急之时，不再亡羊补牢，能够做到从容应对。

二　建边与实边

守卫边疆，除军政设施与军训外，建设边疆是守卫的另一种保证。远水解不了近渴，新疆地处边陲，建边可就地取材，也可带动地方民生建设，这是一项政治与经济、利国与利民同时并举之良策。翻开史书，清前期与晚期这方面事迹不少。

（一）清前期建边、富边典范事迹展示

清前期，西域百废待兴，这时，特别是乾隆时涌现出不少提高边民生计的事迹。

1. 屯田典范——阿桂

民以食为天，对于边疆守军与各族百姓也是如此，自力更生是最有效的解决办法，清前期边将阿桂在这方面为世人做出了榜样。[1] 从《阿桂传》看，当时很多清朝高层人士未到过西域，只是从某些侧面渠道得知该地沙漠广阔，生存环境恶劣，难以驻守。与此种片面认识相反，身处一线的将领阿桂正驻守在"塞外小江南"伊犁，当然知道当地更真实的一面。故他依据当时具体情况，向乾隆上书，提出了充分利用当地人力、物力建设屯田计划，还让军队人员亲手制作农具，当年就获得了丰收。先前朝中某些浅薄之见不攻自破。他趁热打铁，又上书增加民屯、军屯的人员与地域范围。有了首次成功，二次上书也就得到了首肯，故而阿桂放开手脚，大干了一番之后，短短两年就让伊犁绥定、安远出现了"一如内地，数千里行旅晏然"[2] 的繁荣景象。显

---

① 参见孙文良、孙琰《论阿桂》，《清史研究》1995 年第 2 期；阿拉腾奥其尔《阿桂在新疆》，《西域研究》1996 年第 2 期；曹凤祥《阿桂对清代国家统一的历史贡献》，《社会科学战线》2002 年第 5 期。

② 《清史稿》卷 318《阿桂传》。

然，阿桂建边与富边之举，受到了上层赞誉，也受到守军、地方民众的欢迎。

2. 水利建设能手——萨迎阿

新疆缺水是制约本地发展的重要因素，故水利建设是建边的另一重要举措，此方面有突出事迹表现的是萨迎阿，如《萨迎阿传》曰：

> （道光）二十五年，授伊犁将军。乌鲁木齐兴办喀喇沙尔渠道堤坝，下萨迎阿筹议。疏言："喀喇沙尔城西开都河，道光十七年，筑护堤，有屯田头工、二工两渠，自裁屯安户后，又于上游大河开一大渠，嗣头二工又各添新渠，共有五渠。上年大水，各渠口冲塌，护堤亦坏。今拟挑濬北大渠，接长二千三百丈，共长九千丈；修筑龙口石工，外设木闸，自龙口至坡心滩嘴，筑碎石长坝四十余丈，中设泄水闸，随时启闭；接长旧堤三十余里，至北大渠口为止；其余诸渠挑濬深通，庶期经久。"又言："吐鲁番掘井取泉，由地中连环导引，浇灌高田，以备渠水所不及，名曰闸井，旧有三十余处。现因伊拉里克户民无力，饬属捐钱筹办，可得六十余处，共成百处。"寻以开垦挑渠办有成效，萨迎阿履勘，筹议招种升科。疏言："垦地在渠水充盈，用有余裕，升科不必求急，期实有裨益，行之久长。新疆水利，泉水少而雪水多，雪水之迟早无定，收获之丰歉难齐，请援镇、迪旧例，减半升科。"下部议行。英吉沙尔领队大臣齐清额误听伯克言，诬指回子胡完为张格尔逆裔，萨迎阿平反之，诏嘉其详慎。①

从此段文字看，萨迎阿前两段上疏之辞，总的来说是依据新疆不同地区水资源分布与补给差异而提出的务实性水利建设。具体来看，首段上疏之辞，是针对明渠而建议的，从言辞中对开都河上的现有装备与预修设施位置、数量、长度精准的描述，不难推理，萨迎阿一定是亲自前往实地做过考察与记录，故而修缮建议才会描述得如此细致。第二段上疏辞，针对的是吐鲁番坎儿井——暗渠而言的，该地炎热干燥，蒸发量极大，加之终年干旱少雨，修坎儿井是利用地下水与防止蒸发灌溉农田最好的举措。从他对坎儿井现状与续修情况的描述，可反映出他也是做过仔细调查的。而对于在水利建设基础上的升科事项，他则表现出更加审慎的态度。新疆可用水资源主要补给，不

---

① 《清史稿》卷 382《萨迎阿传》。

同于内地多为江河补给，而是靠高山上冰雪融水，故他在升科多寡政策制定上，依据区情提出了较为合理的限额，这是因地制宜的重要表现。他在民生水利建设中所表现出的严谨认真态度，也体现于他对地方社会民生治理的关注，这在上引末尾之句也可反映出。他为受诬陷者洗刷谋反罪名，平冤昭雪，故受皇帝赞赏。"详慎"是对其治水精神十分贴切的评价。①

3. 农牧兼营的范例——文绶

新疆有可耕的绿洲，也有可供游牧生活的草场，有些具有远见卓识的在疆官员也看到了这点。他们在治边时注意将二者并举。如《文绶》云：

> （乾隆）三十七年，疏言："巴里坤、乌鲁木齐年来日繁盛。招民垦地，户给三十亩，并农具籽种，视新疆例，六年升科。玛纳斯城南可二万余亩，瑚图璧城西北可六千余亩，巴里坤城外及傍近诸地五千九百余亩，玉门、酒泉、敦煌三县可五千余亩。往时嘉峪关恒闭，过者候讥察，今关外已同内地，请令辰开酉闭；兼开乌鲁木齐城南七达色巴山梁以利行旅。"又酌定收捐监粮，筹备巴里坤移驻满洲兵粮料；并于巴里坤山湾设厂牧羊，令满洲兵子弟取乳剪毛，以广生计。均如所请行。②

由文绶的言辞看，其所谋划屯田范围很广，且在借用屯田时，也希冀进一步打开当时内地与新疆相对封闭的行旅之业；在屯田粮食逐渐增多时，他又计划利用收捐监粮来平衡粮食储备。同时，他还打算利用北疆巴里坤草原资源进行养羊，在此基础上又以挤羊奶与剪羊毛为副业，拓展官兵收入，提高生活质量。这些规划显然是可以搞活当地经济，提高民生，也是切实可行的，当然受到当政者首肯。

（二）清朝后期建边与实边事迹之反映

清晚期，虽朝政腐败，但由于边疆危机，一些有才之人士进入新疆，他们依据当时自然环境与人文状况，开展了不少建设项目与实业兴边之举。

---

① 对其全面性评价，见史国强《伊犁将军萨迎阿与新疆研究二题》，《新疆大学学报》2015年第5期。
② 《清史稿》卷332《文绶传》。

1. 屯田与水利并举者——林则徐

清代因各种原因到新疆戍边者颇多，贬官发配就是重要一项。晚清更有甚者。这些官员中不乏才能者，林则徐就是一例。其西行日记《荷戈纪行》① 现存于世，内容中体现出他对边疆国计民生的关注，而他在疆建设事迹，正是此种关注的绝好回应，如《林则徐传》载："二十四年，新疆兴治屯田，将军布彦泰请以则徐综其事。周历南八城，濬水源，辟沟渠，垦田三万七千余顷，请给回民耕种，改屯兵为操防，如议行。"② 是金子放到哪里都会发光。内地禁烟英雄林则徐，被腐朽的晚清高层谪戍边疆。从以上简短行文观，他在边陲同样发挥着正能量，在边疆屯田、水利与边防建设方面都显示出其超常智慧与能力。③

2. 开荒典范——全庆

清晚时期，新疆兴修水利与垦荒中有不少事迹，《全庆传》记载颇为详细。

（道光）二十一年……会回疆兴垦，伊犁将军布彦泰疏留全庆偕林则徐往勘。二十五年，至叶尔羌，疏言："和尔罕地膏腴，哈拉木札什水渠可资灌溉。又巴尔楚克为回疆扼要之地，道光十二年已奏开垦屯田，未种者尚多，应先佽安插民户，俾成重镇。"诏如所请行。先是，全庆疏陈喀喇沙尔环城荒地，及库尔勒、北山根，可垦田万余亩，命办事大臣常清筹办。至是复偕则徐详勘，疏言："库尔勒应于此大渠南岸接开中渠，引入新垦之地，分开支渠二。其北山根展宽开都河龙口，别开大渠，与旧渠并行；再分支渠四，别开退水渠一。"又疏言："伊拉里克在吐鲁番托克逊军台西，地平土润，土人谓之'板土戈壁'。其西为'沙石戈壁'，有大小阿拉浑两水，汇为一河。此次引水自西而东，凿成大渠，复多开支渠以资灌溉。伊拉里克西南沿山为蒙古出入

① 林则徐：《荷戈纪行》，甘肃人民出版社，2002。

② 《清史稿》卷 369《林则徐传》。

③ 今人这几方面研究颇多，评价颇高，参见纪大椿《林则徐回疆勘田述议》，《新疆社会科学》1986 年第 4 期；赖洪波、王华云《林则徐与伊犁农田水利建设》，《新疆社会科学》1986 年第 5 期；任伊临《林则徐谪戍新疆期间思想发展的基本轨迹》，《西域研究》1998 年第 3 期；任伊临《林则徐在新疆处理民族事务中的务实精神》，《北京师范大学学报》1999 年第 1 期；吴福环、何景雷《林则徐与中国边疆》，《西域研究》2000 年第 2 期；等等。

之路，垦地在满卡南附近，东西两面，以'人寿年丰'四字分号，各设正副户长一，乡约四，择诚实农民充之，承领耕种。又吐鲁番为南北枢纽，应安置内地民户，户领地五十亩，农田以水利为首务。此次开渠，自龙口至黑山头，地势高低，碎石夹沙，渠身易淤，酌定经久修治章程。"并如所请行。自是回疆南路凡垦田六十余万亩。①

由上文可看出全庆在原垦地基础上，加大了拓荒面积，区域涉及天山南北，范围很广。垦地要灌溉，故他又加大了新修水利布局规划。垦地以官吏管理为主体的同时，又充分调动地方品行较好的民众参与管理、建设，做到责任到人，各负其责。对重要位置的地区，如上言吐鲁番，他则实施更加特殊的建设模式。治理中注重点面结合，因地而异。从其言辞具体细节与史家记述看，他对各地规划都是实地勘查而得，即亲力亲为。故计划显得周全，接地气，因此也受到当朝者应允。

3. 新式开荒者——袁大化

清末内忧外患，经济凋敝，边疆更是如此，但新式资本主义经济模式也入行国内。在边疆开荒时，袁大化则改变传统，充分利用了这一点。如《食货志一》云：

> 宣统三年，巡抚袁大化言："新疆夙号农牧国，今日贫瘠，由地旷人疏。自迪化以西，精河以东，遍地官荒，草湖苇滩，无虑千万顷，而南疆东路萧旷亦同。拟集华侨立公司，速效非易。今令在新各员，有独力或合赀开荒灼著明效者，分别奏奖，以示鼓励。"事得允行。②

从他的言辞看，当时新疆荒野遍地，经济不堪入目，民众生活困苦不难想象，但荒野中草湖苇滩却是一种可开发的经济资源，故他计划用近代公司运营者来开采它；并通过奖励模式，鼓励此项开荒的有效展开。可见，虽为清朝官员，但他并非是墨守成规者，能与时而变，利用新式经营模式来搞活地方经济，提高民生。

---

① 《清史稿》卷389《全庆传》。
② 《清史稿》卷120《食货志一》。

4. 近代通信的拓展者——杨昌濬

近代中国工业落后，但世界上资本主义国家工业发展却日新月异，特别是新式通信工具的开发与使用。作为世界上一个大国的中国，一些近代化科技产品自然也应入市，但作为经济极度落后的边疆触动这些新式科技产品就显得滞后，然基于边疆危机，保卫边疆需要，有着一腔热血的爱国边吏也会积极努力地在通信设施建设上给予重视。如史载："十八年，陕甘总督杨昌濬言：'新疆西北邻俄，西南与英属部接壤，文报濡滞，贻误必多。宜由肃州设线至新疆省城，及于伊犁、喀什噶尔。'宣统元年，桂抚张鸣岐疏陈设柳邕电线二千三百余里。俱得请。此因边备而增设者也。"① 杨氏上疏中点出了新疆地缘政治的重要性，结合近代史，英俄一直觊觎新疆，使其处于危机当中，故边情信息的及时获取，是当政者了解与解决边疆问题的一个有效前提，故杨昌濬与张鸣岐的建议与作为都具有务实性。

5. "实心实政"者——饶应祺

在清末建边事迹中，有关饶应祺的内容不仅丰富，评价也颇高。《饶应祺传》② 曰：他"官关陇、新疆垂四十年，边地初辟，治绩烂然，实心实政，其劳亦不可没云。""实心实政"可说是对他治疆十分贴切的概括。主要有这样几个方面。

（1）实业兴农

这主要表现于饶氏因地制宜、恢复地方民生建设。其传载：

> （同治）十七年，署新疆布政使；十九年，实授。新疆兵燹后，民物凋弊，地多荒弃。伊犁故腴壤，回屯旧八千户，四不存一。应祺建议伊犁将军给新裁锡伯、索伦兵牛粮，使之屯种；给新裁察哈尔、厄鲁特兵羊马，使牧放；并招致关内灾民，按丁授地，实行寓兵于农之法。罗布淖尔者，旧史所称星宿海也，汉为且末……诸国地，东西广千六百余里，南北袤千里或数百里，自阳关道梗，其地遂成瓯脱。应祺建议巡抚筑蒲昌城，设英格可力善后局、卡克里克屯防局，招徕汉回客缠，通道置驿，建堡濬渠，教以耕织。又请改防军为标营，定额

① 《清史稿》卷151《交通志三》。
② 此小节凡引自《清史稿》卷448《饶应祺传》者不再出注，以下凡引自本传者不再出注。

征粮石每年折色之法，画一钱法。

战争使人、物、财力均遭损失，故善后事务中最要紧之事莫过于恢复重建。从上文看饶应祺正是在清末新疆兵燹后，百废待兴时，依据地方区情开展恢复民生建设。首要举措是"寓兵于农"，对当地新裁兵使其地有所用，即建立了军屯与兵牧。二是边防实民之策，在各局驿站处招当地民众进行农业生产。这种兵民与兴农结合之举，保证了当地官兵生计，又开边兴利恢复了地方民生建设。

（2）开源节流

饶应祺在疆处理涉外问题时，注重变通实效性，开源节流就体现于其中。同传载：

> 俄领事原议驻吐鲁番，后求移驻省垣，将军、巡抚难之。应祺谓："此不必争。我所应争者，洋商税则须与华商一律，同时议定。新省毗连英、俄，陆路进口地不一，北道伊犁，南道喀什，应设关，各以本道为监督；塔城、乌什、叶尔羌应设分卡，归各道兼辖。"均如议行。南路初设领署，应祺贻书伊塔、喀什两道曰："交邻之道，莫先于自治。我之用人行政，使彼族闻而敬服，则遇事不至以非礼相要，此为折冲御侮第一要义。饮食往还，平时贵以情谊相联。至华洋诉讼，必先得华民是非曲直实情而后与之争，庶可箝其口而夺之气。一词稍伪，彼将执以相例，而全案皆虚矣。情以箝之，理以盾之，又其次也。"新疆向受协饷，每苦款绌，应祺开源节流，数年库储逾百万。

可见，遇涉外问题时，他在维护中国主权的底线下，讲求灵活应对。针对当时新疆经济，他尤其突出"洋商税则须与华商一律"，保证地方税源，这是开源的重要途径。在涉及重要关口管理方面，讲求国人治理，不许外国干涉，这是保证国权与既得利益的一个前提。在关涉外国诉讼国人案件中，讲求不偏袒，重事实，以理服人。由其内容推理，这种诉讼一般都是经济纠纷。从长远看，他的做法是保证国人经济利益不受损的一个底线原则。从文末看，他具有时效性的开源节流，减轻了朝廷新疆协饷负担，也增加了地方财政。

（3）广兴实业

他的实政精神还体现于依区情与边防之需兴办实业。如同传综合性描述："应祺以新疆僻处国西北隅，密迩强俄，士卒众而器械窳，生齿繁而司牧少，不足以固吾圉，乃购快枪万支于德国，而设机器厂制造子弹，奏设左右翼马队为游击师。又开办于阗、塔城金矿，垦荒田，开渠井，广兴实业，凡有利于民生者，皆次第举。自是地利尽辟，兵备有资，较初建行省时迥异矣。"从内容看，他广兴实业包含军队武器装备的设厂自制，开矿，农业生产。在这些实业基础上，使得当时新疆民生与边备方面走出了建省之初民生凋敝、边备废弛的窘迫之状。

（4）建官设治

实心实政一个重要保证是有效地管理，这就涉及地方官员建置。故依据区情，他又提出了合理化构想。同传云：

> 应祺官西疆久，辟地安民，屡请建官设治以资镇抚。二十八年，复疏言："新疆自光绪四年改建行省，土地日辟，户口日繁，原设州县，辖境辽远，非增设府厅，不足治理。西四城喀什噶尔道：疏勒州为极边重要，请升为府……莎车地广而腴，英商麇集，请升为府；府南为泽勒普善河，增设泽普县；府西南色勒库尔为古蒲犁国，实坎巨提出入要路，又与英、俄接壤，请设蒲犁分防通判；距于阗县四百里之洛浦庄，增设洛浦县……东四城阿克苏道：温宿州为南疆要冲，请升为府……卡克里克县丞，其地为古婼羌国，改设婼羌县；库车厅土地广沃，请改为州；州南沙尔雅增设沙雅县。北路阜康县之济木萨县丞，富庶逾于县，旧驿名孚远，升为孚远县；距吐鲁番二百四十里之辟展巡检地为古鄯善国，升为鄯善县；昌吉县所属之呼图壁巡检向收钱粮，请改为县丞。计升设府三，改直隶州二，增通判一、县九、县丞二。"又奏增设乡试中额二名，会试中额一名，暨各府学官学额，先后皆议行。

由其上疏内容看，他对南北疆当时地域大小及其管理范围颇为熟悉，可见做过实地考察，故设官建置内容具体又细致。为了培养地方官员，他还特意在学府及考试方面做了改革。这些建设性意见，所展现出的实效性，也受到当政者肯定。

同传末综论曰："疆吏当承平时，民生吏治，要在因地制宜而已。"此正是对以上这些建边与实边人物事迹最好的概括与评价。

三　涉外与论边

新疆位居边陲，在近代国权遭到蹂躏时，其更是地处一线。故翻开史文关于新疆涉外与论边事迹、言论颇多，其中不乏杰作。上述已有所反映，兹再专门来论列。

1. 长龄的浩罕之论

嘉、道年间新疆出现张格尔之乱。当后者伏诛，亲属留浩罕时，清廷索要，但遭拒绝，故清廷采取经济制裁"绝其互市困之"。[①] 时臣"那彦成并奏驱留商内地之夷，且没入其赀产"。结果"诸夷商愤怒，乃奉张格尔之兄玉素普为和卓木，纠结布鲁特、安集延数千人寇，围喀什噶尔、英吉沙尔，犯叶尔羌，璧昌、哈丰阿等拒而破之。贼悉掠喀、英二城，遁出边"。清出兵围剿，在外援无助下，浩罕"遂遣头目至喀城谒钦差长龄呈诉，并请通商。长龄遣还二使，留其一使，令缚献贼目，释回被虏兵民。浩罕报言，被虏兵民可释还，惟缚献夷目事，回经所无。且通商求免税，并给还钞没赀产"。在这进退两难之际，长龄建言献策：

> 安边之策，振威为上，羁縻次之。浩罕与布哈尔、达尔瓦斯、喀拉提锦诸部落犬牙相错，所属塔什干、安集延等七处均无城池，其临战皆恃骑贼，然在马上不能施枪砲。倘以鸟枪连环击之，则骑贼必先奔。其卡外布鲁特、哈萨克向受其欺凌，争求内徙，而卡内回众亦恨其虏掠无人理。果欲声罪致讨，但选精锐三四万人整军而出，并于伊犁、乌什边境声称三路并进，先期檄谕布哈尔等部同时进攻，则不待直捣巢穴，而其附近诸仇部已乘衅并起，可一举而平之矣。惟是大军出塞，主客殊形。自喀浪圭卡伦至浩罕千六百余里，中有铁列克岭，为浩罕、布鲁特界山。两山夹河，仅容单骑，两日方能出山。

---

① 《清史稿》卷 529《属国传四·浩罕》。此小节凡引此传者不再出注。

此路奇险，劳师远涉，胜负未可尽知。今拟遣还前所留来使一人，令伯克霍尔敦寄信开导，为相机羁縻之计。盖浩罕四城外有三小城……塔什干别为一部，属右哈萨克，亦附浩罕，称浩罕八城，故云所属七处也。

长龄从对方内情出发，谈到了朝廷出兵取胜的可能性，但又考虑到地理环境恶劣性对出兵所带来的困境，故从对方经济需求出发，建议朝廷以羁縻策略取胜。利弊得失一目了然，故"奏入""皆如所请"。果然"浩罕大喜过望，遣使来抱经盟誓，通商纳贡焉"。运筹帷幄中，决胜千里外，他的策略避免了一场生灵涂炭，果然很奏效。其有效性前提在于，他熟悉对方区情，进而能在平衡出兵得失之余，提出更合理的意见。从上引后叙看，后来浩罕残酷统治，果如长龄所言，引发了众叛亲离，爆发了内乱，最终引狼入室，被沙俄所并。

2. 左宗棠的国权之争

在新疆历史上，左宗棠的地位颇为显耀。[①] 因他的力争使清末新疆在几乎被丢失之际，得到了收复。《左宗棠传》[②] 载：

光绪元年，宗棠既平关陇，将出关，而海防议起。论者多言自高宗定新疆，岁糜数百万，此漏卮也。今至竭天下力赡西军，无以待不虞，尤失计。宜徇英人议，许帕夏自立为国称藩，罢西征，专力海防。鸿章言之尤力。宗棠曰："关陇新平，不及时规还国家旧所没地，而割弃使别为国，此坐自遗患。万一帕夏不能有，不西为英并，即北折而入俄耳。吾地坐缩，边要尽失，防边兵不可减，糜饷自若。无益海防而挫国威，且长乱。此必不可。"军机大臣文祥独善宗棠议，遂决策出塞，不罢兵。授宗棠钦差大臣，督军事，金顺副之。

---

① 清代经营新疆人物当中关于他的专门研究最多，涉及收边、建边与边务等，参见沈传经《论左宗棠对新疆的历史贡献》，《新疆社会科学》1982 年第 3 期；晓甘《左宗棠在陕甘与新疆不同的民族政策》，《社会科学》1986 年第 4 期；蒋致洁《从进军新疆筹粮筹运看左宗棠的民本思想》，《社会科学》1988 年第 6 期；董蔡时《再论左宗棠李鸿章新疆防务之争的性质问题》，《近代史研究》1992 年第 1 期；刘永强《论左宗棠在晚清新疆水利开发中的作用》，《学术交流》2009 年第 9 期；等等。

② 此小节凡引《清史稿》卷 412《左宗棠传》者不再出注。

反观上述清前期康乾时对西域叛乱的不姑息养奸，与此段中清末某些目光短浅官员弃新疆论，可谓大相径庭。但高瞻远瞩的左宗棠则能呵护古人，明先辈苦心经营西域用意，故阐明了西进收复失地之重要性。他对新疆的重要性多有阐发，最有名的论断为："是故重新疆者所以保蒙古，保蒙古者所以卫京师。西北臂指相连，形势完整，自无隙可乘。若新疆不固，则蒙部不安，匪特陕、甘、山西各边时虞侵轶，防不胜防，即直北关山，亦将无晏眠之日。"① 新疆战略地位之重要此已表露无遗。

在新疆建省，收伊犁廷议出现僵局时，左宗棠再次强调国土主权之争的重要性：

> （光绪）四年正月，条上新疆建行省事宜，并请与俄议还伊犁、交叛人二事。诏遣全权大臣崇厚使俄。俄以通商、分界、偿款三端相要。崇厚遽定约，为朝士所纠，议久不决。宗棠奏曰："自俄踞伊犁，蚕食不已，新疆乃有日蹙百里之势。俄视伊犁为外府，及我索地，则索偿卢布五百万元。是俄还伊犁，于俄无损，我得伊犁，仅一荒郊。今崇厚又议畀俄陬尔果斯河及帖克斯河，是划伊犁西南之地归俄也。武事不竞之秋，有割地求和者矣。兹一矢未加，遽捐要地，此界务之不可许者也。俄商志在贸易，其政府即广设领事，欲借通商深入腹地，此商务之不可许者也。臣维俄人包藏祸心，妄忖吾国或厌用兵，遂以全权之使臣牵制疆臣。为今之计，当先之以议论，委婉而用机，次决之以战阵，坚忍而求胜。臣虽衰慵无似，敢不勉旃。"上壮其言，嘉许之。崇厚得罪去，命曾纪泽使俄，更前约。于是宗棠乃自请出屯哈密，规复伊犁。

从左宗棠所言"自俄踞伊犁，蚕食不已，新疆乃有日蹙百里之势"看，当时形势很紧张。但廷议没完没了，有益于俄方，却大大损害了中方。他依据形势发展及时上疏，洞察到俄国侵占伊犁的用意，也揣测到朝廷无所作为，会让俄国认为中国兵弱无能，不愿出兵的想法。故他建议将计就计，采取先礼后兵的模式。策略性意见是可行的，因此受到首肯，伊犁最终得以回归中国。

---

① 《左文襄公奏稿》卷50《统筹新疆全局疏》，清光绪二十八年上海古香阁石印本。

3. 饶应祺"治法务在求实"之论

饶应祺建边重实心实政，在边疆涉外与防务方面①也如此。《饶应祺传》载：

> 拳匪乱起，俄兵自萨马进逼边卡，应祺会总督魏光焘、伊犁将军长庚仿东南各省，与各领事结互相保护之约，俄兵乃退。议成，应祺应诏陈言，略谓："古今中外治法务在求实。旧章非无可守，守之不以实，成法亦具文；新法非不可行，行之不以实，良法亦虚饰。心之实不实，宜于行事之实不实验之。"逾年，诏设武备学堂，编立常备、续备、巡警各军。应祺主操练用新法，器械用新式；人惟求旧，必朴实勤奋久于战阵者，方可入选。上疏极论之，并谓："中国习洋操三十年，一败于日本，再败于联军，为务虚名而贻实祸之证。"所言皆切中时弊。

由上文看，饶认为当时边防最大的问题是有章不守，形同虚设，故强调有法必依才能见实效。他言行一致，依据当时情况展开了一系列边备实践举措，从学堂、操练、武器到用人方面都讲求"实"字当头，借此他还总结了中国当时之所以败于外敌，就是军队徒有虚名而未有训练有素为切实基础。这是当时边疆治理无作为的基本原因。段尾之语是史家对他看法的认同与肯定。

饶的守章旨在求实认识也体现于实际边务外交中。同传云：

> 而尤断断于界约，不少迁就。帕米尔高原，国境也，有高宗御制平寇碑，立于苏满。英、俄交觑其地，而俄人先窃据之。应祺官布政使时，商之巡抚，以理退俄兵，遣军戍焉。俄人悔失计，日聒于总署，要我撤兵。应祺持不可，谓："我自守门户，其理直。我退则英必至，英来则俄又必争，是息事而益多事也。"后竟如应祺言。坎人求租种莎

---

① 今人研究对饶评价颇高，参见赵维玺《饶应祺与新疆防务》，《新疆大学学报》（哲社版）2007 年第 6 期；赵维玺《饶应祺主新时期的对俄关系探析》，《新疆大学学报》（哲社版）2016 年第 2 期。

车属喇斯库穆荒地，应祺谓："坎本我属，宜示怀柔。其在玉河卡伦外者，可允其租垦，纳赋比于华人；其在玉河东北属边内者，宜却之，防后患。"总署与英使议界约，以坎部让与印度，而塔墩巴什帕米尔及喇斯库穆全境皆让与中国。应祺抗言："喇本我地，不得谓之让。"而俄人转谓中国以喇地让与英人，利益宜均，以兵威相胁。应祺饬属严备边，而以议租原委及议约界限详谕之，俄人始无辞。

这是饶应祺实字当头涉外治边的重要体现。边界问题不迁就外人，以遣军戍，展现主权。但务实作风与建议却被不识时务的总署"拒绝"。史家的"后竟如应祺言"与后来俄、英、中领土之争事实描述，是对他远见卓识的肯定，又是对总署无知的抨击。当时虽国弱，但饶在涉外边务中坚守契约，据理力争与务实作风维护了国之主权与尊严。透过其事迹看，当时边疆问题实质原因在于国内政治腐败与诸多官吏的无能。

四 治边与用人

由上文看，治边成败的一个核心因素是官吏。清前后期治边得失关键之点也在于此。

1. 贤者遭陷

上述已有展现，又如《李云麟传》云："时新疆设布伦托海办事大臣，以（李）云麟任之。署伊犁将军。治边皆著绩，为言官劾罢。"[①] 清末治边失败的一个因素就是不少贤才不能尽用。（李）云麟显然是个显例。

2. 苛敛致乱

清末新疆祸患有其外因，但根本是由内因而起，其一就是贪官污吏所为。如《长龄传》言：

初，回疆自乾隆中戡定后，岁征贡税颇约。旋惩于乌什之乱，由办事大臣纵肆激变，益慎选边臣，回民赖以休息。久之，法渐弛，莅其任者，往往苛索伯克，伯克又敛之回民。嘉庆末，参赞大臣斌静尤淫虐，失众心。张格尔者，回首大和卓木博罗尼都之孙也。博罗尼都

---

① 《清史稿》卷486《文苑传三》。

当乾隆中以叛诛，至是张格尔因众怨纠安集延、布鲁特寇边。道光二年，逮治斌静，代以永芹，亦未能抚驭。四年秋、五年夏两次犯边，领队大臣巴彦图败绩，遂益猖獗。[①]

行文前升后降，点出清前期乾隆时鉴于办事大臣纵肆激变引起乌什之乱，故前者"慎选边臣"使"回民赖以休息"。但后期，派往的官吏"苛索"地方上层，后者又将这种负担加在百姓身上，结果失民心，被地方叛乱分子利用引发大型边患。可见，地方官员选任的重要性。

3. 用人得失

治边成败的一个关键因素是官员选用，上述诸多案例是这方面的具体展现；作为《清史稿》撰修者清朝遗老对此也有总结性的论述：

> 清沿故事，有大军事，辄以满洲重臣督师。乾、嘉时，如阿桂、福康安、勒保、额勒登保等，皆胸有韬略，功在旗常。道光以来，惟长龄平定回疆，差堪继武。其后禧恩之征瑶，奕山、奕经之防海，或以骄侈召谤，或以轻率偾事。至粤匪初起，李星沅不胜任，易以赛尚阿，驭将无方，遂致寇不可制。讷尔经额庸懦同之，畿甸震惊，自是朝廷始知其弊。惟僧格林沁犹以勋望膺其任，不复轻以中枢阁部出任师干，即有时亲藩遥领，亦居其名不行其实。盖人材时会使然，固不可与国初入关时并论也。[②]

这段言论通过清前中后期用人的差异，点出治边结果的异同。简言之，用人成败与治边得失成正相关。深层次看，用人得失又与国家政治的清廉程度有关，进一步言之，治边成效背后展现的是国家实力的强弱。犹如《邦交志一》云：

> 夫中国幅员之广，远轶前古，幽陵、交阯之众，流沙、蟠木之属，莫不款关奉贽，同我版图。乃康、乾以来所力征而经营者，任人蚕食，

---

① 《清史稿》卷 367《长龄传》。
② 《清史稿》卷 392《赛尚阿讷尔经额传》。

置之不顾，西则浩罕、巴达克山诸部失之于俄……而朔边分界，丧地几近万里，守夷守境之谓何，此则尤令人痛心而疾首者也。爰志各国邦交始末，以备后人之考镜焉。①

这是行文者对清代经营边疆与外交兴衰之总结。常言道：弱国无外交。应该说，撰者的总结是中肯的，即将清末国土丧失，没有完全归咎于外敌，而是从清朝内政高层本身来找原因。这正符合内外因辩证关系。"以备后人之考镜"也可谓是《清史稿》撰者著此书的真正目的。

综上所述，透过先前各代正史撰述，大体可看到历代人物经营西域微观具体层面的得失事迹。前后之间既有承继性，也表现出各自的时代性。

---

① 《清史稿》卷153《邦交志一》。

结语　正史"经营西域人物事迹"总的启示

中国史学目的最精炼的概括是史学之父司马迁之语"究天人之际，通古今之变，成一家之言"。① 其中就蕴含了史书撰写人对前人历史总结与评价，这"总结"具体来说就是司马迁所云的"考之行事，稽其成败兴坏之理"。对指导现实与后人实践而言，它就是以史为鉴。正如唐太宗云："以铜为镜，可以正衣冠；以古为镜，可以知兴替；以人为镜，可以明得失。"② 在这得失均可资借鉴的内涵中，特别重要的一点，就是通过各种人物事迹撰述意在彰善瘅恶，惩恶劝善。诚如刘知几《史通·人物》篇所言："恶可以诫世，善可以示后。"③ 从前四章看，历代正史"经营西域人物事迹"撰述就包含了这点。从中反映出，在中国历史上经营边疆，处理西域问题中，从君王到官员均有不少言行，其既有垂范后世的先进理念、经营原则和可称颂、赞誉的优秀典范事迹，也有诟病于后世的落后理念、歧视政策和可批评、指责的影响民族关系的恶劣行迹。这二者在很多"事迹"撰述中同时兼有。虽撰述中不免有华夷之辨，华夷之别的内容与思想，但直笔与实录同样很多。透过它们，能看到中国历史上经营西域的得失，也能领略到中国史学"以史为师"的优良传统。二者互为表里：前者是血肉，后者为灵魂。从正史先后内容看，不少边疆治理事迹得失都曾为历朝历代经营西域提供过借鉴。常言道：无古不成今。作为西域后身的新疆，对它的治理同样是在历史积淀的基础上进行的。很显然，历代正史撰述所蕴含的治理经验与教训可潜在地为当下中国处理边疆、民族、国际关系等问题提供内在借鉴。正基于此，在个案述评基础上，兹对"事

---

① 《史记》卷 130《太史公自序》。
② 《旧唐书》卷 75《魏徵传》。
③ （唐）刘知几撰，浦起龙释《史通通释》卷 8《人物》，上海古籍出版社，1978。

迹"中所反映的总经验与教训做个梳理，以求对现实有直接性的启示与指导意见。

一 从成功史例看总经验

1. 用人得当

可以说，经营西域中最活跃的因子是人，即经营者本人。这尤其表现于上层委任经营的官吏，无论是文臣还是武将。典型人物，如西汉从张骞到段会宗，东汉班固、班勇父子，三国曹魏仓慈，北魏张蒲，隋朝薛世雄，唐朝从阿史那社尔、苏定方到裴行俭，辽耶律大石，蒙、元朝时期从察罕到塔本，明朝从杨士奇到倪岳，清朝从阿桂到饶应祺，等等。从他们的言行事迹中都透出务实性一面。

2. 了解边情

透过很多成功案例，能深切感受到，他们无论是直接经营者，还是建言献策者，之所以有建树有成效，在于他们对边疆内部情况的把握。有些体现于他们的上疏中，如班勇定远之策，隋长孙晟对付突厥远交近攻之术，唐朝张公谨取突厥之计，契苾何力破薛延陀之举，明朝杨士奇备边之疏，左宗棠收复伊犁之辞。有些经营者是将亲历边况撰成著述，如班勇《西域风土记》、裴矩《西域图记》、高居海《使于阗记》、王延德《使高昌记》、陈诚《西域藩国志》《西域行程记》，清众多新疆游记与方志等。更多的则是在一线做了有心人进行实践考察，从前述西汉陈汤灭郅支前对当地情况的深入了解到清代阿桂、萨迎阿、文绥、全庆民生建设上疏中所展现的亲力亲为实地测量，故不管是处理边患，还是地方建置与民生建设，在解决问题制定方针时都需要对区情、民情有更多了解。进一步言之，边情了解越多，对问题产生原因与实质把握度越高，对应策略才能相应制定的越接地气，解决问题的程度才更深。简言之，边情内部状况的了解是成功解决问题的最基本前提。正面看，察民情才能恤民情，得民心。

3. 分清敌友

透过不少处理边疆问题成功案例观，这点至关重要。翻开历史，很多边患表面上看来势汹汹，范围颇广，从实际着眼，只是由个别人或少数首恶分子而引发的，故不少人士在处理这类事务时，不是大动干戈而是采取灵活手段，只惩罚首要肇事者，由此团结了一切可以团结的力量，增强了自己的势力，反之又孤立了对方，减少了对方力量，即分化瓦解了对方，这样做基本都是事半功倍，有时平叛甚至是兵不血刃，降低了经营成本。

4. 因地制宜

这首先表现的是就地取材。在经营中能充分利用当地人力、物力资源，从而解决现实问题，这从前述两汉傅介子到段会宗，东汉班固，唐代侯君集、裴行俭、陈子昂，蒙古成吉思汗，及清代阿桂、饶应祺等人经营事迹中均有清晰反映。这些不仅体现于处理各种边患，解决边将军队给养，还反映于边疆民生建设中。其展现出一种造血模式，而非单一的线性输血形式，这点是降低经营成本最核心的展现，也是治理边疆中因俗施治与直接管理相结合所持的最基本原则。

5. 因时而动

这犹如世人常说的与时俱进，事物总是处在发展变化当中。透过不少成功案例看，很多问题是突发性的，这时就必须采取与时而变的措施来处理。另一种是既定的经营前提发生了改变，这时就需以推陈出新之策来解决当下问题，在动态中把握经营的主动权。

6. 唯才是举

这是真正让民族间彼此深入融合到一个大家庭的重要举措。从历史上看，某些朝代的不分民族，唯才是举之策，使西域不少人士在朝中或地方上得以励精图治，为中国统一多民族国家发展做出了重要贡献，进而被史家载入史册。其中一些人士也正是在此种情况下，深入到内地，在朝中或地方上为官一任学习中原文化，融入于当地民众中，不仅对地方治理颇有建树，也深度增进了民族间融和与统一多民族国家认同。

7. 逆取顺守

既来之，则安之是怀远之举；逆取顺守同样体现了这点。从历代来看，朝中上层或地方用兵重在御敌、震慑与拨乱反正。即便是平叛之后，对于叛乱中受裹挟的人员，各朝各代基本都是以义属之，逆取顺守，犹如治水先堵后疏。如前述唐太宗经营事迹就有最集中展现，成效颇佳。这一方针，重在以人为本与长远效应。

8. 实心实政

制度建设对经营边疆颇为重要，但有法可依还须有法必依，使章程不流于形式才能见成效。透过人物事迹看，一个在经营中能够确实贯彻政策，务实经营人士才能在治边上有所建树。范例颇多，在此方面建言献策最经典与实践者是前述清末治疆人士饶应祺。

9. 适度持中

历史上在经营边疆中提出了不少原则，如因俗施治、羁縻政策、分而治之、以德怀远等，但有些政策是因人、因地、因时而异。换言之，很多政策实施，是有底线原则的。若不讲底线，则会适得其反。显例，如前述西汉萧望之论述与唐朝张俭事迹。

10. 廉谨治边

从不少事迹看，廉洁严谨治边是一个经营者善始善终的最大展现，也是赢得民心的一个关键因素。史书常用廉政或惠政来表述。从东汉李恂，曹魏仓慈，隋朝薛世雄，唐阿史那社尔、关播、范希朝，蒙、元朝时期曷思麦里等事迹都能反映出这点。

总之，这里只是就一些重要成功经验进行概括。除此，在具体经营中还有"宽小过，总大纲"、"求同存异"、诚信建交等原则，均可参见相应个案论述。

二 从失败事例观总教训

得可资，失亦可资。各代史家的实录，也让世人看到了一些在经营边疆与处理民族问题当中失败的案例，这些更应引以为戒。

1. 用人不当

上述已言及，经营得失中最活跃的因子是经营者。透过不少失败事例看，高层在经营西域文臣武将人选上的不得力，特别是若选取了贪禄功名及无能无才与无作为之人，往往是引发边患或将某些问题事态扩大的一个重要因素。这是经营边疆中最应该注意的首要问题。从西汉到清代均有用人不当而引发的教训启示。

2. 不谙边情

经营者对边情的不熟悉或不明了，往往会事倍功半或功亏一篑。这既反映于平叛中的损兵折将，枉杀无辜，还体现于设官建置及民生建设中的不接地气。一个基本前提性错误就是不谙边情。前述汉武帝第一次大宛之役失败与唐朝大将郭孝恪龟兹之役都是这方面的典型事例。

3. 敌友不分

这尤其表现于平叛中。在敌友不分时，不仅扩大了打击面，而且无意中将一些本来可以争取的力量，推给了对方。特别是面对众多民众之时，敌友不分很容易会滥杀无辜，将事态扩大。透过史家笔锋看，虽通过武力可以得一时之胜利，但并非长久之计。这在北魏万度归，唐朝薛仁贵等事迹中都有揭示。

4. 固守旧念

万事万物总处于变化当中，若以静态惯性思维处理问题，就会与实际脱节，不仅于解决问题无补，而且往往适得其反，将问题升级。这在唐朝经营突骑施与葛逻禄时就有显著展现。

5. 物极必反

历史上经营的一些措施，如分而治之，是具有时效性的，有时显示出成功一面，但有时却适得其反，这是因为此项方针要有相应前提。若不考虑现实情况，一意孤行，预想反而会向着反方向发展，这在隋朝裴矩不合时宜地采取分而治之，枉杀突厥属部不少首领，最终引火烧身，破坏了突厥与隋朝原有关系就是一个显例。这无异于搬起石头砸自己的脚。这在唐朝经营西突厥中也有失败的教训。再如以义属之——惠民之策走到极端就是纵民，必然出现桀骜不驯的结果，前述辽萧孝友事迹中就有很好体现。用当下的话说，就是让人把忍让当成了懦弱，结果便是"恩将仇报"。

6. 民族歧视

民族歧视是民族交往中最忌讳的。若程度不深，也不会引发太大问题，但是若越出底线，必然会引发祸乱，这在唐朝杜暹经营西域突骑施时就犯过严重错误，结果引发苏禄的报复行为，危及安西四镇；无独有偶，唐中后期在对于已臣服的三姓葛逻禄因民族歧视见死不救，不合时宜地以夷制夷而引发更为严重的后果，在唐朝以德怀远的经营边疆史上，是个严重的污点。这是特别要引以为戒的。

7. 祸起萧墙

透过很多人物事迹看，经营官吏中的不和谐，嫉妒怀恨，及朝中人士的倾轧，都会在经营边疆时受挫。这从西汉张汤，唐朝苏定方、裴行俭、薛仁贵事迹中均有反映，五代事迹更为显著，明清也都有体现。经营者内部不和谐，对于叛乱分子就有机可乘；同样，在地方民生治理中，也会出现自相矛盾，让百姓无所适从的局面，这会严重影响国家经营边疆的效应。

8. 失信于民

这是严重影响经营效果的一个问题。一个表现是民族间贸易交往的不守信誉，前述《三国志》仓慈事迹之前的例子就有体现。另一个最大表现就是杀降者，由此而引发的问题就更多，唐朝与大食怛罗斯之战的背景就是唐将高仙芝杀石国降者而引发的；王文度、程知节在此方面也有过严重失误，最终身败名裂。这样的事例各代多少都有，这种做法恶劣影响是非常大的，无疑自绝后来者之路，不仅严重损坏高层威信，也增加了后续经营难度。

9. 姑息养奸

政治强盛，治边最有效的一个表现是积极维护地方和平，反叛必究。这尤其体现于统一王朝，如汉、唐、元、明、清前期。反之，政治衰弱腐败，边患不断升级的一个重要因素就是消极应对，这无异于对边患分子的姑息养奸，前述明清两代中后期极为明显。

10. 苛敛民众

贪污腐败，敲诈民脂民膏是一个朝代最终衰亡的根本原因。同理，经营边疆，这种做法也是引发边患的一个重要因素。结合前述不少平叛背景，许多叛乱都是经营者苛敛民众与暴政而引发的。前述时人上疏之辞中也多有揭露。政治清明者则严惩不贷，但昏庸腐败者则听之任之，最终引发边乱不止，动摇统治，实当警戒。

以上就一些主要正史中反映的失败教训作以梳理。其他可参阅前文具体事迹论述。

纵观历代正史，可以说经营西域的强弱与得失程度，就是一个朝代兴衰的晴雨表。龚自珍言：出乎史，入乎道，欲知道者，必先为史。简言之，史以载道。由此可见，经营西域人物事迹得失梳理，在一定意义上，也是对各朝各代兴衰总结的一个侧面反映。

图书在版编目（CIP）数据

历代正史"经营西域人物事迹"撰述资鉴／马晓娟

著.-- 北京：社会科学文献出版社，2017.12

ISBN 978-7-5201-1281-9

Ⅰ.①历… Ⅱ.①马… Ⅲ.①西域-行政管理-历史
-研究-古代 Ⅳ.①D691.2

中国版本图书馆 CIP 数据核字（2017）第 203461 号

历代正史"经营西域人物事迹"撰述资鉴

著　　者／马晓娟

出　版　人／谢寿光

项目统筹／李建廷　王晓燕

责任编辑／周志宽

出　　版／社会科学文献出版社·人文分社（010）59367215
　　　　　　地址：北京市北三环中路甲 29 号院华龙大厦　邮编：100029
　　　　　　网址：www.ssap.com.cn

发　　行／市场营销中心（010）59367081　59367018

印　　装／三河市尚艺印装有限公司

规　　格／开　本：787mm×1092mm　1/16
　　　　　　印　张：13　字　数：211 千字

版　　次／2017 年 12 月第 1 版　2017 年 12 月第 1 次印刷

书　　号／ISBN 978-7-5201-1281-9

定　　价／89.00 元